# IDV-Lernprogramm
# Elektronische Datenverarbeitung
# Band I

# IDV-Lernprogramm

Herausgegeben vom
Institut für elektronische Datenverarbeitung Zürich
in Verbindung mit dem Institut für
Betriebswirtschaft an der Hochschule St. Gallen

1971
DE GRUYTER Berlin/New York · HAUPT Bern

IDV

**Kennen Sie die neuesten erprobten IDV-Lernprogramme ?**
(s. Rückseite)

**Und die ersten Kommentare und Gutachtenauszüge ?**

**Prof. Dr. K. Bauknecht, Direktor des Institutes für elektronische Datenverarbeitung an der Universität Zürich:**

"Das vom IDV nun vorliegende Ausbildungskonzept und die ausgearbeiteten Lernprogramme stellen zweifellos einen wertvollen Beitrag dar, und sie sind sowohl vom didaktischen aus wie auch in bezug auf die Stoffwahl und -präsentation originell und für Ausbildungszwecke bestens geeignet. Für die Gestaltung von Ausbildungsplänen wie auch in bezug auf die gewählte Methodik können die mit modernen Methoden verwirklichten IDV-Lehrprogramme als Vorbild gelten, und sie dürfen für eine seriöse Grundausbildung in elektronischer Datenverarbeitung bestens empfohlen werden."

**Dr. Cuno Pümpin, ehem. Leiter der Abteilung Ausbildung und Information einer bedeutenden Computer-Herstellerfirma:**

"Mit Sicherheit kann das IDV-Lernprogramm 'Elektronische Datenverarbeitung' als eines der besten deutschsprachigen Lehrmittel bezeichnet werden, die heute zu diesem Thema erhältlich sind."

**Auszug aus "Büro + Verkauf" Nr. 476, Mai 1971, Schweizerische Monatszeitschrift für Betriebswirtschaft und Organisation, Autor: Dr. C. Baumgartner, Redaktor und Lehrer für EDV an der Handelsschule des Kaufmännischen Vereins Zürich:**

"Jeder Kaufmann sollte heute über gewisse Grundkenntnisse der elektronischen Datenverarbeitung verfügen, nicht jeder aber hat Zeit oder Lust, Kurse zu besuchen. Deshalb hat das Institut für elektronische Datenverarbeitung (IDV) ein Lernprogramm entwickelt, das sich dank der didaktisch geschickten Präsentation des Stoffes sehr gut zum Selbststudium eignet. Das IDV-Lernprogramm füllt damit zweifellos eine 'Marktlücke' und öffnet einen zuverlässigen, neutralen und bequemen Weg zur Automation."

**Auszug aus "Die Computer Zeitung" Nr. 2 vom 13.1.1971, Stuttgart, Autor G. Schilling:**

"Lernprogramm für EDV-Berufe. IDV-Zürich legt Band II vor. Bereits an der Mitte 1970 in Basel veranstalteten 10. DIDACTA, der europäischen Lehrmittelmesse, wurden wir auf das Lernprogramm des Instituts für elektronische Datenverarbeitung, IDV-Zürich, aufmerksam. Wir berichteten hierzu in der computer zeitung vom 10. Juni 1970. In der Zwischenzeit wurde vom IDV konsequent die Ausarbeitung von Lernprogrammen für EDV-Berufe fortgesetzt, so dass nunmehr Band II der programmierten Unterweisung 'Elektronische Datenverarbeitung' vorgelegt wurde.
Dieses effiziente, leicht verständliche Lernprogramm kann völlig autodidaktisch bearbeitet werden. Damit ermöglicht es erhebliche Einsparungen im Vergleich zu den Kosten und der Zeit, die für den Besuch entsprechender Kurse aufgewendet werden müssten."

**Bitte wenden !**

# Elektronische Datenverarbeitung

Ein PU-Lehrgang mit Steuertexten für
Manager
Sachbearbeiter
EDV-Fachleute
Studenten
Allgemein Interessierte

Band I

1971
DE GRUYTER Berlin/New York · HAUPT Bern

Autor: IDV-Institut für elektronische Datenverarbeitung Zürich
(M. Kryka, P. Brunner, W. Stapfer, H. Zellweger und freie Mitarbeiter des Institutes)



ISBN 3 11 00 3550 2 (de Gruyter)
ISBN 3 258 02002 7 (Haupt)

Das vorliegende Lernprogramm wie auch diverse andere IDV-Lernprogramme sind auch als LOSBLATTWERKE bei IDV Institut für elektronische Datenverarbeitung, CH-8006 Zürich, Ottikerstr. 22, erhältlich.
Das LOSBLATTVERFAHREN ermöglicht es, den Inhalt des Lernprogramms laufend auf dem neuesten Stand zu halten.

# VORWORT

Die elektronische Datenverarbeitung hat in den letzten Jahren in ausserordentlich schneller Entwicklung für die Wirtschaft, für die öffentliche Verwaltung und für ganze Bereiche der wissenschaftlichen Forschung eine sehr grosse, oftmals geradezu zentrale Bedeutung erreicht. Es ist mit Sicherheit zu erwarten, dass diese Tendenz in der nächsten Zukunft unvermindert andauern wird.

Ein Wissens- und Tätigkeitsgebiet, das sich in schneller Aufwärtsentwicklung befindet, löst unmittelbar ein grosses Bedürfnis nach entsprechender Ausbildung aus. Ein Bedürfnis nach der Aneignung von Grundkenntnissen in elektronischer Datenverarbeitung erkennen wir einerseits bei Personen, welche in ihrer bisherigen Berufsausübung in zunehmendem Masse mit maschineller Datenverarbeitung in Berührung kommen, z.B. bei der Auswertung von elektronisch erzeugten Informationen oder in der Eigenschaft als Vorgesetzter eines Bereiches mit intensiven Datenverarbeitungsproblemen; andererseits sind alle jene, die ihre Berufstätigkeit unmittelbar auf das Gebiet der elektronischen Datenverarbeitung verlegen wollen, Interessenten für eine entsprechende Grundausbildung.

Kursbesuche sind wegen des grossen Zeitaufwandes, der für ein tieferes Eindringen in diesen Stoff nötig ist, als eigentliche Schulungsmöglichkeit für viele Interessenten nicht tragbar. Ihnen bleibt nur das Selbststudium. Ein erfolgreiches Selbststudium ist aber in der Regel anhand bloss informierender Bücher nicht möglich; es braucht dazu einen programmierten Unterricht.

Das vorliegende Werk ermöglicht solch ein programmiertes und gesteuertes Aneignen der Grundkenntnisse in elektronischer Datenverarbeitung. Unter Verwendung der Grundsätze neuzeitlicher Didaktik berücksichtigt der Steuertext die Eigenheiten und die unterschiedliche Lernbefähigung der Lernenden, die das Tempo des Fortschreitens den individuellen Möglichkeiten entsprechend selbst regulieren können: Durch die Gliederung des Stoffes in Haupt- und Zusatzinformationen, durch die graphische Aussonderung von Lernkonzentraten und durch die Möglichkeit der Selbstkontrolle mittels Testfragen wird der Lernvorgang sehr wirkungsvoll gestaltet. Für verschiedene Lernbedürfnisse (Manager, Sachbearbeiter von Benützerstellen, zukünftige EDV-Fachleute, wissbegierige Laien) gibt es verschiedene Wege durch das Lernprogramm.

Wir veröffentlichen diesen programmierten Unterricht, um dem vorhandenen Ausbildungsbedürfnis entgegenzukommen. Dem Leser und Studierenden wünschen wir ein erfolgreiches Selbststudium.

Institut für Betriebswirtschaft

Prof. Dr. B. Kunz

St. Gallen, Januar 1971

Die **Veranschaulichungen** auf der linken Seite helfen dem Lernenden die Zusammenhänge schneller zu entdecken. Sie tragen auch zur Einprägung der neuen Kenntnisse weitgehend bei. Die Verbindung der Diagramme, Bilder und Übersichten zum Text wird durch eingekreiste Bezugsnummern hergestellt.

Ein **Lernkonzentrat** ist für das dauerhafte Behalten des Lernstoffes vorgesehen. Ausser den Repetitionshinweisen dienen den notwendigen Wiederholungen hauptsächlich die mit einer grösseren Schrift gedruckten Anschriften auf den linken Seiten.

Die **Hauptinformation** ist möglichst einfach verfasst, wobei die erforderliche Präzision nicht gefährdet wird.

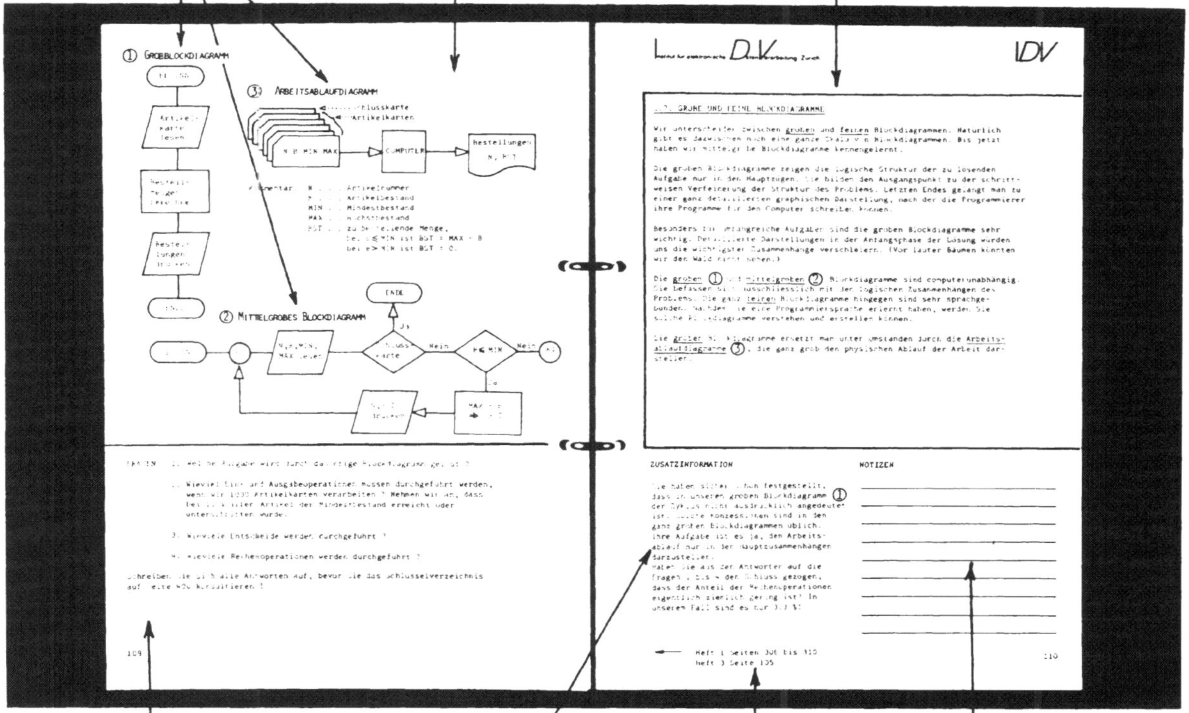


Die **Bestätigung des Lernfortschritts** erfolgt nach jedem Lernschritt durch genau gezielte Fragen oder Aufgaben. Im unteren Beispiel sind links unten vier Fragen gestellt, deren Lösungen im separaten Schlüsselverzeichnis zu finden sind. Oft werden auch alternative Antworten angeboten, unter denen der Lernende zu wählen hat. Die Art der Frage- und Aufgabenstellung richtet sich nach der Art des Lernstoffes im betreffenden Lernschritt.

Die **Zusatzinformation** rechts unten hilft einem weniger begabten Lernenden, den Text des Lernschrittes zu begreifen. Falls der Text richtig verstanden wurde, erübrigt sich das Studium der Zusatzinformation. Dadurch wird Zeit erspart.

Für eigene **Notizen** des Lernenden steht auf der Doppelseite rechts unten ein leerer Platz zur Verfügung.

Durch **Repetitionshinweise** auf der rechten Seite ganz unten wird der Lernende auf Seiten verwiesen, wo er seine Kenntnisse auffrischen könnte. Diese Hinweise sind mit der Zusatzinformation ein Mittel für das Differenzieren der Lernenden nach ihren Lerneigenschaften.

INHALTSVERZEICHNIS

# INHALTSVERZEICHNIS DES ZWEITEN BANDES

Nicht überholen! Sie haben allen Anweisungen im Lernprogramm genau Folge zu leisten.

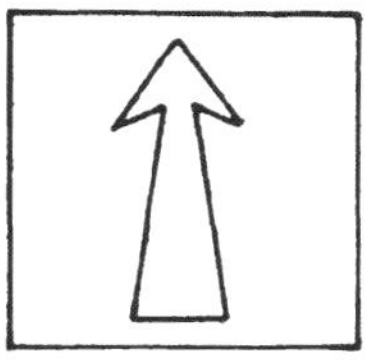

Lesen Sie nur die linken Seiten! Die Fragen und Aufgaben haben Sie nicht zu lösen.

Sie haben die Fragen und Aufgaben nicht zu lösen.

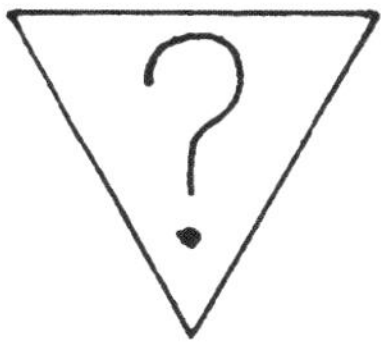

Vorsicht! Die Fragen und Aufgaben zu lösen ist für Sie obligatorisch.

S. 111 - 117

Beachten Sie nur die angegebenen Seiten!

## STUDIENANWEISUNGEN FUER :

| | | |
|---|---|---|
| MANAGER | ⇒ | SEITE 3 |
| ZUKUENFTIGE EDV-FACHLEUTE | ⇒ | SEITE 5 |
| SACHBEARBEITER | ⇒ | SEITE 7 |
| STUDENTEN | ⇒ | SEITE 9 |
| INTERESSENTEN | ⇒ | SEITE 11 |

WICHTIG! Haben Sie schon die Beschreibung der Lernmethode gelesen?
Wenn nicht, ZURUECKBLAETTERN und nachholen bitte!
Ich warte hier auf Sie!

Das Gebiet der EDV ist umfangreich, und dementsprechend belegt auch unser Lernprogramm "ELEKTRONISCHE DATENVERARBEITUNG" 600 Seiten, obwohl wir für Sie das Wichtigste über die elektronische Datenverarbeitung sorgfältig ausgesucht, zusammengestellt und neu bearbeitet haben. Sie sollten also den ganzen Stoff dieses Lernprogramms kennenlernen.

Es mag aber sein, dass Sie im Moment nicht genügend Zeit haben und trotzdem das Allernotwendigste erfahren möchten.

Wir haben für Sie den optimalen Kurzweg ausgesucht und durch "Verkehrszeichen" gekennzeichnet.

Wir hoffen allerdings, dass Sie später doch Zeit für das ganze Lernprogramm finden können!

Das Vorheft WIR UND ER empfehlen wir jedoch dringend

ALLEN UNSERN LESERN !

Nachdem Sie also Ihre Studienrichtung auf der nächsten Seite ausgesucht haben, lesen Sie zuerst die Seiten 13 bis 26, als Ueberblick zur Motivierung, und erst dann folgen Sie dem Steuertext!

WENDEN BITTE !

# MANAGER

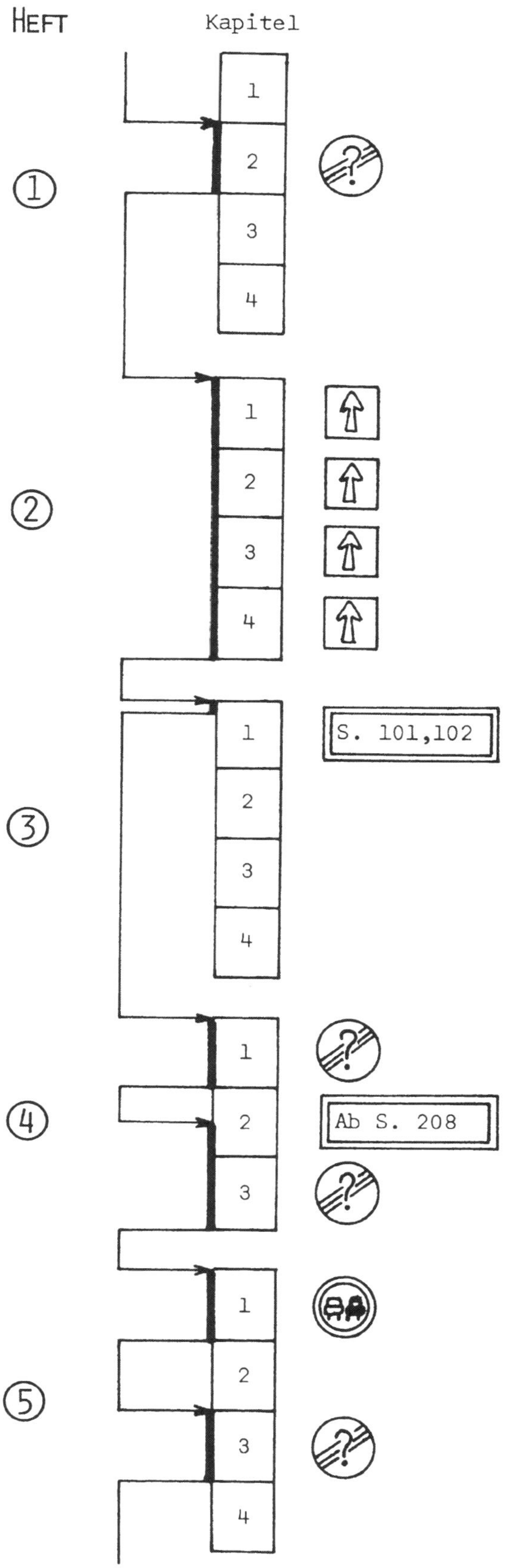


"Machen Sie mir einen Auszug aus diesem Telegramm", sagte ein vielbeschäftigter Manager zu seiner Sekretärin. Wir machen nun etwas ähnliches für Sie:

Lesen Sie vom ersten Heft bitte nur Kapitel 2 durch. Die Fragen haben Sie nicht zu beantworten.

Ueber die Lochkarte und die Lochkartenmaschinen informieren Sie sich rasch, indem Sie nur die linken Seiten von Heft 2 durchblättern.

Die Blockdiagrammtechnik ist ein wichtiges Instrument für die graphische Darstellung der Logik der zu lösenden Aufgabe. Wir dürfen Sie jedoch mit Details nicht belästigen. Sehen Sie sich deswegen nur die Seiten 101 und 102 im Heft 3 an.

Ueber die Hardware und Software müssen Sie sich im Kapitel 1 des vierten Heftes orientieren lassen. Hingegen wird für Sie der Aufbau des Computers erst ab Seite 208 richtig interessant. VORSICHT: Die Fragen auf Seite 207 bis 211 und 215 bis 219 sollten Sie unbedingt richtig beantworten.
Die Arbeitsweise des Computers ist im Kapitel 3 beschrieben. Lesen Sie es bitte durch.

Das erste Kapitel von Heft 5 ist sehr wichtig! Sie müssen die EDV-Organisatoren und die Programmierer verstehen, wenn Sie von ihnen verstanden werden wollen!

Wir schlagen Ihnen weiter vor, im Kapitel 3 das Wichtigste über die Programmiersprachen zu lesen.

Nun wenden Sie bitte!

## MANAGER

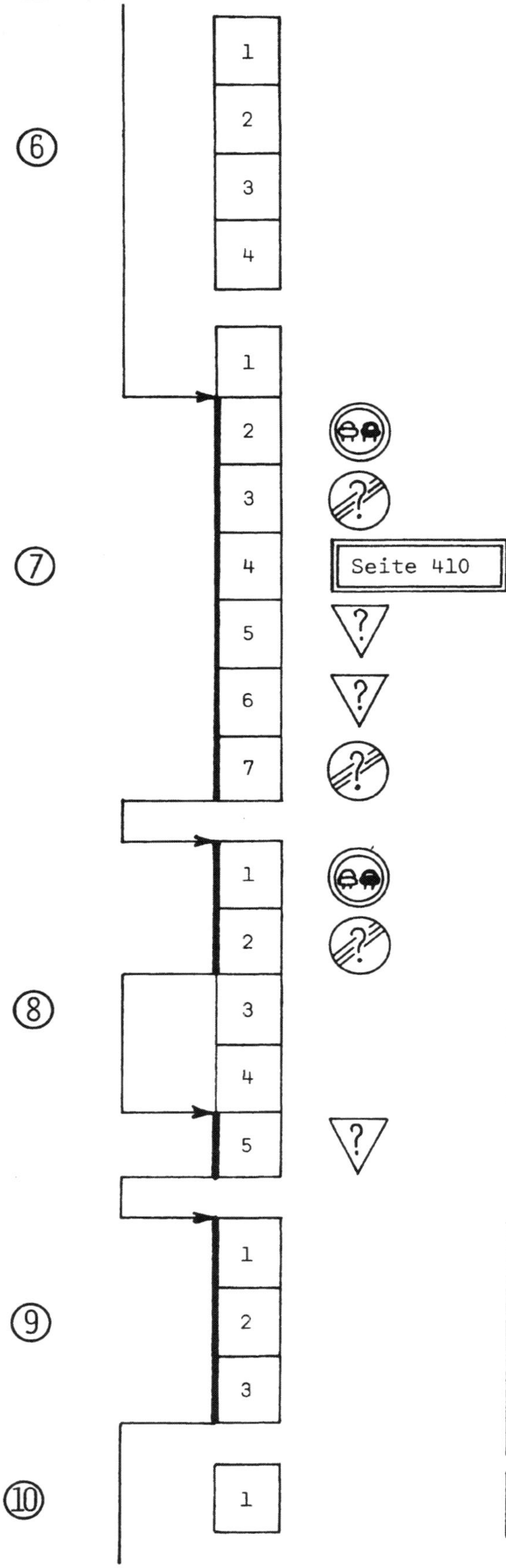


Im sechsten Heft bietet sich Ihnen die Möglichkeit, die Programmierung ganz gründlich kennenzulernen. Wir haben eine künstliche Programmiersprache geschaffen, die man sehr rasch erlernen kann. Immerhin braucht es gute acht bis zehn Stunden intensiver Arbeit. Ausserdem müssten Sie alles nachholen, was wir bis jetzt weggelassen haben. Schade, dass es Ihre Zeitknappheit nicht erlaubt, auch die Feinheiten der EDV zu geniessen.

Die EDV-Organisation ist für Sie ein äusserst wichtiges Thema, besonders die Uebersicht der Einführung einer EDV-Anlage oder der Aenderung eines EDV-Systems. Wir müssen von Ihnen verlangen, dass Sie das zweite Kapitel ganz genau studieren und alle Fragen richtig beantworten. Glauben Sie uns, es lohnt sich in Ihrer Praxis!

Die nächsten Kapitel sind für Sie auch wichtig, Sie haben jedoch nur die Fragen in Zusammenhang mit Austesten der Programme (Kap. 5) und die Fragen über die Kader, Organisation und Technik (Kapitel 6) zu beantworten.

Widmen Sie bitte genügend Zeit dem ersten Kapitel - der Datenbank. Diese wird immer mehr und mehr zum Mittelpunkt der EDV-Problematik. Damit sind auch die Fragen der Zuverlässigkeit der verarbeiteten Daten eng verbunden (Kapitel 5).

Die Kenntnis der Verarbeitungsarten, im Kapitel 2 dargestellt, soll für Sie ein Anreiz sein, um einzelne Verarbeitungs- und Anwendungsmöglichkeiten der EDV genauestens zu beurteilen.

Wir müssen es Ihnen überlassen, inwieweit Sie sich mit den Vergleichskennzahlen über die Hardware und Software befassen wollen, und inwiefern Sie die Computerzukunft interessiert.

Wir sind der Meinung, das dieses Heft Ihnen sehr nützliche Informationen über das Computerwesen in einer kurzgefassten Form anbietet. Beim Verfassen dieses Heftes haben wir besonders an Sie gedacht.

Das Sachwortverzeichnis und das Fachwörterbuch werden Sie nach Bedarf benützen.

G U T E   F A H R T   !

# ZUKUENFTIGER EDV-FACHMANN

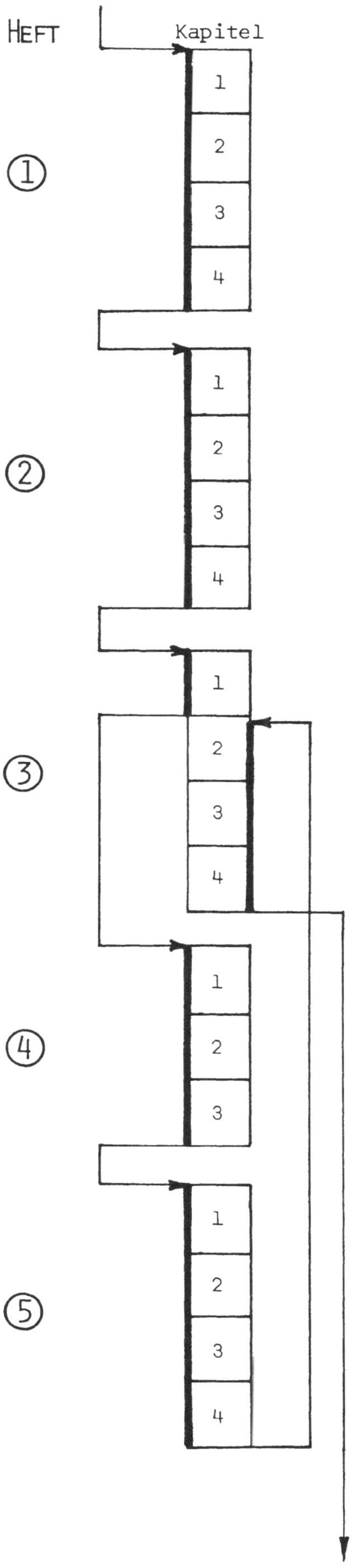

Sie beschreiten den längsten und schwierigsten Weg. Sie haben allen Anweisungen im Lernprogramm genau Folge zu leisten. Für Sie gibt es keine Erleichterungen.

Es ist für Sie besonders wichtig, die Fragen und Aufgaben selbstständig zu lösen und die Schlüsselverzeichnisse am Ende jedes Heftes erst dann zu konsultieren, wenn Sie sich Ihrer Sache sicher sind.

Wir empfehlen Ihnen nach dem ersten Kapitel im Heft 3 direkt zum Heft 4 überzugehen. Zum Kapitel 2 des dritten Heftes sollten Sie erst nach dem Heft 5, aber jedenfalls vor Heft 6, zurückkehren. Dieser Umweg erleichtert Ihnen das Bewältigen der ziemlich schwierigen Blockdiagrammtechnik.

# ZUKUENFTIGER EDV-FACHMANN

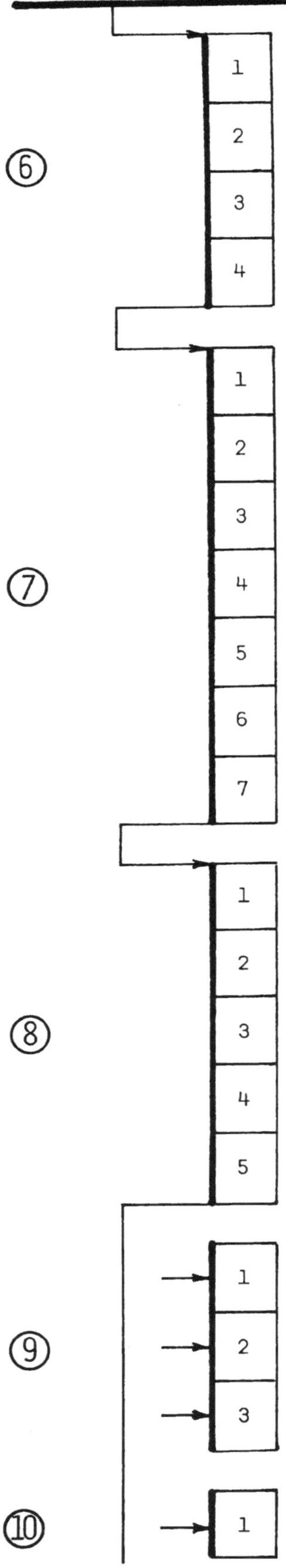


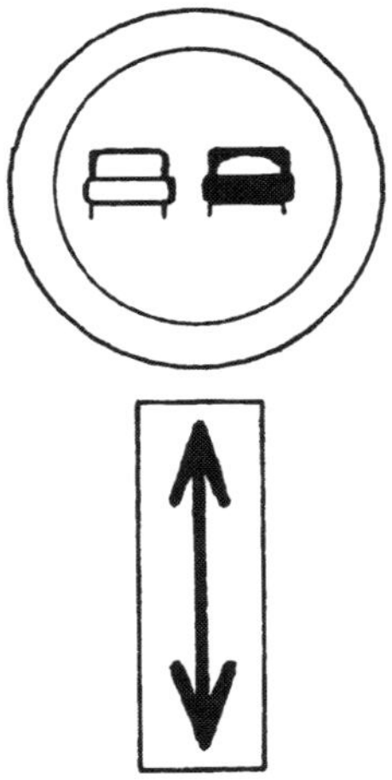

Wir haben beim Heft 6 das Ueberholverbot ganz absichtlich wiederholt. Heft 6 ist zwar nicht leicht durchzuarbeiten, auf der anderen Seite aber bietet es die beste Einführung in die Programmierung. Anhand einer einfachen künstlichen Programmiersprache werden Sie die Probleme der Programmierung praxisnah lernen. Das dürfte für Sie eine bedeutende Hilfe bei Ihrer Fortbildung sein.

Geben Sie also nicht auf, es muss gelingen!

Heft 9 stellt für Sie eine Art von Nachschlagewerk dar. Sie finden hier die wichtigsten Vergleichsdaten über die Hardware und Software der modernen Computer und ausserdem einen Ausblick in die Zukunft der EDV.

Vernachlässigen Sie das Sachwortverzeichnis in diesem Heft nicht! Eine rasche Auffrischung bestimmter Fakten schon während des Studiums, aber hauptsächlich nachher, kann Ihnen gute Hilfe leisten.

VIEL ERFOLG - UND AUSDAUER!

# SACHBEARBEITER

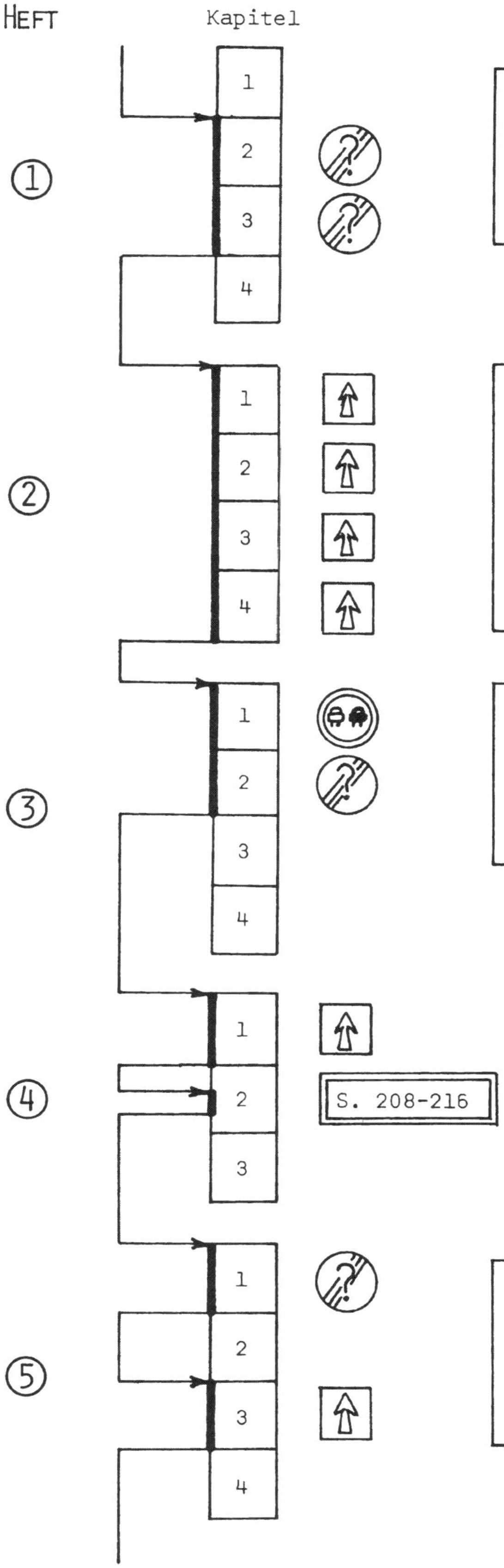


Die erste grobe Uebersicht über die elektronische Datenverarbeitung vermitteln Ihnen die Kapitel 2 und 3 des ersten Heftes. Wenn Sie zusätzliche zwanzig Minuten zur Verfügung haben, lesen Sie bitte auch die Kapitel 1 und 4. In keinem Fall haben Sie jedoch die Kontrollfragen zu beantworten.

Der Computer an sich ist zwar ein äusserst wirkungsvolles Instrument, er braucht aber Unterstützung von anderen, viel einfacheren Maschinen. Die Lochkarten müssen gelocht und oft auch beschriftet werden, das Sortieren oder Mischen der Lochkartenstapel kann oft mit Vorteil vor dem Computerdurchlauf ausgeführt werden. Sehen Sie sich die Lochkarte und die Lochkartenmaschinen auf den linken Seiten des zweiten Heftes an!

Die Blockdiagramme sind eine Art der gemeinsamen Sprache zwischen den Auftraggebern und den EDV-Fachleuten. Und Sie bestimmen doch die Art und Weise der Ausgabeinformationen mit, deswegen müssen Sie mindestens die Grundlagen der Blockdiagrammtechnik richtig erfassen.

Sehen Sie sich nur die linken Seiten im ersten Kapitel an und lesen Sie gründlich die angezeigten Seiten des zweiten Kapitels durch. Das genügt, um einen für Sie ausreichenden Ueberblick der Hardware und Software zu bekommen.

Das erste Kapitel ist nicht umfangreich. Lesen Sie es sorgfältig durch und überlegen Sie sich Ihre eigene Rolle im Prozess des Entstehens eines Computerprogramms. Ihr Beitrag ist wesentlich genug, um auch das Ueberfliegen des dritten Kapitels auf den linken Seiten zu rechtfertigen.

Nun wenden Sie bitte!

## S A C H B E A R B E I T E R

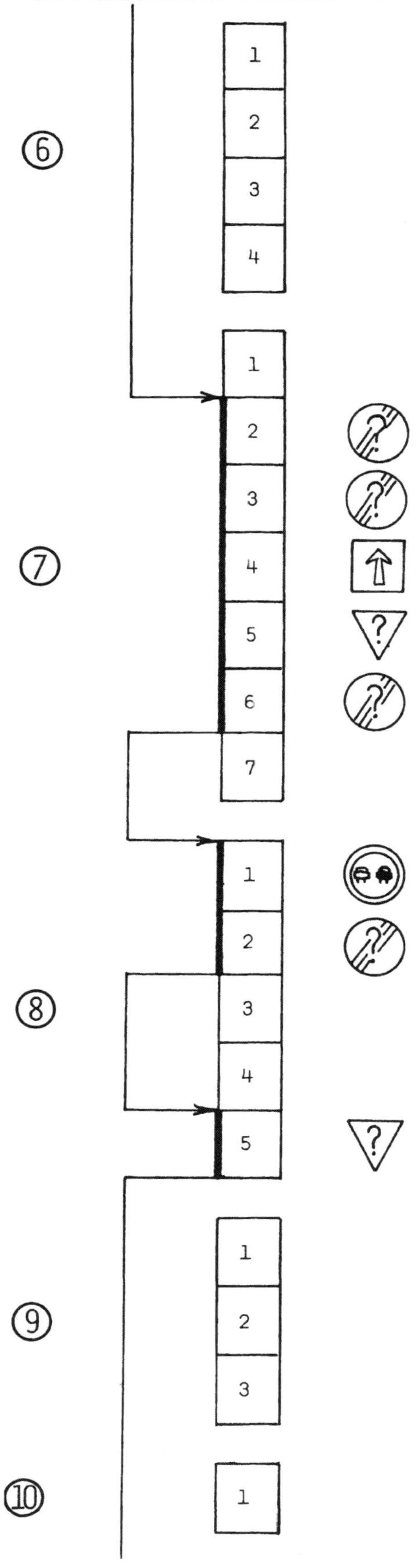


Dieses Heft ermöglicht Ihnen, in die Art des Programmierens tiefer einzudringen. Es wäre schön, wenn Sie mitmachen könnten. Es braucht aber viel Zeit. Mindestens acht bis zehn Stunden müssten Sie opfern und zusätzlich noch die übersprungenen Kapitel der Hefte 3, 4 und 5 nachholen.

Dieses umfangreiche Heft informiert Sie über die EDV-Organisation. An Ihrem Arbeitsplatz kommen Sie oft in Kontakt mit der EDV. Sie müssen also die Grundlagen der computerorientierten Organisation einigermassen verstehen. Nicht alle Kapitel sind für Sie gleich wichtig. Halten Sie sich bitte an unsere "Verkehrszeichen". Schenken Sie dabei besondere Aufmerksamkeit dem Kapitel 5, denn die praktischen Probespiele und der Probelauf verlangen auch von Ihnen einen grossen persönlichen Einsatz.

Die Datenbank ist Ihre Informations-Schatzkammer. Im Grunde genommen kann der Computer die korrekten Resultate nur anhand richtiger Daten erstellen. Die allerwichtigsten Daten werden in der Datenbank aufbewahrt. Befassen Sie sich also ganz gründlich mit dem ersten Kapitel des achten Heftes! Die Verarbeitungsarten mögen für Sie von Interesse sein - lesen Sie also auch Kapitel 2 durch.

Wichtige Anreize für die Pflege der Daten, was ihre Zuverlässigkeit anbelangt, finden Sie im Kapitel 5. Da Sie auf diesem Gebiet viel Nützliches zum Erfolg der EDV beitragen können, ist auch die Selbstkontrolle durch beantworten der Fragen nötig.

Sollten Sie später Zeit und Lust zum näheren Studium der EDV haben, beginnen Sie bitte mit Heft 9 und ergänzen Sie anschliessend Ihre Kenntnisse durch sorgfältiges Studium aller ausgelassenen Kapitel und Uebungen, beginnend mit Kapitel 1 des ersten Heftes.

Falls Sie eine Einzelinformation aus dem Gebiet der EDV brauchen, suchen Sie zuerst im Sachwörterverzeichnis im Heft 10. Sie finden dort auch die englischen Ausdrücke, die bei den meisten EDV-Fachleuten geläufiger sind, als die deutschen.

VIEL SPASS UND ERFOLG!

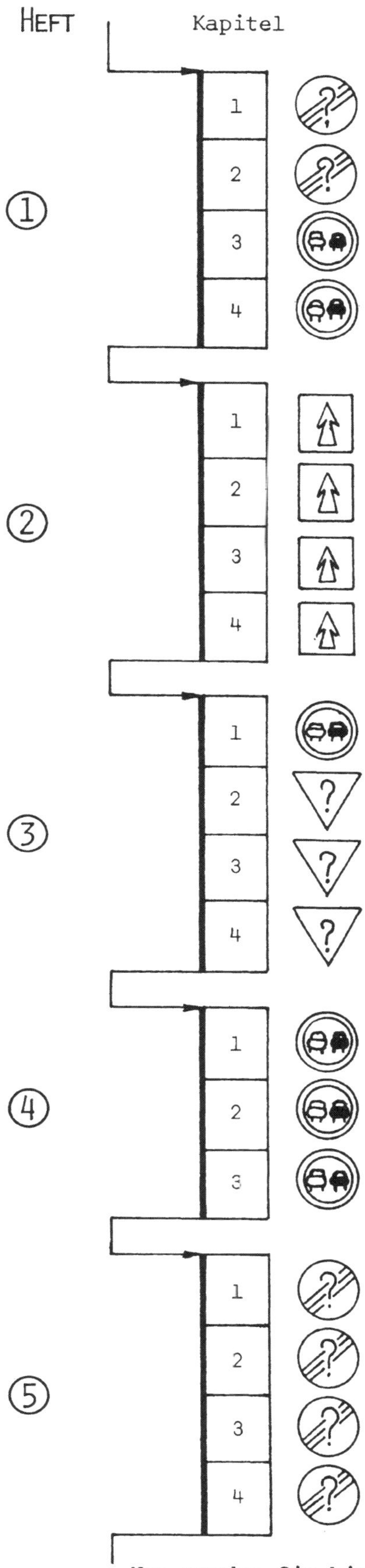


Beim erstmaligen Durcharbeiten dieses Lernprogramms, müssen Sie die zwei ersten Kapitel nur durchlesen. Die zweite Hälfte des Heftes ist jedoch für Sie von Interesse. Es geht dabei um die Anwendungsgebiete der EDV und um ihre sozialen Einwirkungen.

Die linken Seiten im Heft 2 orientieren Sie zur Genüge über die Lochkarte und die wichtigsten Lochkartenmaschinen.

Sie sind an das anspruchsvolle exakte Denken gewöhnt - und die Blockdiagramme bilden den Ausgangspunkt jeder genauen Beschreibung des Algorithmus der zu lösenden EDV-Aufgabe. Sie sollen sich deswegen schon beim ersten Durcharbeiten dieses Lernprogramms entsprechend mit diesem Problem beschäftigen.

Die Kenntnis der Hardware und der Software des Computers ist für Ihre weitere Ausbildung in diesem Lehrgang von grosser Wichtigkeit.

Es genügt vorläufig, wenn Sie das Kapitel über die Programmierung nachlesen. Beim zweiten Durcharbeiten werden Sie alle gestellten Fragen bestimmt mühelos beantworten können.

Nun wenden Sie bitte!

STUDENT

⑥ 1 2 3 4

Dieses Heft sollten Sie eigentlich beim ersten Durcharbeiten des Lernprogramms überspringen. Wenn Sie aber gut gelaunt sind und Lust haben, Ihre Fähigkeit auf die Probe zu stellen, steht Ihnen nichts im Wege.

⑦ 1 2 3 4 5 6 7

Das gilt für das ganze Heft 7. Sie werden sich genügend über die EDV-Organisation orientieren, ohne viel Zeit zu verlieren.

⑧ 1 2 3 4 5

Die Datenbank und die verschiedenen Verarbeitungsarten sind für die moderne Datenverarbeitung massgebend. Sie sollten also in den ersten beiden Kapiteln auch alle Fragen richtig beantworten können. Die nächsten drei Kapitel müssen Sie vorläufig nur durchlesen, damit Sie über die Speichertechnik, über den Aufbau der Dateien und über die Zuverlässigkeit der EDV orientiert werden.

⑨ 1 2 3

Sorgfältig durchlesen, bitte. Interessante Angaben für Planung der EDV und einige Anwendungsbeispiele sind der Mühe wert.

⑩ 1 ←

Inhaltsverzeichnis bei Bedarf benützen.

WENN SIE ES MIT DER EDV ERNST MEINEN (SEI ES WEGEN DER PRUEFUNG ODER WEGEN IHRER ZUKUNFT), FOLGEN SIE NUN DEM STEUERTEXT FUER ZUKUENFTIGE EDV-FACHLEUTE!

# INTERESSENT

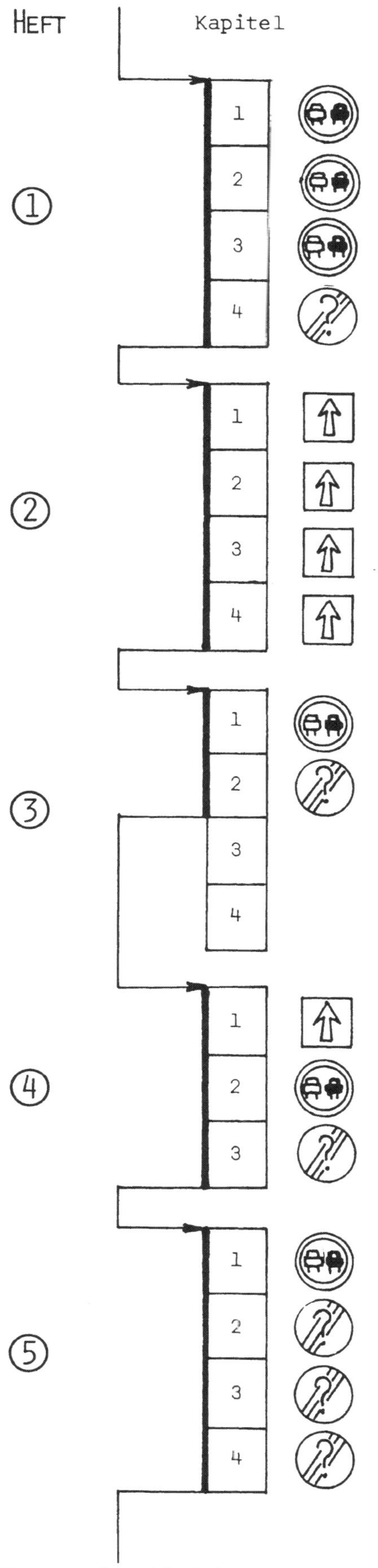


Wir nehmen an, dass Sie sich für die elektronische Datenverarbeitung ernsthaft interessieren. Deswegen empfehlen wir Ihnen, den Lernstoff am Anfang gründlich anzupacken. Auf diese Weise rüsten Sie sich bestens für die späteren schwierigeren Kapitel.

Obwohl Sie sich für die elektronische Datenverarbeitung interessieren, müssen Sie mindestens flüchtig auch diejenigen Maschinen kennenlernen, die dem Computer bei seiner Tätigkeit behilflich sind. Natürlich auch die Lochkarte selbst haben Sie sich anzusehen.
Es genügt, wenn Sie zu diesem Zweck nur die linken Seiten im Heft 2 sorgfältig durchgehen, ohne die Fragen zu beantworten.

Für ein gutes Verständnis der EDV sind die Grundlagen der Blockdiagrammtechnik unentbehrlich. Das erste Kapitel verlangt Ihrerseits eine gründliche Durcharbeitung. Anschliessend lesen Sie noch das zweite Kapitel durch - und Sie sind über die Blockdiagramme genügend informiert.

Da Sie sich für die automatische Datenverarbeitung interessieren, ist für Sie besonders Kapitel 2 in diesem Heft interessant. Wir empfehlen Ihnen dieses Kapitel gründlich durchzuarbeiten.

Die Programmierung ist von der elektronischen Datenverarbeitung nicht zu trennen. Sie müssen die Art und Weise der Programmierung kennenlernen. Beginnend mit Kapitel 2 haben Sie jedoch die Fragen nicht unbedingt zu beantworten. Eine Uebersicht genügt Ihnen vollkommen.

Nun wenden Sie bitte!

# INTERESSENT

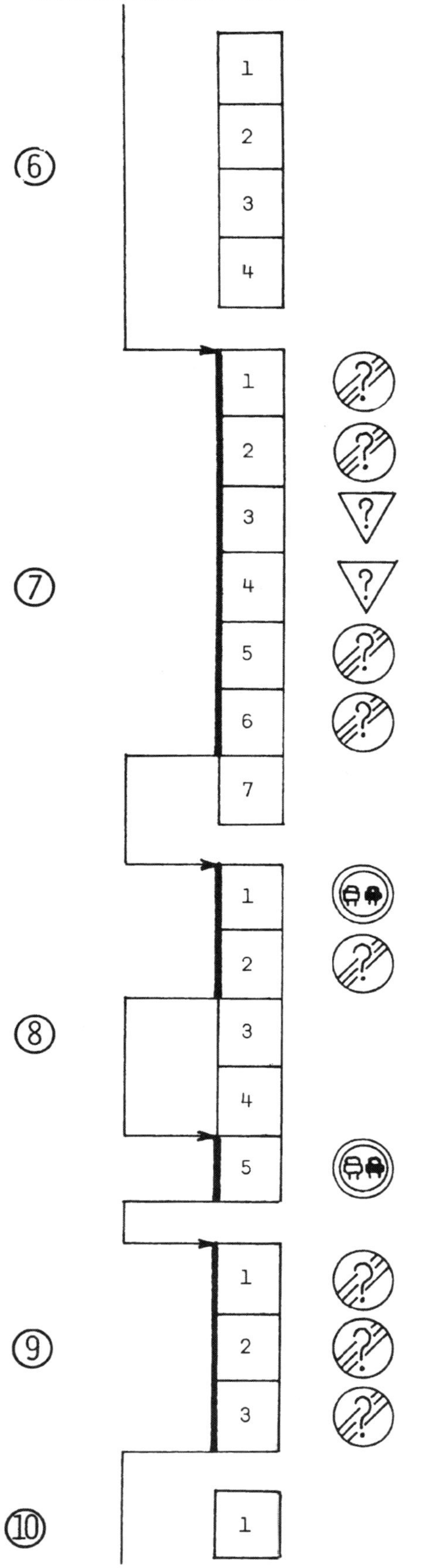

Dieses Heft bietet die Möglichkeit, die Programmierung ganz praxisnah kennenzulernen. Wenn Sie mitmachen möchten, haben Sie jedoch alle bis jetzt ausgelassenen Kapitel und Uebungen nachzuholen.

Der organisatorische Einsatz eines Computers ist eine vielseitige und umfassende Angelegenheit. Sie möchten bestimmt darüber informiert werden.
Lesen Sie also zuerst die theoretischen Grundlagen in Kapitel 1 und anschliessend den Gesamtüberblick in Kapitel 2.
Die richtige Zielsetzung ist eine der wichtigsten Bedingungen für den späteren Erfolg. Versuchen Sie sich mit diesem Thema so weit vertraut zu machen, dass Sie die gestellten Fragen richtig beantworten können.
Genau so wichtig ist das Erarbeiten des Detailprojektes, worüber Kapitel 4 Auskunft gibt.
Im weiteren genügt es, wenn Sie sorgfältig lesen. Ueber die EDV-Abteilung müssen Sie nicht unbedingt Bescheid wissen. Kapitel 7 darf von Ihnen also weggelassen werden.

Die Probleme der Datenbank sind zum Zentralproblem der EDV geworden. Hier haben Sie keine Erleichterungen im Durcharbeiten des Lernprogramms zu erwarten. Hingegen sind die weiteren Kapitel für Sie wahrscheinlich zu speziell.
Doch Kapitel 5 in diesem Heft bringt noch etwas besonders Wichtiges: Die Zuverlässigkeit der automatischen Datenverarbeitung.

Sie finden bestimmt viel Interessantes in diesem Heft. Die Vergleichsdaten über die Hardware und Software der Computer, sowie den Ausblick in die Computerzukunft werden Sie nach dem, was Sie bis jetzt geleistet haben, sehr gut verstehen können.

Wenn Sie sich über etwas Spezifisches interessieren, orientieren Sie sich im Sachwortverzeichnis.
In diesem Heft finden Sie übrigens auch die englischen Fachausdrücke, die bei den EDV-Fachleuten so verbreitet sind.

VIEL VERGNUEGEN UND LERNERFOLG!

V O R H E F T

WIR UND ER

## ① UEBERFLUESSIGE INFORMATIONEN

Wie oft muss der Informationsempfänger,sei es ein Manager, ein Abteilungsleiter oder ein Sachbearbeiter, die gewünschte Information zuerst aus einer Fülle von Informationen herausuchen - manchmal sogar rechnerisch verarbeiten und Vergleiche treffen - bevor er sie als Entscheidungsunterlage benützen kann.

SUCHEN

RECHNEN

ZUR VERHANDLUNG

## ② NEUE BERUFE

DV-ORGANISATOREN
DV-ANLAGECHEF
SYSTEMANALYTIKER
PROGRAMMIERER
EDVA-OPERATOREN

FAKTURISTINNEN
BUCHHALTER
STATISTIKER

---

| FRAGE | ANTWORT | IHRE LOESUNG |
|---|---|---|
| 1. Wann sind die ersten Computer entstanden ? | A. In den Fünfziger - Jahren.<br>B. In den Vierziger - Jahren.<br>C. Im XIX. Jahrhundert. | ○ |
| 2. Wie hoch würden Sie den Anteil der Rechenoperationen an dem gesamten Zeitaufwand bei der elektronischen Datenverarbeitung schätzen. | A. Unter 5 Prozent.<br>B. Rund eine Hälfte.<br>C. Ueber 80 Prozent. | ○ |

## 1. MENSCHEN UND INFORMATIONEN

Die Menschheit lernt mit den Informationen umzugehen. Es ist eine harte Lehre und die Ergebnisse sind immer noch nicht befriedigend. Wir sind mit Informationen überflutet. Viele davon sind überflüssig und belästigend (1). Der Weg zur wirklich benötigten Information ist immer noch mühsam und zeitraubend. Manche Informationen sind sogar falsch oder mindestens unvollständig.

Seit dreissig Jahren leben wir mit dem Computer. Seit fünfzehn Jahren hilft uns der Computer die Betriebswirtschaft steuern. Die Verarbeitung der Informationen kreiert neue Berufe und verdrängt die alten. Die gestern noch (2) verblüffenden Verarbeitungsgeschwindigkeiten, in der Grössenordnung von Mikrosekunden, sind heute zur Selbstverständlichkeit geworden - und morgen? Was bringen der Informationsverarbeitung die Laserstrahlen, die subminiaturisierten Schaltkreise, die assoziativen Speicher?

Der Computer ist heutzutage nicht mehr der alte, gute Rechner mit dessen Hilfe die technischen und mathematischen Aufgaben mit vor kurzem noch nicht geahnter Geschwindigkeit gelöst werden konnten. Endgültig vorbei ist die Zeit, wo ein "Minicomputer" zum Traum der kleinen Schüler wurde - als Helfer beim Erledigen der Hausaufgaben.

Was ist heute ein Computer? Was wird er morgen sein? Mit dieser Frage hat sich heute ein bedeutender Anteil der Menschheit auseinanderzusetzen. Wir wissen ja alle: Die Zukunft gehört den Vorbereiteten.

### ZUSATZINFORMATION

Wir haben soeben die technische Revolution erlebt und kämpfen noch immer - oft recht mühsam - mit all den Folgen, die sie hervorgerufen hat. Und schon beginnt eine neue Revolution an uns heranzurücken: die Revolution des Informationswesens. Die neue Technik, ihre Eingliederung in das menschliche Leben und die Bewältigung durch die Menschheit sind für die explosive Entwicklung der Informationsverarbeitung verantwortlich.

### NOTIZEN

## ① Rechnen und Steuern

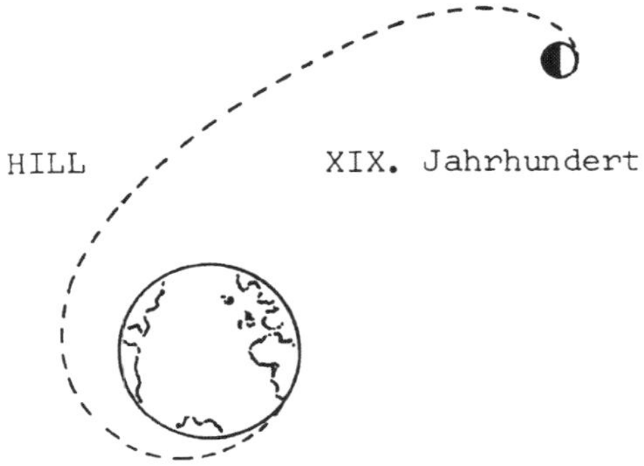


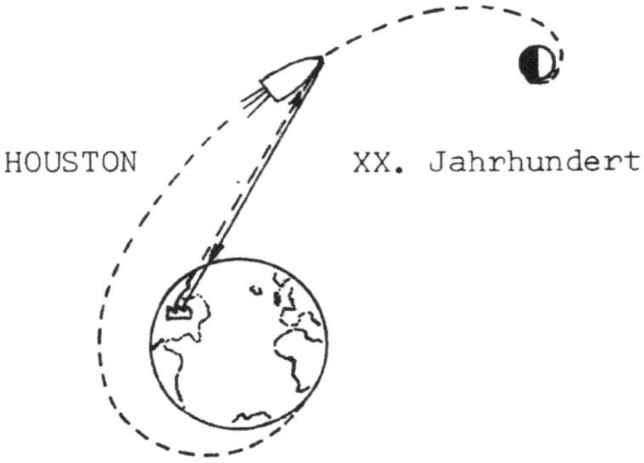


## ② Daten zur Verfuegung stellen

Man kann schon heute an einen entfernten Computer Fragen stellen und aus seinem Informationsschatz (aus seiner Datenbank) schöpfen.

---

| FRAGE | ANTWORT | IHRE LOESUNG |
|---|---|---|
| 1. Erstellen Sie eine absteigende Rangliste der aufgeführten Aufgaben nach ihrer Rechenintensität:<br>a) Fakturierung<br>b) Produktionsplanung<br>c) Verkaufsvorhersagen<br>d) Platzreservierung | A. b) - c) - a) - d)<br>B. c) - b) - a) - d)<br>C. c) - a) - b) - d)<br>D. Ich kann die Frage ohne genauere Aufgaben nicht beantworten. | ○ |
| 2. Wie alt ist eigentlich der Sohn, wenn er diese geistreiche Aufgabe im Jahre 1990 zu beantworten hat ? | A. 10<br>B. 5<br>C. 20<br>D. 15 | ○ |

2. RECHNER ODER DATENORGANISATOR ?

Das Gerät mit dem veralteten Namen Computer bietet uns unvergleichbar mehr, als nur das automatische Rechnen.

Der amerikanische Astronom Hill berechnete schon vor hundert Jahren haargenau die optimalen Flugbahnen Erde - Mond. Die Apollo-Kapsel flog auf Hill's Flugbahn zum Mond. Zum Berechnen der Flugbahn war der Computer also nicht unbedingt notwendig. Die Mondkapsel auf ihrer Bahn zu überwachen und eventuelle Kursänderungen mit notwendiger Geschwindigkeit zu ermitteln, das ist erst die richtige Aufgabe für den Computer. Dabei ist er unerlässlich (1).

Was muss man schon bei einer Hotelreservation berechnen? Man muss nachsehen, ob freie Zimmer der gewünschten Art vorhanden sind und eventuell Ersatzangebote unterbreiten. Der Computer bewährt sich bei dieser Aufgabe bestens (2).

Der kleine Schüler von heute träumt von seinem privaten Taschencomputer, der ihm bei der Prüfung Beethoven's Geburtsdatum ins Ohr flüstern könnte. Wie alt der Sohn ist, wenn sein 40-jähriger Vater im Jahre 2000 doppelt so alt wird wie er, teilt ihm sein Taschencomputer nur so nebenbei auch mit. Phantasie? Kindertraum? Oder geläufige Realität des Jahres 1990?

ZUSATZINFORMATION

Wer von uns glaubte im Jahre 1950, dass nach 20 Jahren die Computer Telegramme vermitteln werden und dem Menschen zu einem Mondspaziergang verhelfen? Wer konnte damals voraussagen, dass wir heute zu Betriebsinformationen im Umfang von Abermillionen Zeichen wörtlich blitzschnell zugreifen werden?

NOTIZEN

## ① PROGRAMMAUSSCHNITT

```
IF BEST NOT GREATER MIN
   SUBTRACT BEST FROM MAX
   MOVE N TO NUMMER.
GO TO ABRECH.
```

In relativ einfacher und dem Menschen gut verständlicher Programmiersprache COBOL geschrieben (Vor Ausführung wird dieses Programm automatisch in das Maschinenprogramm übersetzt).

```
00071 01 000522    40 10 A 0C6
00071 01 00052E    96 20 A 0AD
00071 01 000542    41 00 3 3B8
00071 01 000550    D2 02 A 0B1 3 011
00072 01 000560    47 F0 3 2C0
00074 01 00056E    50 00 3 010
00074 01 00057A    92 0A 3 018
00074 01 000586    0A 02
00075 01 00058E    D2 1E 1 000 A 14F
00075 01 00059C    05 EF
```

In Maschinensprache gedruckt. (Der Computer kann bei der Ausführung nur in seiner eigenen Maschinensprache gesteuert werden.)

## ② WIE DISKREPANZEN ENTSTEHEN

Mündliche Anweisungen verlieren in einer Uebermittlungskette viel von ihrem Informationsinhalt und werden oft stark deformiert.

---

| FRAGE | ANTWORT | IHRE LOESUNG |
|---|---|---|
| 1. Spielen Sie jetzt die Rolle des Computers und führen Sie folgendes Programm aus:<br>a) Subtrahieren Sie von Ihrem Alter fünf.<br>b) Multiplizieren Sie das Resultat mit zwei.<br>c) Zählen Sie zehn dazu.<br>d) Subtrahieren Sie das Zweifache Ihres Alters.<br>Wieviel steht jetzt in Ihrem "Speicher" ? | A. 25<br>B. 0<br>C. -10<br>D. Ihr Alter | ○ |

## 3. PROGRAMME

Der Computer kann nicht denken. Er besitzt keine Intelligenz, keine Phantasie, keine Gefühle. Er kann nicht improvisieren, er kann nicht Neues erfinden. Er ist schnell, gehorsam, genau - und blöd. Man behauptet es mindestens. Stimmt es wirklich?

Eines steht jedoch fest: Der Computer muss durch Programme gesteuert werden ①. Ohne Programme ist er bloss eine tote Materie. Diese Materie ist bereit, auch unsinnige Programme auszuführen. Es genügt ihr, wenn sie die im Programm enthaltenen Anweisungen entziffern kann, wenn also die Programme in ihrer Sprache vorliegen (In diesem Zusammenhang wage ich es kaum, die menschlichen Massen zu erwähnen, die manchmal auch unsinnigen oder sogar irrsinnigen Anweisungen gehorchen und sie ganz genau befolgen.).

Die Verantwortung für vernünftige Resultate der Computerverarbeitung liegt bei den Programmieren, bei den EDV-Fachleuten. Beim Ausarbeiten der Programme ist die gegenseitige unmissverständliche Ausdrucksweise zu bewahren. Der Auftraggeber muss die Aufgabenstellung so eindeutig formulieren, dass sie vom Programmierer gar nicht falsch verstanden werden kann ②. Das ist schwierig und zeitraubend - zu Beginn der Vorbereitungen eines neuen Informationssystems. Es macht sich aber im späteren Verlauf der Arbeiten reichlich bezahlt, wenn keine Rückfragen mehr notwendig werden. Rückfragen, deren genaue Abklärung oft tiefgreifende Aenderungen im Konzept der Lösung hervorruft und die Projektentwicklung um Monate zurückwirft.

### ZUSATZINFORMATION

Bei der mündlichen Uebermittlung der Nachrichten geht oft 20 % des ursprünglichen Informationsinhalts verloren. Wenn eine Nachricht fünf Uebermittlungsstellen mit dieser Verlustquote passiert, bleibt nur $0.8^5$ 33 % des ursprünglichen Inhaltes erhalten. Also katastrophal wenig.

### NOTIZEN

COMPUTER = ZENTRALEINHEIT + PERIPHERIE
PROGRAMME = BETRIEBSSYSTEM + ANWENDUNGSPROGRAMME
SPEICHER = ARBEITSSPEICHER + EXTERNE SPEICHER

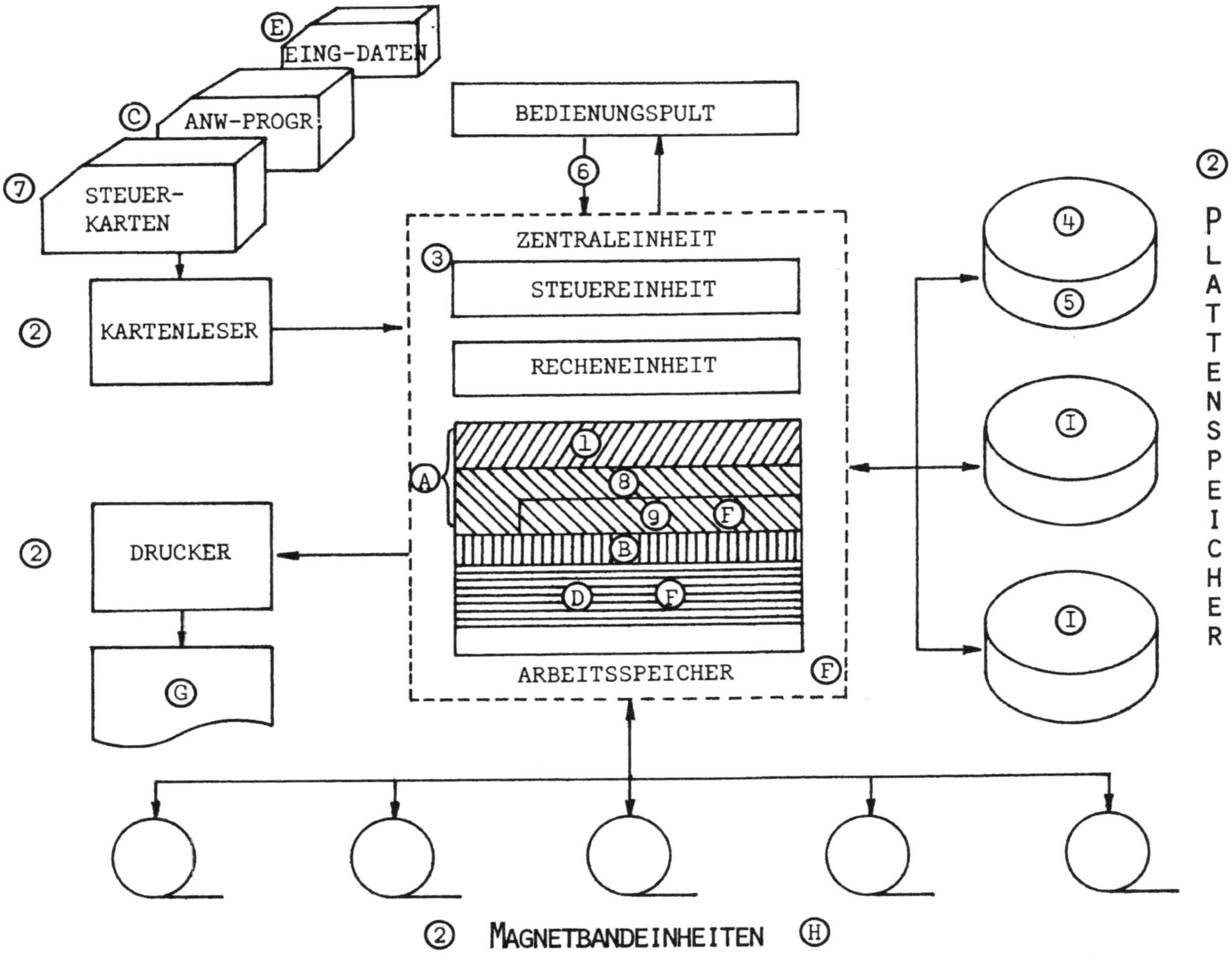


VORSICHT: DIE DARSTELLUNG IST DER UEBERSICHTLICHKEIT WEGEN VEREINFACHT!

| FRAGE | ANTWORT | IHRE LOESUNG |
| --- | --- | --- |
| 1. Welche der folgenden Einrichtungen gehören der Peripherie an ? | A. Steuereinheit<br>B. Drucker<br>C. Plattenspeicher<br>D. Arbeitsspeicher | ○ |
| 2. Beim Uebertragen von Teilen des Betriebssystems von der Platte in den Arbeitsspeicher... | A. bleibt der Inhalt der Platte unverändert.<br>B. verschwindet der übertragene Teil von der Platte vollständig. | ○ |

## 4. ZUSAMMENSPIEL COMPUTER - PROGRAMME

Bestimmte Programme (vom Computerhersteller mit dem Computer geliefert) bilden einen untrennbaren Teil der EDVA - der elektronischen Datenverarbeitungsanlage. Die Gesamtheit dieser Programme heisst Betriebssystem. Ein Teil davon ist ständig im Arbeitsspeicher des Computers enthalten ① und steuert die Durchführung von solchen Operationen, wie z.B. das Herstellen der Verbindungen zwischen den Peripheriegeräten ② und der Zentraleinheit ③ des Computers. Der Rest des Betriebssystems befindet sich auf einem externen Speicher ④. Die jeweils benötigten Teile ⑤ wurden durch Steuerbefehle ⑥ (oft in Steuerkarten enthalten ⑦) nach Bedarf in den Arbeitsspeicher übertragen ⑧. So z.B. ein Uebersetzungsprogramm, welches ein COBOL-Programm in die Maschinensprache übersetzt ⑨.

Anhand der Steuerbefehle ⑥ resp. ⑦ wird im Arbeitsspeicher die jeweils benötigte Kombination der Teile des Betriebssystems zusammengestellt Ⓐ. Nun kann das eigentliche Anwendungsprogramm in den Arbeitsspeichern Ⓑ geladen werden. Es ist oft in Lochkarten abgelocht Ⓒ.

Das Anwendungsprogramm wird von Programmierern des Computerbenützers geschrieben. So z.B. für die Verbuchung der Kreditoren und Debitoren oder für die Fakturierung.

Das Anwendungsprogramm wird vom Uebersetzungsprogramm in Maschinensprache übersetzt. Die Uebersetzung - das maschineneigene Programm - wird im Arbeitsspeicher abgelegt Ⓓ.

Nun ist die Präsenz des ursprünglichen Anwendungsprogrammes Ⓑ und des Uebersetzungsprogrammes ⑨ im Arbeitsspeicher nicht mehr notwendig. Diese Teile werden von der Steuereinheit für die Verarbeitung der Eingabedaten Ⓔ freigegeben.

Die schrittweise eingelesenen Daten werden im Arbeitsspeicher abgelegt. Auch die jeweils notwendigen Zwischenresultate und die zur Ausgabe zusammengestellten Endresultate müssen im Arbeitsspeicher Platz finden Ⓕ.

Die Ausgabe der Resultate erfolgt vom Arbeitsspeicher auf ein peripheres Gerät. Die Resultate werden z.B. ausgedruckt Ⓖ oder auf Magnetband Ⓗ oder Magnetplatte Ⓘ festgehalten. Bänder oder Platten dienen oft der Eingabe von Stamm- oder Bestandsdaten, wie z.B. Kundenadressen oder Artikelbestände.

" DIESE DOPPELSEITE WAR ZU VOLL, ZU SCHWIERIG, ZU ANSTRENGEND, HERR AUTOR! "

" MEIN KOMPLIMENT, HERR LESER! WENN SIE SICH BIS ZU DIESEN ZEILEN DURCHBEISSEN KONNTEN, SIND SIE DER RICHTIGE MANN - OH PARDON - SIND SIE DIE RICHTIGE FRAU ODER DER RICHTIGE MANN FUER DIE EDV. SIE MUESSEN NUR NOCH IHRE AUSDAUER UNTER BEWEIS STELLEN UND DIESE AEUSSERST INHALTSREICHE DOPPELSEITE NOCHMALS GANZ LANGSAM UND SORGFAELTIG DURCHARBEITEN. WENN SIE ES TUN, HABEN SIE DAS SCHLIMMSTE UEBERSTANDEN! "

## ① Fehlermeldungen beim Uebersetzen des Anwendungsprogramms

```
LINE/POS ER CODE DIAGNOSTICS MESSAGE
  37/2 IJS005I C NAME EXCEEDS 30 CHARACTERS.
  96/1 IJS007I C ARTNUM HAS UNDEFINED QUALIFICATION
 115/1 IJS196I W SYNTAX REQUIRES AN 01 LEVEL ENTRY. FOUND 07.
1 LEVEL W DIAGNOSTICS
2 LEVEL C DIAGNOSTICS
```

## ② Wiederholtes Uebersetzen

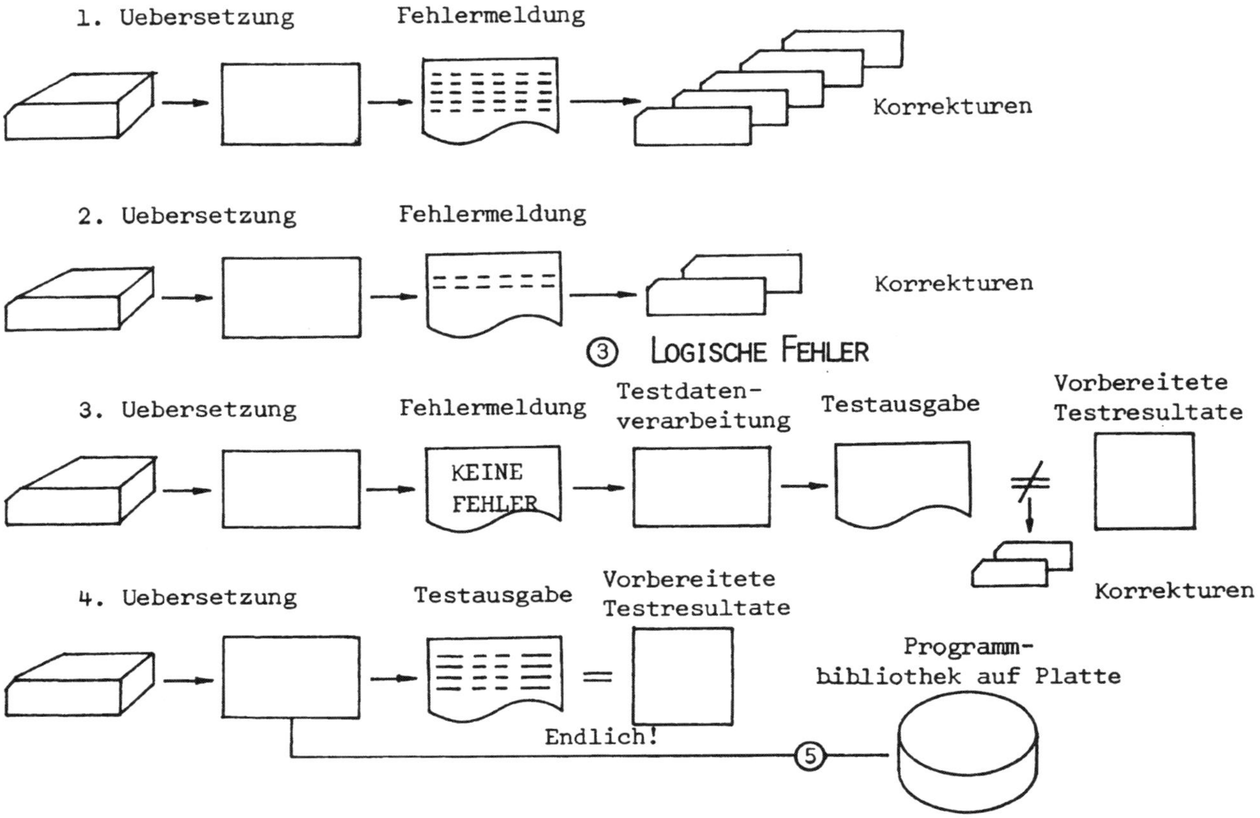


## ④ Programm-Schreiben und Testen

Durch sorgfältige Analyse kann man hier viel Zeit ersparen
oder
durch oberflächliche Analyse viel Zeit einbüssen.

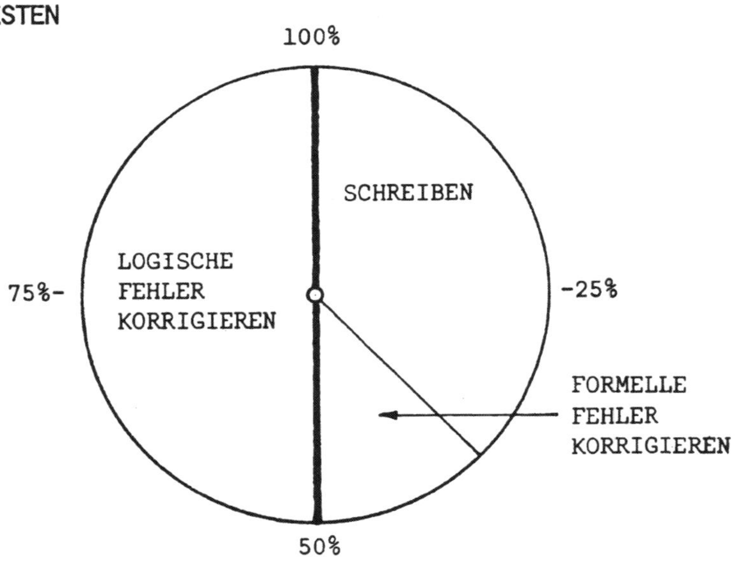

## 5. ZUSAMMENSPIEL MENSCHEN - EDVA

Der Weg vom Programmladen zur Ausführung ist bei weitem nicht so einfach, wie wir es auf Seite 21 dargestellt haben. Im Programm sind anfänglich immer Fehler enthalten. Der Grund dafür liegt auf der Hand: die Programme werden von Menschen geschrieben.

Das Uebersetzungsprogramm untersucht das Anwendungsprogramm und meldet alle gefundenen Fehler ①. Diese müssen beseitigt werden, bevor die Uebersetzung erfolgreich abgeschlossen werden kann. Bei umfangreichen, schwierigen Programmen muss die Uebersetzung nochmals durchgeführt werden, bevor ein fehlerfreies Programm vorliegt ②. Nachher wird das übersetzte Programm nach logischen Fehlern untersucht, die vom Uebersetzungsprogramm nicht erfasst werden konnten. Auch bei dieser Phase des Testens wurden Fehler entdeckt und korrigiert ③.

Eine grobe Vorstellung über die Einteilung der notwendigen Zeit zwischen dem Programmschreiben und der Fehlersuche bietet ④.

Das von Fehlern beider Art bereinigte und in Maschinensprache übersetzte Programm wird nun in die Programmbibliothek aufgenommen ⑤ und von dort bei Bedarf in den Arbeitsspeicher übertragen.

Bei oft benützten Anwendungsprogrammen zerfällt der Weg vom Programmerstellen zur Programmausführung in zwei deutlich getrennte Phasen:

- Uebersetzen des Anwendungsprogrammes inklusive Fehlerbeseitigung und Uebernahme des übersetzten Programmes in die Programmbibliothek.

- Aufrufen des benötigten Anwendungsprogrammes (in Maschinensprache) aus der Programmbibliothek und Ausführung mit Eingabedaten.

### ZUSATZINFORMATION

Der frische Schnee sind immer weiss. Das ist ein Fehler, den der Uebersetzer erkennt und bekannt gibt. Die Regeln der Sprache wurden verletzt. Erst nach dem Ersetzen des falschen Plurals sind durch richtiges Singular ist, wird dieser Satz vom Uebersetzer bearbeitet: The fresh snow is always white. Der frische Schnee ist immer schwarz. Dieser Satz ist grammatikalisch korrekt und wird übersetzt: The fresh snow is always black. Der logische Fehler, nämlich die falsche Verbindung zwischen "Der frische Schnee" und "schwarz" kann der Uebersetzer nicht korrigieren. Vielleicht hat es der Verfasser wirklich so gedacht. Wer weiss?

### NOTIZEN

## MENSCHLICHE FEHLER - FORTSETZUNG

### ① FESTINA LENTE! - LANGSAM EILEN!

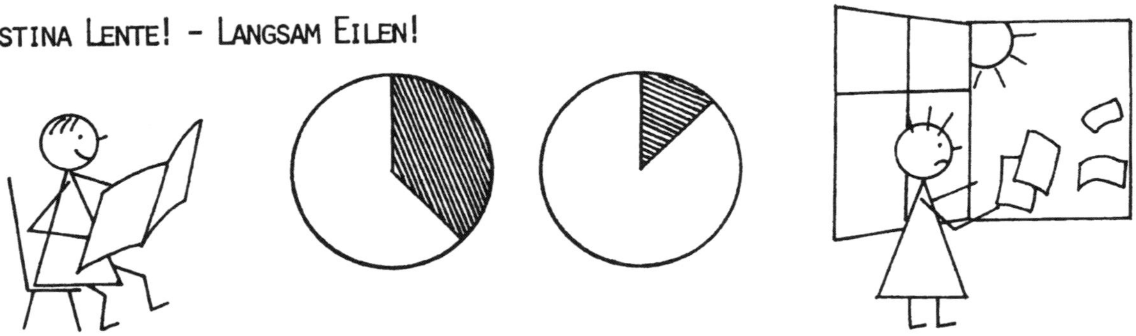

Der Anteil der Problemanalyse kann nicht straflos zu kurz bemessen werden. Die fertigen Programme zum Fenster hinauswerfen zu müssen, das tut weh und kostet Geld und Prestige.

### ② WARUM...? WAS GESCHIEHT, WENN...? WARUM NICHT...?

Das sind die Zauberfragen, die man an sich selbst richten soll und von anderen, am EDV-Projekt beteiligten Mitarbeitern ohne Zorn entgegennehmen sollte. Das Beantworten solcher Fragen ist unbehaglich, aber nützlich.

Warum sind gerade 5-prozentige Abweichungen kritisch? Warum nicht 3 oder 12 Prozent? Was passiert, wenn wir 5 Prozent festlegen? Warum ist ein einheitlicher Prozentsatz für alle Artikel richtig? Was würde passieren, wenn wir die Artikel in Gruppen aufteilen und nach verschiedenen Prozentsätzen beurteilen würden? Warum unverzüglich? Warum sollte nicht abgewartet werden, ob das Ueberschreiten der Grenzen andauert? ......

---

| FRAGE | ANTWORT | IHRE LOESUNG |
|---|---|---|
| 1. Warum soll die Problemanalyse sorgfältig durchgeführt werden ? | A. Weil die späteren Korrekturen zeitraubend und kostspielig sind.<br>B. Weil die Programmierer ein eindeutiges und logisch richtiges Lösungskonzept als Arbeitsunterlage brauchen.<br>C. Weil es so üblich ist. | ○ |
| 2. Was würde passieren, wenn wir die vom Chefanalysator für die Analyse vorgeschlagene Frist um einen Drittel verkürzten ? | A. Wir ersparen 20'000 Franken an Lohnkosten.<br>B. Wir verlieren 100'000 Franken an Lohnkosten.<br>C. Wir wissen es nicht. | ○ |

Wir müssen noch eine Behauptung über das Verhältnis zwischen dem Menschen und dem Computer präzisieren. Auf Seite 19 haben wir gesagt, die Programmierer, die EDV-Fachleute seien für vernünftige Resultate der Computerverarbeitung verantwortlich. Es stimmt. Aber was soll darunter genau verstanden werden? Ein Beispiel soll uns helfen.

Die Geschäftsleitung, bewegt durch unbefriedigende Umsatzentwicklung, beauftragt einen EDV-Analysator, binnen zwei Wochen (1) Vorschläge zur Verbesserung der Entscheidungsunterlagen zu unterbreiten.

Der Vorschlag lautet: Die Umsatz- und Bestandesdaten von jedem Artikel unverzüglich an die Ein- und Verkaufsabteilung weiterleiten, bei welchen eine Abweichung von mehr als 5 Prozent vom Soll-Bestand aufgetreten ist (2).

Die Geschäftsleitung ist einverstanden und der Programmierer wird beauftragt, in drei Wochen das entsprechende Programm bereitzustellen.

Die Resultate sind grausam. Die Ein- und Verkaufsabteilung wird täglich mit durchschnittlich zehntausend Meldungen überflutet. Zur Beurteilung und Behandlung einer Meldung haben sich zehn Minuten als Minimum erwiesen. Das gibt 100'000 Minuten, also ca. 200 Mann/Tag. Die Abteilung verlangt prompt eine Erhöhung des Mitarbeiterbestandes um 195 Personen.

Wer hat Fehler gemacht?

ZUSATZINFORMATION

Die Programmfehler sind spielend zu beseitigen im Vergleich zu den Fehlern im Konzept der Lösung. Ein durchdachtes und verantwortungsvoll analysiertes Lösungskonzept ist die beste Garantie für den Enderfolg der EDV. Dafür muss genügend Zeit zur Verfügung stehen. Am Anfang der EDV-Vorbereitung ist viel Geduld und Verständnis seitens des Top-Managements die wichtigste Voraussetzung für die spätere ruhige und trotzdem flotte und richtige EDV-Projektentwicklung.

NOTIZEN

## SCHLUESSELVERZEICHNIS

AUSFUEHRLICHE ANTWORTEN AB SEITE 267

| SEITE | SCHLUESSEL |
|---|---|
| 14 | BA |
| 16 | DD |
| 18 | B |
| 20 | B und C, A |
| 24 | A und B, A und B |

HEFT 1

EINFUEHRUNG IN DIE EDV

# 1. Was Sind Daten

## DIE UNTERTEILUNG VON INFORMATIONEN

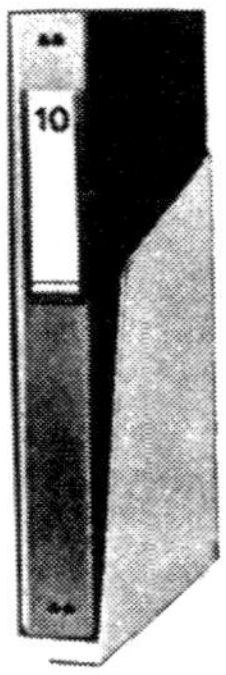


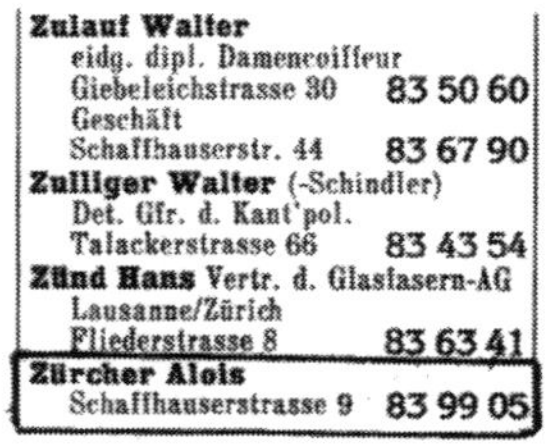

**Zulauf Walter**
eidg. dipl. Damencoiffeur
Giebeleichstrasse 30 83 50 60
Geschäft
Schaffhauserstr. 44 83 67 90
**Zulliger Walter** (-Schindler)
Det. Gfr. d. Kant'pol.
Talackerstrasse 66 83 43 54
**Zünd Hans** Vertr. d. Glaslasern-AG
Lausanne/Zürich
Fliederstrasse 8 83 63 41
**Zürcher Alois**
Schaffhauserstrasse 9 83 99 05

**Zürcher**

①

| INFORMATIONEN | INFORMATIONSEINHEITEN | INFORMATIONSELEMENTE = DATEN |
|---|---|---|
| TELEPHONBUCH | TELEPHONBUCHEINTRAG | Z.B. NAME |

## DIE SINNE DER WAHRNEHMUNG

SEHEN
HOEREN
RIECHEN
TASTEN
SCHMECKEN

②

## DIE DATENFORMEN

DATEN
- ZIFFERN 0 1 2 3 4 5 6 7 8 9 ③
- BUCHSTABEN A B C D E F G . . Z ④
- SPEZIALZEICHEN , . - # $ % & * ) : ⑤

---

| FRAGE | ANTWORT | IHRE LOESUNG |
|---|---|---|
| 1. Daten sind ? | A. Begriffe<br>B. Informationselemente<br>C. Definitionen | ○ |
| 2. "26. Juli" ist ein ? | A. Alphanumerisches Datum<br>B. Alphabetisches Datum<br>C. Numerisches Datum | ○ |
| 3. Interpunktionen sind ? | A. Buchstaben<br>B. Spezialzeichen<br>C. Ziffern | ○ |

## 1.1. BEGRIFFSDEFINITIONEN

Informationen sind aus logischen Informationseinheiten aufgebaut. Diese bestehen aus einzelnen Informationselementen. So enthält etwa ein Telefonbucheintrag mindestens

den Namen
den Vornamen
die Strasse und Strassennummer und
die Telefonnummer des Abonnenten. ①

Diese Informationselemente bezeichnet man als Daten. Jedes einzelne Datum beleuchtet nur eine Seite des zugrundeliegenden Tatbestandes. Seinen vollen Aussagewert erhält es erst in Verbindung mit den übrigen Elementen einer Informationseinheit. Massgebend für diesen Aufbau ist dabei der Standpunkt des Informationsempfängers.

Der Mensch nimmt die Informationen mit seinen fünf Sinnen wahr. ②
Im Wirtschaftsleben stehen dabei im Vorrang:

das Sehen geschriebener Daten,
das Hören gesprochener Daten.

Daten erscheinen uns in verschiedenen Formen.

Numerische Daten sind Ziffern. ③
Alphabetische Daten sind Buchstaben. ④
Alphanumerische Daten sind Kombinationen von Ziffern, Buchstaben und Spezialzeichen. ⑤

**ZUSATZINFORMATION**

Unter Informationen versteht man logisch in sich abgeschlossene Informationseinheiten. Diese setzen sich aus einzelnen Informationselementen, den Daten zusammen. Ein einzelnes Datum erreicht erst in Verbindung mit anderen Informationselementen einen Sinn.

Im Gegensatz zu den numerischen und alphabetischen Daten kennen wir auch den Begriff der alphanumerischen Daten. Das sind Informationselemente, die aus Zahlen, Buchstaben und Spezialzeichen gemischt sind.

**NOTIZEN**

# Die Datengruppierung

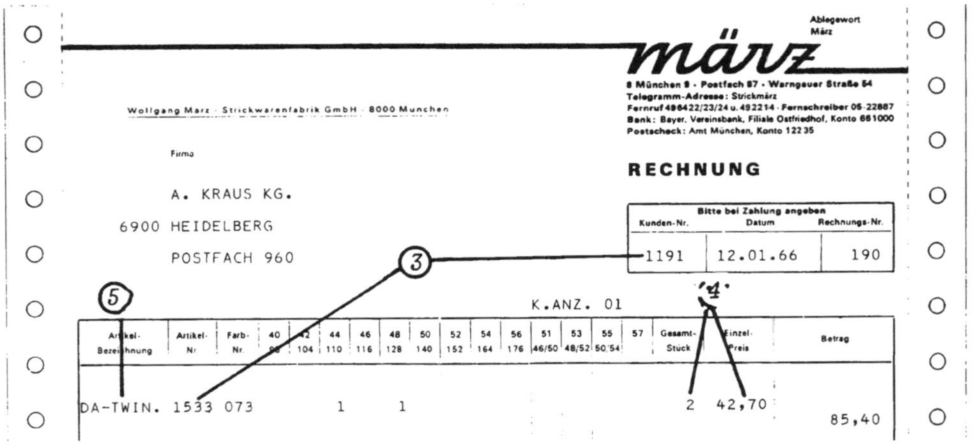


Ordnungsmerkmale
Rechengroessen
Erlaeuterungen IN EINER RECHNUNG

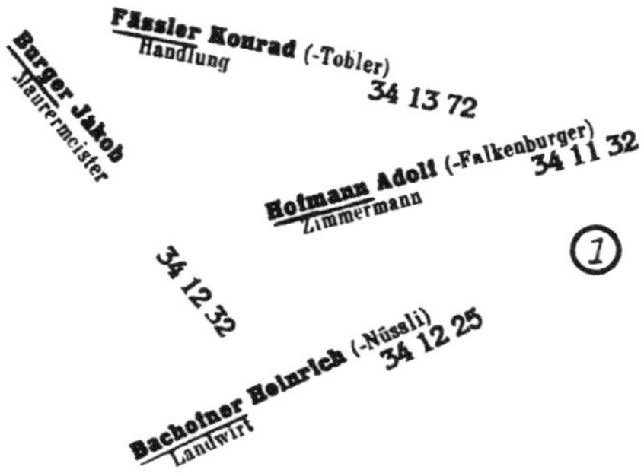


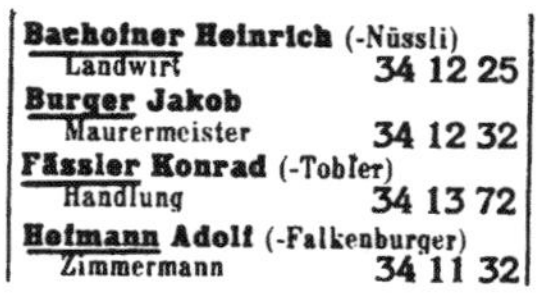


②

UNGEORDNETE INFORMATIONSEINHEITEN GEORDNETE INFORMATIONSEINHEITEN

---

| FRAGE | ANTWORT | IHRE LOESUNG |
|---|---|---|
| 1. Die Artikelnummer auf einer Lagerkarte ist ? | A. Ein Ordnungsmerkmal<br>B. Eine Rechengrösse<br>C. Eine Erläuterung | ○ |
| 2. Rechengrössen sind ? | A. Aussagende Informationselemente<br>B. Messbare Informationselemente<br>C. Ergänzende Informationselemente | ○ |
| 3. Als Erläuterungen zu einer Kundennummer dient ? | A. Der Warenpreis<br>B. Die Artikelnummer<br>C. Der Kundenname | ○ |

## 1.2. GRUPPIERUNG DER DATEN

Die Daten einer Informationseinheit lassen sich nach den folgenden Arten gruppieren:

a) Ordnungsmerkmale

Das sind aussagende Informationselemente, die der Identifikation von Informationseinheiten dienen. Die Namensbezeichnung im Telefonbuch ist ein Ordnungsmerkmal. Die Ordnungsmerkmale ermöglichen, eine Anzahl von Informationseinheiten zu ordnen. ①
Die verschiedenen Namensbezeichnungen im Telefonbuch sind in alphabetischer Reihenfolge geordnet. ②
Typische Ordnungsmerkmale im kommerziellen Bereich sind die Kunden- oder die Artikelnummer. ③

b) Rechengrössen

Dabei handelt es sich um messbare Informationselemente. Sie werden in Berechnungen verwendet. Häufige Rechengrössen sind Menge und Preis. ④

c) Erläuterungen

Das sind ergänzende Informationselemente. Sie sind für die Orientierung des Informationsempfängers von Bedeutung. Zum Beispiel Strasse und Telefonnummer im Telefonbuch. Eine Erläuterung ist auch die Artikelbezeichnung zur wenig aussagekräftigen Artikelnummer. ⑤

ZUSATZINFORMATION

ORDNUNGSMERKMALE sind Schlüsselelemente, die eine Identifikation und Sortierung von Informationseinheiten ermöglichen. Die RECHENGROESSEN dienen als Operanden in Berechnungen. Indem sie Resultate ermitteln, bilden sie neue Informationselemente. Die ERLAEUTERUNGEN spielen weder ordnend noch rechnerisch eine Rolle. Sie ermöglichen jedoch ein besseres Verständnis für einen spezifischen Tatbestand.

NOTIZEN

Heft 1 Seite 29

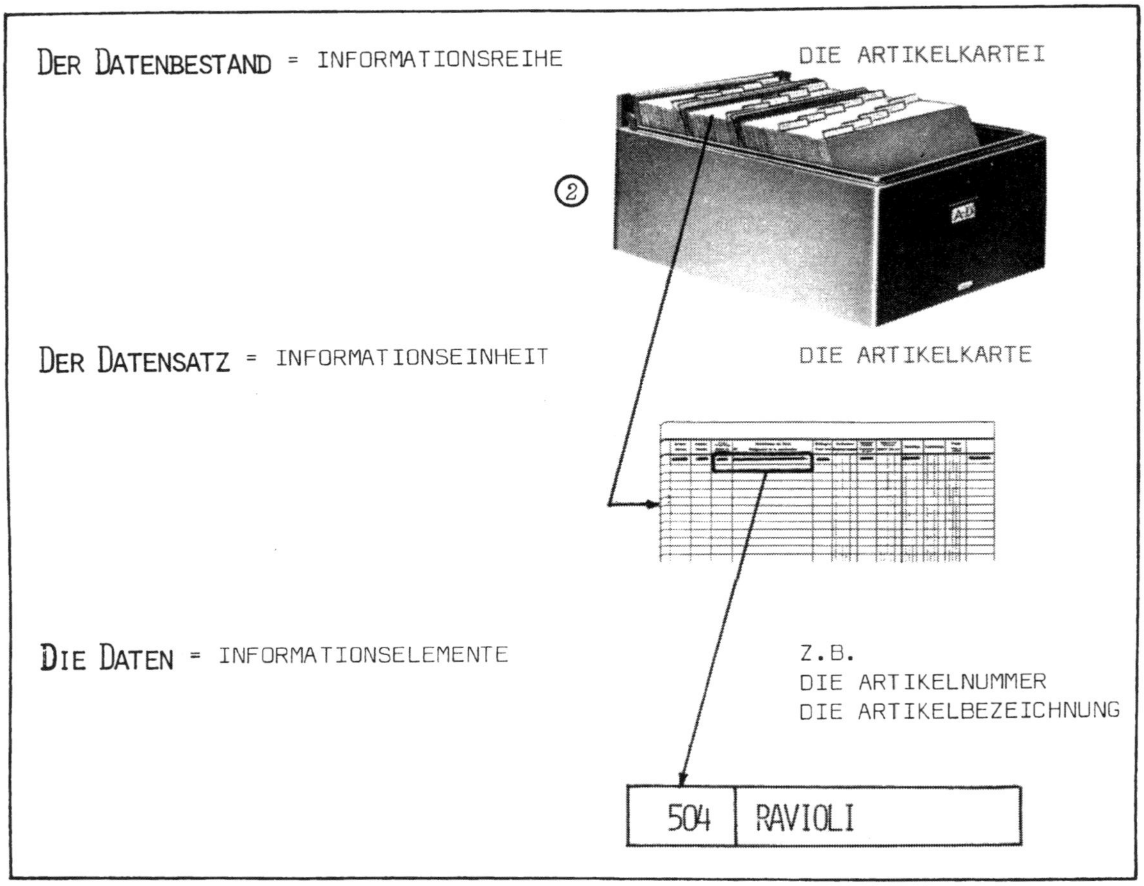


③

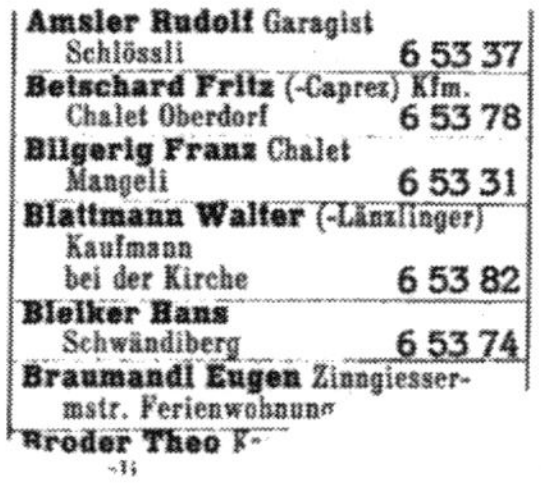
Amsler Rudolf Garagist
Schlössli 6 53 37
Betschard Fritz (-Caprez) Kfm.
Chalet Oberdorf 6 53 78
Bilgerig Franz Chalet
Mangeli 6 53 31
Blattmann Walter (-Länzlinger)
Kaufmann
bei der Kirche 6 53 82
Bleiker Hans
Schwändiberg 6 53 74
Braumandl Eugen Zinngiesser-
mstr. Ferienwohnung

DAS TELEPHONBUCH BESTEHT AUS GLEICH AUFGEBAUTEN EINTRAGUNGEN ①

---

| FRAGE | ANTWORT | IHRE LOESUNG |
|---|---|---|
| 1. Datensatz ist der Oberbegriff von ? | A. Daten<br>B. Datenbestand<br>C. Informationseinheit | ○ |
| 2. Die Gesamtheit der Artikelkarten bilden ? | A. Den Datenbestand Artikelkartei<br>B. Keinen Datenbestand<br>C. Einen Datensatz | ○ |
| 3. Ein Datensatz in der Artikelkartei gibt Auskunft über ? | A. Den ganzen Datenbestand<br>B. Einen bestimmten Artikel<br>C. Eine Anzahl von Artikel | ○ |

## 1.3. DER DATENBESTAND

Sie kennen nun die Begriffe Informationseinheit und Daten. Oft wird eine Informationseinheit als Datensatz bezeichnet. In der Praxis finden wir vielfach eine Ansammlung von gleichartigen Datensätzen. Das Telefonbuch besteht aus gleich aufgebauten Eintragungen. ①

Gleichartige Datensätze haben denselben logischen Aufbau. Die Gesamtheit aller gleichartigen Informationseinheiten bezeichnen wir als Informationsreihe oder Datenbestand. Ein häufig anzutreffender Datenbestand ist zum Beispiel die Artikelkartei. ②

Wir müssen uns bewusst sein, dass jede Informationseinheit über einen einzelnen Sachverhalt orientiert. So sagt uns der einzelne Eintrag im Telefonbuch, mit welchem Abonnenten wir es zu tun haben. Die Summe aller Abonnenten bildet den Datenbestand, das Telefonbuch.

Die Zusammenhänge von Datenbestand, Datensatz und Daten sind aus Schema ersichtlich. ③

ZUSATZINFORMATION

Mehrere Daten bilden zusammen einen Datensatz. Eine Vielzahl von gleichartigen Datensätzen ergeben einen Datenbestand. Der Datenbestand Artikelkartei besteht aus Artikelkarten, wobei jede Artikelkarte über einen Artikel Auskunft gibt. Jede Artikelkarte besteht aus gleichartigen Daten: Artikelnummer, Artikelbezeichnung, Menge und Preis.

NOTIZEN

Heft 1 Seite 31

# 2. Was Ist Datenverarbeitung

# DAS PRINZIP DER DATENVERARBEITUNG

DIE DATENVERARBEITUNG DES MENSCHEN

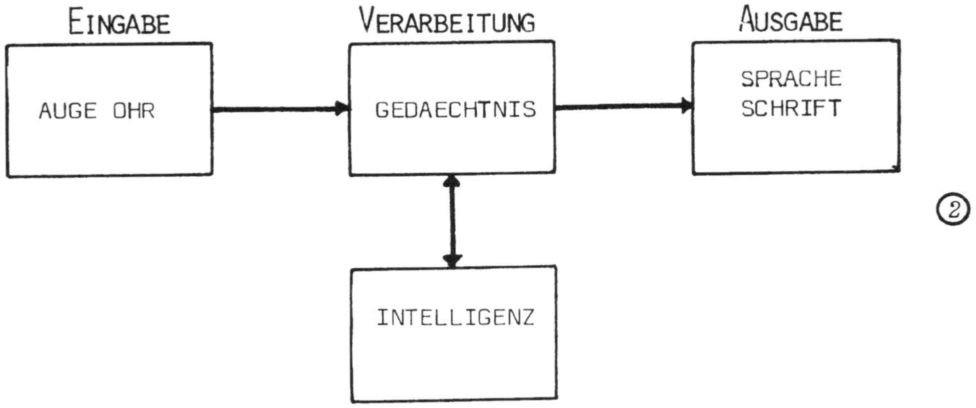


KEILSCHRIFTARTEN ①

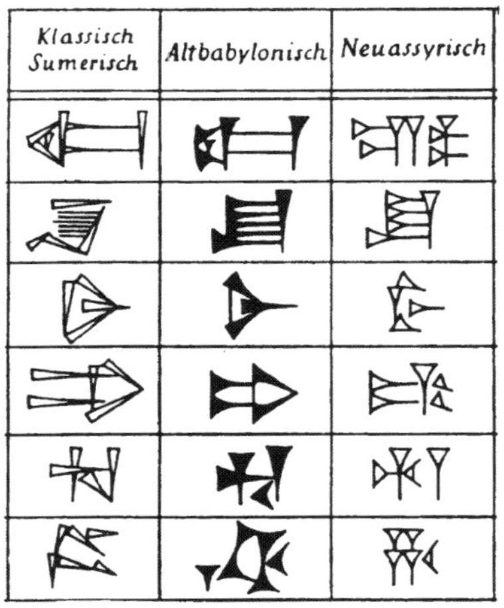


DIE TELEPHONAUSKUNFT ③

---

| FRAGE | ANTWORT | IHRE LOESUNG |
|---|---|---|
| 1. Datenverarbeitung ist aktuell seit Bestehen ? | A. Der Mechanik<br>B. Der Elektronik<br>C. Der Menschheit | ○ |
| 2. Die Datenverarbeitung arbeitet nach dem Prinzip ? | A. Eingabe-Verarbeitung-Ausgabe<br>B. Ausgabe-Eingabe<br>C. Der Verarbeitung | ○ |

## 2.1. PRINZIP DER DATENVERARBEITUNG

Das Wort Datenverarbeitung ist erst in den letzten Jahren populär geworden. Das Prinzip ist aber weder neu noch kompliziert.

Schon vor 5000 Jahren betrieben Tempelschreiber und Kaufleute Datenverarbeitung. Sie führten Bestände, Schulden und Abgaben nach und hielten die Informationen in Keilschrift fest. ①

Wie läuft der Vorgang Datenverarbeitung ab?

Wir nehmen von der Aussenwelt Informationen auf. Diese bringen wir zunächst zur Speicherung in unser Gedächtnis. Dann nehmen wir unsere Intelligenz zu Hilfe, um aus dem Gedächtnis die für die Verarbeitung richtigen, bereits früher gespeicherten Regeln zu finden. Die Intelligenz steuert den Verarbeitungsvorgang. Die Ergebnisse werden wiederum im Gedächtnis gespeichert und anschliessend der Umwelt mitgeteilt.

Das generelle Prinzip heisst in der Reihenfolge des Auftretens:

EINGABE
VERARBEITUNG und
AUSGABE von Daten. ②

Wenn Sie zum Beispiel die Telefonauskunft anrufen, um die Telefonnummer eines Kollegen zu erfahren, so geben Sie seinen Namen und seine Adresse an. Das ist die Eingabe. Dann sucht das Auskunftsfräulein in ihrem Telefonbuch nach der richtigen Nummer. Diese Arbeit entspricht der Verarbeitung. Zum Schluss gibt sie Ihnen die gefundene Nummer bekannt. Das ist die Ausgabe. ③

**ZUSATZINFORMATION**

Die bei der Datenverarbeitung vorkommenden Phasen sind Eingabe, Verarbeitung und Ausgabe von Daten. Die Verarbeitung verläuft anhand bewusster oder unbewusster Anordnungen, die im menschlichen Hirn gespeichert sind. So ist zum Beispiel die Anweisung des Chefs, also die Vorschrift für die Verarbeitung, im Gedächtnis des Angestellten festgehalten.

**NOTIZEN**

⟵ Heft 1 Seite 29 , 33

## Das Prinzip der Datenverarbeitung

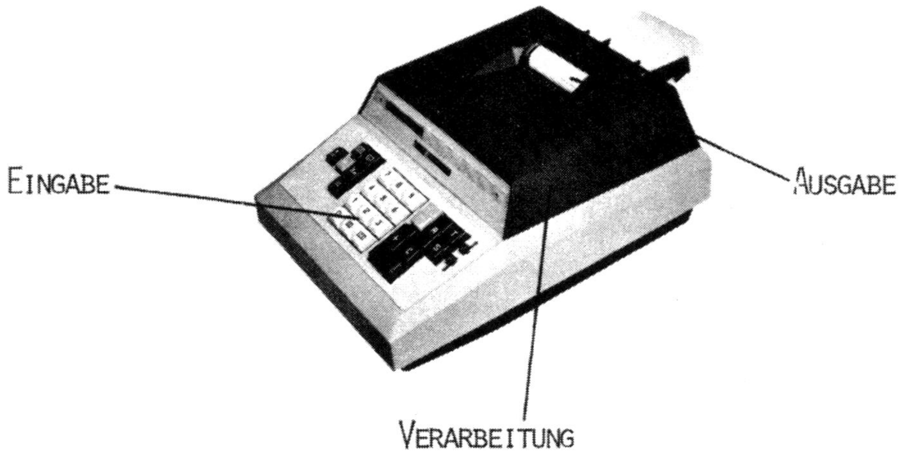


①

## Die Datenverarbeitungsarten ②

MANUELL

MECHANISCH
ELEKTROMECHANISCH

ELEKTRONISCH

---

| FRAGE | ANTWORT | IHRE LOESUNG |
|---|---|---|
| 1. Durch die Datenverarbeitung können - ? | A. Keine neuen Ergebnisse ermittelt werden<br>B. Neue Daten entstehen<br>C. Daten keine neuen Aussagewerte erlangen | ○ |
| 2. Eingabe-Verarbeitung-Ausgabe ist ? | A. Das Prinzip der Datenverarbeitung<br>B. Eine unlogische Reihenfolge der Verarbeitung<br>C. Ein Bestandteil der Datenverarbeitung | ○ |
| 3. Datenverarbeitung ohne Zuhilfenahme von Maschinen heisst ? | A. Elektronische Datenverarbeitung<br>B. Mechanische Datenverarbeitung<br>C. Manuelle Datenverarbeitung | ○ |

Geschäftsinformationen erscheinen uns häufig in Form von Datenbeständen, eingeteilt in logische Datensätze. Oft besitzen diese Informationen noch nicht den gewünschten Aussagewert.

Zum Beispiel senden 100 Filialen täglich ihre Rechnungskopien an die Zentrale. Der Tagesumsatz lässt sich durch Einsichtnahme in die einzelnen Rechnungen allein nicht feststellen. Die Verkaufszahlen müssen zusammengezählt, beziehungsweise verarbeitet werden.

Mit Hilfe einer Additionsmaschine lässt sich der folgende Vorgang ausführen:

Es werden Zahlen eingetippt = Eingabe

Die Zahlen werden z.B. mittels der Additionstaste mit einem anderen Zahlenwert zusammengezählt = Verarbeitung ①

Die eingetippten Zahlen und das Ergebnis werden auf einen Kontrollstreifen gedruckt = Ausgabe

Damit sind wir wieder beim Prinzip der Datenverarbeitung angelangt.

Unter Datenverarbeitung verstehen wir demnach auch einen Vorgang, bei dem nach Verarbeitung der aus Datensätzen ausgewählten Daten neue aussagefähige Daten entstehen. In unserem Beispiel wurden die Verkaufszahlen der Rechnungskopien eingetippt, zusammengezählt und damit der Tagesumsatz ermittelt.

Die Datenverarbeitung kann manuell - mit Bleistift und Papier - mechanisch oder elektromechanisch erfolgen. Die Verarbeitung mit elektronischen Maschinensystemen - die elektronische Datenverarbeitung - entspricht der modernsten Stufe der Datenverarbeitung. ②

ZUSATZINFORMATION

Im kommerziellen Bereich steht die Verarbeitung von ganzen Datenbeständen im Vordergrund. Gewisse Daten erlangen dabei erst aufgrund der Datenverarbeitung einen nützlichen Aussagewert.
Die Datenverarbeitung kann in verschiedenen Formen auftreten. Sie kann manuell- mechanisch, elektromechanisch oder elektronisch in Anwendung kommen.

NOTIZEN

Heft 1 Seite 37

## Die Manuelle Datenverarbeitung

DIE URFORM DER MODERNEN DATENVERARBEITUNG

①

## Die Grenzen der Manuellen Datenverarbeitung ②

1. GROSSE BELEGMASSEN - WENIG ANGESTELLTE
2. KEINE WESENTLICHE PRODUKTIVITAETSSTEIGERUNG
3. EINSATZFAEHIGKEIT BESTIMMT DURCH AUSBILDUNG UND INTELLIGENZ
4. GRENZEN DER RENTABILITAET

---

| FRAGE | ANTWORT | IHRE LOESUNG |
|---|---|---|
| 1. Bei der manuellen Datenverarbeitung sind beteiligt ? | A. Nur Maschinen<br>B. Menschen und Maschinen<br>C. Nur Menschen | ○ |
| 2. Die Produktivität der menschlichen Arbeitskraft kann ohne Maschinen - ? | A. Nicht wesentlich verbessert werden<br>B. Wesentlich verbessert werden<br>C. Stark zunehmen | ○ |
| 3. Die manuelle Datenverarbeitung ist abhängig - ? | A. Vom Einsatz von Maschinen<br>B. Vom Einsatz der menschlichen Arbeitskraft<br>C. Von der Grösse eines Betriebes | ○ |

## 2.2. GRENZEN DER MANUELLEN DATENVERARBEITUNG

Als manuell bezeichnet man jene Bereiche der Datenverarbeitung, an denen keine Maschinen beteiligt sind.

Die manuelle Datenverarbeitung ist die älteste Form der Verarbeitung von Informationen.

Die administrativen Büroarbeiten können in einzelne Arbeitsgänge unterteilt werden. Die Ausführung dieser Einzeloperationen konnte sehr lange nur mit Einsatz der menschlichen Arbeitskraft bewältigt werden. ①

Dieser sind jedoch in mancherlei Hinsicht Grenzen gesetzt:

a) Die im Büro anfallenden Belegmassen wachsen entsprechend schneller als das Angebot an kaufmännischen Angestellten.

b) Die Produktivität der menschlichen Arbeitskraft kann ohne Einsatz von Maschinen nicht wesentlich verbessert werden. ②

c) Intelligenz und Ausbildung des Menschen sind mitbestimmend für die Einsatzfähigkeit.

d) Rentabilitätsüberlegungen schliessen die Inangriffnahme vieler Aufgaben mittels menschlicher Arbeitskraft aus.

### ZUSATZINFORMATION

Die manuelle Datenverarbeitung ist die Urform der modernen Datenverarbeitung. Dabei spielt die menschliche Arbeitskraft die dominierende Rolle. Der Einsatz von Maschinen als Hilfsmittel ist ausgeschlossen. In mancherlei Hinsicht sind deshalb der manuellen Datenverarbeitung Grenzen gesetzt. Unbefriedigend wirken sich dabei die Quantität, Qualität, Produktivität und Rentabilität der Verarbeitung aus.

### NOTIZEN

Heft 1 Seite 37

## Die Mechanische Datenverarbeitung

ERLEDIGUNG DER ADMINISTRATIVEN ARBEIT MIT HILFE VON BUEROMASCHINEN

①

## Die Verarbeitung mit der Rechenmaschine ②

EINGABE VERARBEITUNG AUSGABE

---

| FRAGE | ANTWORT | IHRE LOESUNG |
|---|---|---|
| 1. Bei der mechanischen Datenverarbeitung dient eine Maschine als ? | A. Hilfsmittel für bestimmte Arbeitsgänge<br>B. Selbständiger Verarbeitungsautomat<br>C. Ersatz für den Angestellten | ○ |
| 2. Die mechanische Datenverarbeitung besteht aus ? | A. Mechanischer Tätigkeit<br>B. Manueller Tätigkeit<br>C. Mechanischer und manueller Tätigkeit | ○ |

## 2.3. DIE MECHANISCHE DATENVERARBEITUNG

Durch Anwendung von Maschinen erwächst aus der manuellen Datenverarbeitung die mechanische Datenverarbeitung. Der Antrieb der Maschinen setzt jedoch nach wie vor manuelle Bewegungen voraus.

Die Mechanisierungsmöglichkeiten für administrative Arbeiten sind relativ spät erkannt worden.

Der Einsatz von Schreib-, Rechen- und Buchungsmaschinen hat eine Erleichterung in der Durchführung bestimmter Phasen der Büroarbeit erlaubt. ①
Dabei handelt es sich aber nur um einen Teil aller Verwaltungsarbeiten. Der Mensch kann zudem nur teilweise entlastet werden.

Ermittelte bei der manuellen Datenverarbeitung ein Angestellter seine Berechnungen im Kopf, so steht ihm jetzt eine Rechenmaschine für die Verarbeitung der Rechnung zur Verfügung. Die Eingabe des Zahlenmaterials ist nach wie vor Tätigkeit des Menschen. ②

Der Mensch benutzt und bedient die Maschine als hochspezialisiertes Werkzeug. Er überwacht jedoch die Verarbeitung und er trifft Entscheidungen.

Die mechanische Datenverarbeitung brachte eine vorher undenkbare Steigerung der Genauigkeit, Produktivität und Wirtschaftlichkeit mit sich.

### ZUSATZINFORMATION

Ergänzt man die manuelle Datenverarbeitung mit Maschinen als Hilfsmittel, so sprechen wir von mechanischer Datenverarbeitung.
Der Mensch bedient und überwacht die Maschine. Diese kann nur für spezielle Arbeitsgänge eingesetzt werden.

### NOTIZEN

← Heft 1 Seite 41

## Die Elektromechanische Datenverarbeitung

DER ANTRIEB VON MASCHINEN
DURCH ELEKTRISCHEN
STROM

①

## Das Lochkartenverfahren

LOCHKARTENMASCHINE ②

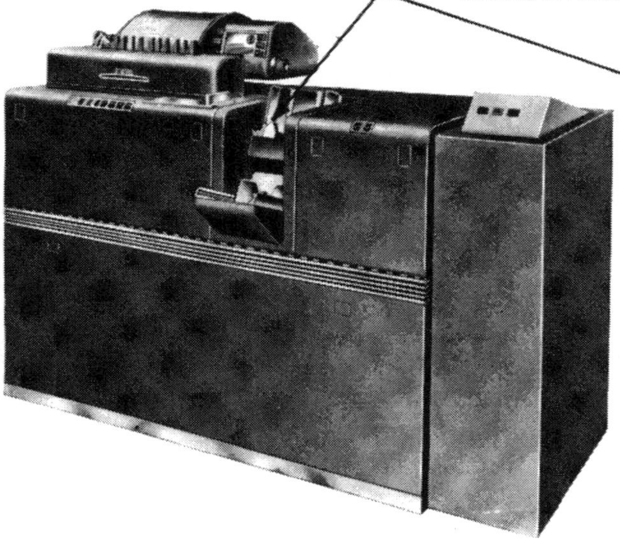

LOCHKARTEN ③

| FRAGE | ANTWORT | IHRE LOESUNG |
|---|---|---|
| 1. Bei der elektromechanischen Datenverarbeitungsmaschine erfolgt der Antrieb - ? | A. Manuell<br>B. Mit elektrischem Strom<br>C. Mechanisch | ○ |
| 2. Beim Lochkartenverfahren werden Eingabedaten - ? | A. Auf Lochkarten dargestellt<br>B. Auf einer Tastatur eingetippt<br>C. Direkt aus dem Originalbeleg entnommen | ○ |
| 3. Das Lochkartenverfahren erledigt Arbeitsgänge | A. Teilweise automatisch<br>B. Vollautomatisch<br>C. Nicht automatisch | ○ |

## 2.4. DIE ELEKTROMECHANISCHE DATENVERARBEITUNG

Dies ist eine Weiterentwicklung der mechanischen Datenverarbeitung.

Mit Hilfe der Elektrizität wurden neue Wege eingeschlagen.
Der Antrieb von Zählrädern bei einer mechanischen Rechenmaschine erfolgt nicht mehr manuell, sondern mit Hilfe von elektrischem Strom. ①

Es sind also sowohl mechanische, als auch elektrische Vorgänge daran beteiligt.

Elektromechanische Büromaschinen finden ihren Höhepunkt im Lochkartenverfahren. Darunter versteht man das Erledigen von administrativen Arbeiten auf Lochkartenmaschinen. ②

Die Eingabedaten werden mit einem Lochcode auf Lochkarten dargestellt. ③

Die Lochkarte und deren Anwendung werden in Heft 2 behandelt. Das Lochkartenverfahren gestattet bereits eine teilweise Automatisierung administrativer Arbeiten. Die schnellsten Lochkartenmaschinen erreichen beachtliche Verarbeitungsgeschwindigkeiten.

### ZUSATZINFORMATION

Mit Hilfe von Lochkartenmaschinen werden Arbeitsgänge bereits teilweise automatisiert. Die Daten aus den Originalbelegen, wie etwa Rechnungen, Lagerscheine, usw. werden zuerst in Lochkarten gelocht. Dann erfolgt die Durchführung einzelner Arbeitsgänge, z.B. Statistiken, Lagerkontrolle, auf hochspezialisierten Maschinen.

### NOTIZEN

← Heft 1 Seite 43

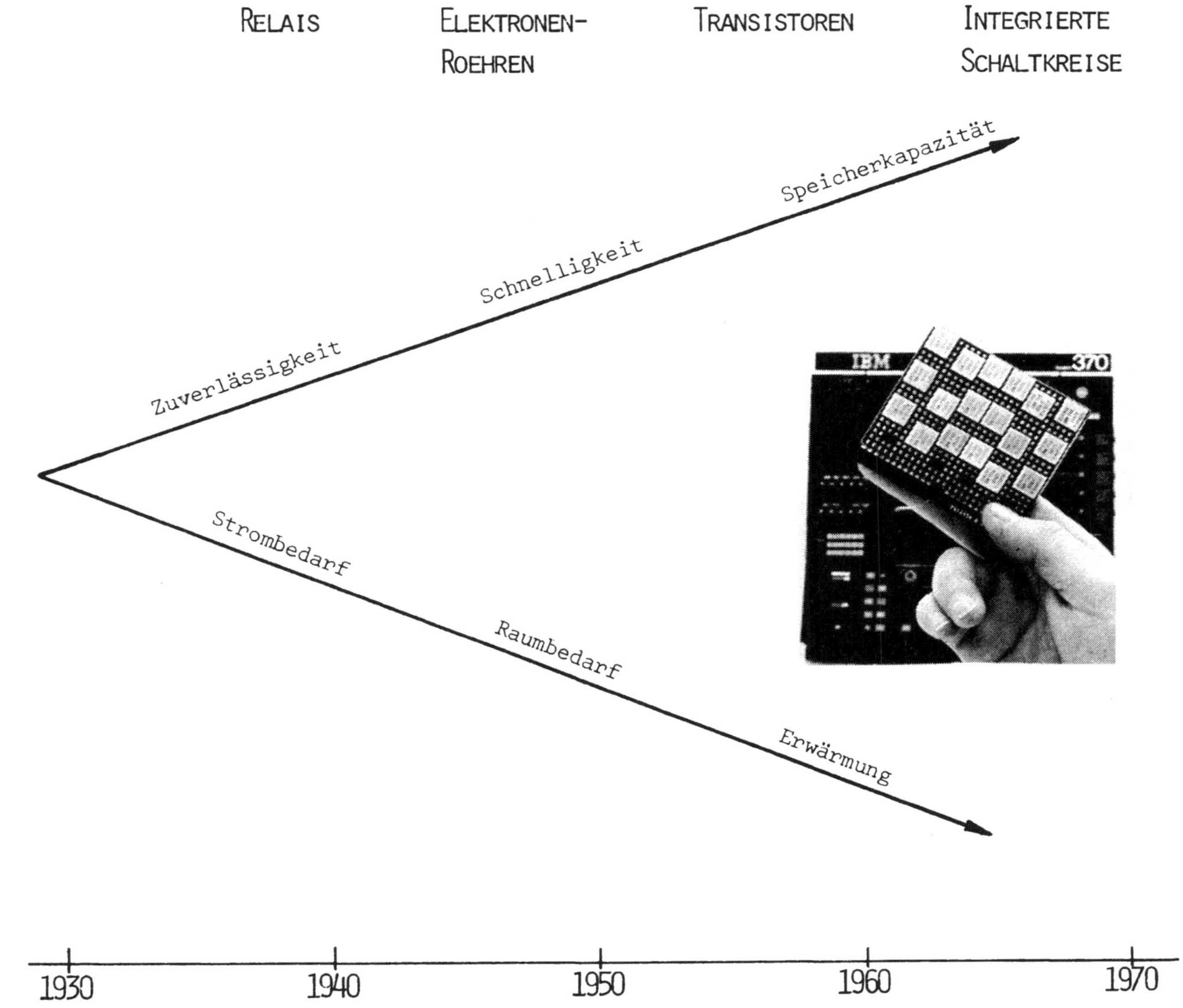


| FRAGE | ANTWORT | IHRE LOESUNG |
|---|---|---|
| 1. Die Grundidee der modernen Datenverarbeitung liegt im Einsatz von ? | A. Elektronischen Bauteilen<br>B. Zählrädern als Bauteile<br>C. Typenhebel als Bauteile | ◯ |
| 2. Mikroschaltelemente sind Elemente der ? | A. Mechanischen Datenverarbeitung<br>B. Manuellen Datenverarbeitung<br>C. Elektronischen Datenverarbeitung | ◯ |
| 3. Die Automation - ? | A. Erlaubt schnelleres, genaueres Arbeiten<br>B. Steuert Arbeitsabläufe nicht selbständig<br>C. Wird durch Intervention des Menschen gesteuert | ◯ |

## 2.5. DIE GRUNDIDEE DER ELEKTRONISCHEN DATENVERARBEITUNG

Die Bestrebungen, administrative Arbeiten in bedeutend weitergehendem Masse zusammenzufassen und zu automatisieren, erhielten nach Ende des Zweiten Weltkrieges einen enormen Auftrieb.

Dies war bedingt durch eine entscheidende Aenderung im Aufbau der Datenverarbeitungsmaschinen. Bei den mechanischen und elektromechanischen Maschinen werden Hebel und Räder bewegt. Die Bewegungen von Masse unterliegen aber dem sogenannten Trägheitsgesetz. Das heisst, eine Maschine kann umso schneller arbeiten, je weniger Masse bewegt wird.

Diese Erkenntnis führte zum Einsatz von elektronischen Bauelementen für Datenverarbeitungsmaschinen. Als elektronisch bezeichnet man Einrichtungen ohne mechanisch bewegte Teile. So wurden die mechanischen Elemente bald durch Elektronenröhren ersetzt und damit eine erhebliche Steigerung der Vararbeitungsgeschwindigkeit erreicht.

Die nächste Entwicklungsstufe brachte gedruckte Mikroschaltelemente und andere Elemente, die wiederum zu höheren Verarbeitungsgeschwindigkeiten führten.

Im Gegensatz zur Mechanisierung ist beim Einsatz der elektronischen Datenverarbeitung oft von Automation die Rede. Darunter versteht man, dass nun eine ganze Folge von Arbeitsabläufen selbsttätig gesteuert und ohne Intervention des Menschen abläuft. Administrative Arbeiten werden mit grösster Schnelligkeit und mit selbstprüfender Genauigkeit durchgeführt.

### ZUSATZINFORMATION

Der Einsatz von Elementen der Elektronik in der Datenverarbeitung erlaubt es, die Massenträgheit der Mechanik weitgehend auszuschliessen. Die elektronischen Datenverarbeitungsmaschinen sind Automaten. Das heisst, der Mensch wird von seiner Aufgabe als Ueberwacher und Ausführender von Arbeitsabläufen in erheblichem Umfang entlastet.

### NOTIZEN

Heft 1 Seite 45

## Der Aufbau einer elektronischen Datenverarbeitungsanlage

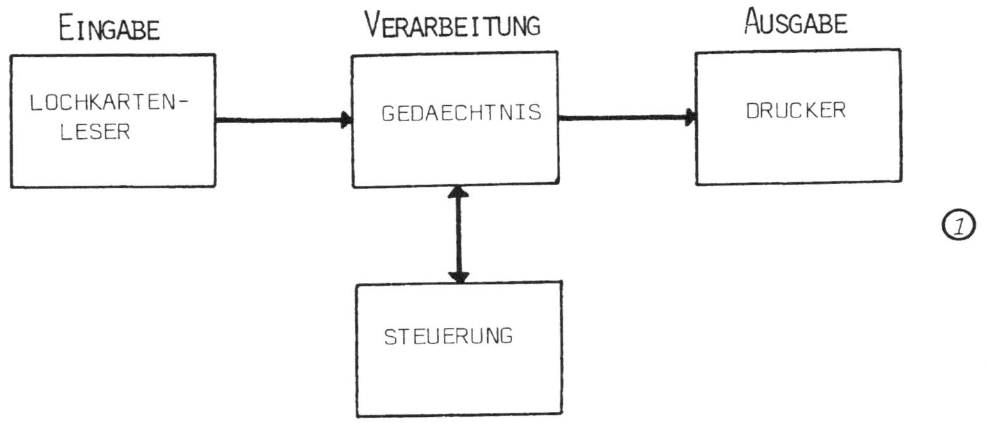


## Musteranlage

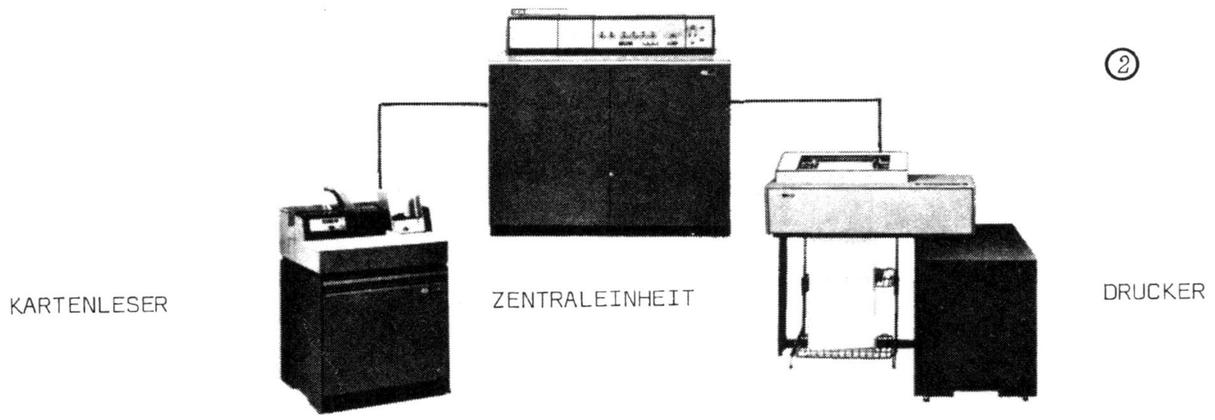


| FRAGE | ANTWORT | IHRE LOESUNG |
|---|---|---|
| 1. Der Kartenleser übernimmt in Schema ② die Funktion der - ? | A. Datenausgabe<br>B. Datenverarbeitung<br>C. Dateneingabe | ○ |
| 2. Die Zentraleinheit arbeitet mit - ? | A. Elektronischer Geschwindigkeit<br>B. Mechanischer Geschwindigkeit<br>C. Manueller Geschwindigkeit | ○ |

## 2.6. DER AUFBAU EINER ELEKTRONISCHEN DATENVERARBEITUNGSANLAGE

Wir kennen bereits das Grundprinzip der Datenverarbeitung - Heft 1, Seite 37. Ein anderes Prinzip ist auch bei der elektronischen Datenverarbeitungsanlage kaum denkbar. Sie soll Daten aufnehmen, speichern und verarbeiten und die Ergebnisse ausgeben.

Dementsprechend ist der Grundaufbau - wie aus Schema (1) ersichtlich - leicht zu verstehen. Die eingezeichneten Pfeile deuten dabei an, wie die Daten wandern. Sie zeigen den Datenfluss durch die Anlage.

Elektronische Datenverarbeitungsanlagen bestehen gewöhnlich aus einer Kombination von Eingabe-, Verarbeitungs- und Ausgabeeinrichtungen. Das Kernstück solcher Anlagen ist die Zentraleinheit, ein mit elektronischer Geschwindigkeit und selbstprüfender Genauigkeit arbeitendes Gerät.

Damit uns der Aufbau einer elektronischen Datenverarbeitungsanlage besser verständlich wird, möchten wir die in Abbildung (2) dargestellte Musteranlage etwas genauer betrachten. Die Anlage besteht aus einem Kartenleser, der Zentraleinheit und einem Drucker. Diese drei Einheiten bilden zusammenwirkend die elektronische Datenverarbeitungsanlage.

Die Aufgaben der einzelnen Einheiten wollen wir auf den folgenden Seiten ergründen.

### ZUSATZINFORMATION

Nach dem Prinzip Eingabe-Verarbeitung-Ausgabe von Daten arbeitet auch jede elektronische Datenverarbeitungsanlage.
Die verwendeten Einheiten werden in abgestimmten Kombinationen eingesetzt.
Die Zentraleinheit übernimmt die Arbeit des menschlichen Gehirns, kann jedoch nicht schöpferisch denken.

### NOTIZEN

Heft 1 Seite 37, 47

## DIE ZENTRALEINHEIT

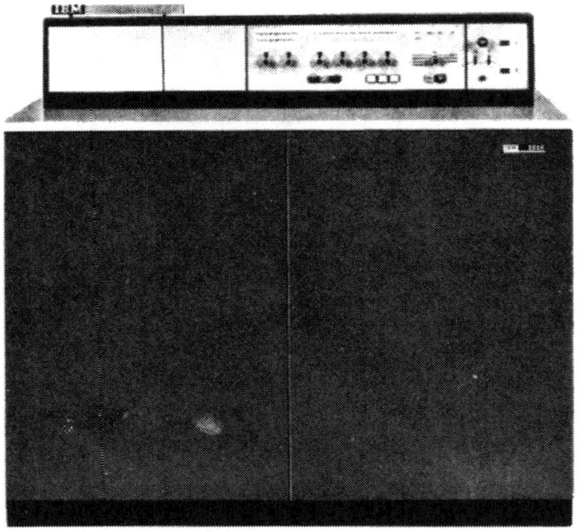

①

## DIE LOHNVERARBEITUNG

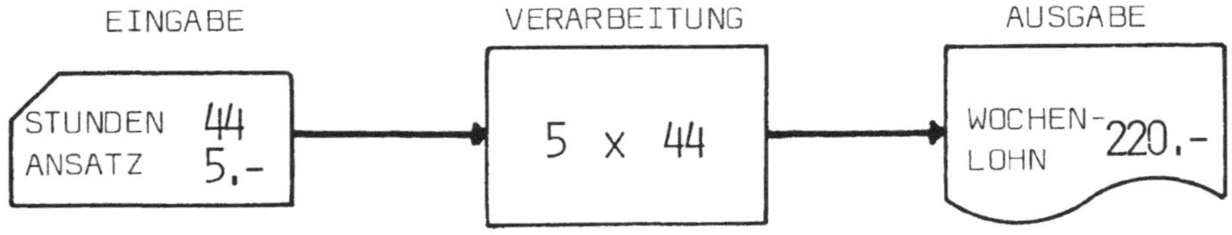


②

| FRAGE | ANTWORT | IHRE LOESUNG |
|---|---|---|
| 1. Der Arbeitsspeicher dient der Aufbewahrung von - ? | A. Daten<br>B. Instruktionen und Daten<br>C. Instruktionen | ○ |
| 2. Rechenoperationen werden durchgeführt - ? | A. In der Verarbeitungseinheit<br>B. Im Hauptspeicher<br>C. In der Steuereinheit | ○ |
| 3. Die Steuereinheit lenkt - ? | A. Den Arbeitsablauf in der Anlage<br>B. Die Speicherung von Daten<br>C. Die Mechanik der Anlage | ○ |

a) Die Zentraleinheit

Diese steht im Mittelpunkt der Anlage. Die Daten werden in der Zentraleinheit verarbeitet. ①

Sie besteht aus:

- dem Arbeitsspeicher:
  Hier werden Daten für die Verarbeitung aufbewahrt. Es werden auch Instruktionen gespeichert, sodass die Daten gemäss unseren Wünschen verarbeitet werden.

- der Verarbeitungseinheit:
  Hier werden die Rechenoperationen durchgeführt und logische Entscheide gefällt.

- der Steuereinheit:
  Sie steuert anhand der Instruktionen den Arbeitsablauf der Anlage.

Die Zentraleinheit verarbeitet eingegebene Daten zu den Ergebnissen, die man wünscht. So kann z.B. die Zentraleinheit für jeden Arbeiter eines Betriebes den wöchentlichen Lohn ermitteln, wenn Stundenzahl und Lohnansatz pro Stunde eingegeben werden. ②

ZUSATZINFORMATION

Die Zentraleinheit ist das Kernstück der Anlage. Sie verarbeitet die eingegebenen Daten und führt die ermittelten Resultate zur Ausgabe.

Der Arbeitsspeicher ist unerlässlich, weil die zugeführten Angaben irgendwo aufbewahrt werden müssen.

Logische Entscheide werden z.B. nach Vergleichen gefällt. So werden z.B. automatisch unterschiedliche Instruktionen durchgeführt, je nachdem ob eine Grösse kleiner, gleich gross oder grösser ist als eine andere Grösse.

NOTIZEN

← Heft 1 Seite 49

## DER KARTENLESER

①

## DER DRUCKER

②

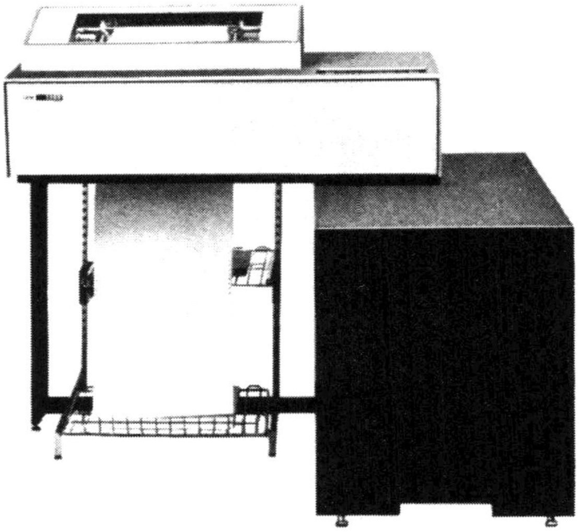

---

| FRAGE | ANTWORT | IHRE LOESUNG |
|---|---|---|
| 1. Eingabedaten, die auf unserer Anlage verarbeitet werden, müssen - ? | A. In Lochkarten gestanzt sein<br>B. Gedruckt vorliegen<br>C. In der Verarbeitung erstellt werden | ○ |
| 2. Der Drucker bedruckt - ? | A. Lochkarten im Kartenleser<br>B. Formulare<br>C. Farbbänder | ○ |

b) Der Kartenleser ①

Das ist die Eingabeeinheit unserer Musteranlage. Sie liest die in Lochkarten enthaltenen Angaben. Die Lochkarte werden wir in Heft 2 näher kennenlernen.

Mit Hilfe des Kartenlesers werden Daten, die wir von der Anlage verarbeiten lassen wollen, zugeführt. Im weiteren benötigen wir ihn, um die Instruktionen in die Anlage zu bringen. Auf Grund dieser Befehle weiss die Steuereinheit der Zentraleinheit, wie sie die Daten zu verarbeiten hat. Ein Kartenleser der mittleren Leistungsklasse ist zum Beispiel in der Lage, - je nach Länge der Adressen - bis zu 1000 Adressen pro Minute der Anlage zuzuführen.

c) Der Drucker ②

Der Drucker ist die Ausgabeeinheit. Er bedruckt Formulare mit den Ergebnissen der Verarbeitung. Daten können nicht direkt vom Kartenleser in den Drucker gelangen. Selbst wenn sie in unveränderter Form gedruckt werden sollen, durchlaufen die gelesenen Daten die Zentraleinheit. Etwa 15 - 20 Schreibzeilen pro Sekunde beträgt die Leistung eines Druckers der mittleren Leistungsklasse. Das ergibt ungefähr 150 000 Druckzeichen pro Minute. Eine durchschnittliche Stenotypistin erbringt eine Leistung von rund 300 Anschlägen pro Minute.

ZUSATZINFORMATION

Der Kartenleser und der Drucker gehören zu den klassischen Ein-/Ausgabeeinheiten. Der Kartenleser ist die einzige Eingabeeinheit unserer Musteranlage. Daher müssen Daten und Instruktionen, die wir der Anlage zuführen, in Lochkarten gelocht sein. Die Verarbeitungsergebnisse werden auf dem Drucker für uns Menschen lesbar gemacht.

NOTIZEN

→ Heft 1 Seite 49

# 3. ANWENDUNGSBEREICHE DER ELEKTRONISCHEN DATENVERARBEITUNG

DAS FOLGENDE PROGRAMM (AUSSCHNITT) LOEST SYSTEME VON LINEAREN GLEICHUNGEN

```
  4 B(I,J) = A(I,J)
    V(1) = IOP(7)
    CALL GJR(B,6,4,N,NC,$12,JC,V)
    DET = V(1)*EXP(V(2))
    WRITE(6,108) DET
108 FORMAT(/11X,14HDETERMINANT = ,E15.8//)
    WRITE(6,109)
109 FORMAT(/11X,16HSOLUTION VECTORS/11X,16(1H*))
    DO 6 I = 1, N
  6 WRITE(6,105) (B(I,J),J=KC,NC)
    WRITE(6,110)
110 FORMAT(/11X,14HINVERSE MATRIX/11X,14(1H*))
    DO 7 I = 1, N
  7 WRITE(6,105) (B(I,J),J=1,N)
    DO 11 I = 1, N
    DO 11 J = 1, N
    C(I,J) = 0.
    DO 11 KK = 1, N
 11 C(I,J) = C(I,J) + A(I,KK) * B(KK,J)
    WRITE(6,111)
111 FORMAT(/11X,41HMATHEMATICAL CHECK ON THE RESULTS (A*A=I)/11X,41(1H
   1*))
```

---

| FRAGE | ANTWORT | IHRE LOESUNG |
|---|---|---|
| 1. Technisch-wissenschaftliche Anwendungen sind meist gekennzeichnet durch - ? | A. Grosse Datenmengen in der Eingabe und kleine Verarbeitung<br>B. Grosse Datenmengen als Ausgabe<br>C. Grosse Verarbeitung | ○ |
| 2. Die moderne Unternehmensforschung ist eine eigene Wissenschaft - ? | A. Nein<br>B. Ja | ○ |

## 3.1. TECHNISCH - WISSENSCHAFTLICHE ANWENDUNGEN

Die elektronischen Datenverarbeitungsanlagen stellen für den Techniker und Wissenschaftler ein wichtiges Instrument dar. Bei technisch-wissenschaftlichen Problemen handelt es sich oft um Vorgänge, bei denen interne Verarbeitung im Verhältnis zu den Ein- und Ausgabemengen in der Regel in zeitlicher Hinsicht dominiert.

Hierzu einige Beispiele:

a) Lösung von Differentialgleichungen bei der Konstruktion von Flugzeugtragflächen. Hierfür können mehrere Millionen Einzelrechnungen erforderlich sein.

b) Planung und Realisierung von Weltraumflügen und den damit zusammenhängenden Forschungsaufgaben.

c) Vorbereitung politischer und militärischer Entscheide mit Hilfe der Methoden der Unternehmensforschung.

d) Automatische Steuerung von industriellen Fertigungsprozessen mit dem Ziel, die Herstellung eines Produkts von der ersten bis letzten Phase automatisch zu steuern.

e) Durchführung von Simulationen. Geschäftsinformationen von vergangenen Geschäftsperioden - historische Daten - werden zusammen mit angenommenen Angaben über Wirtschaftstrends, fiktive Entscheide u.s.w. mittels mathematischer Modelle verarbeitet. Simulationen werden zum Beispiel angewendet für Verkaufsprognosen und für Abklärungen von Investitionsauswirkungen.

Das letztgenannte Beispiel zeigt, dass Unternehmen vermehrt nach wissenschaftlichen Grundsätzen geführt werden können.

**ZUSATZINFORMATION**

Die Datenmenge bei technisch-wissenschaftlichen Problemen ist oft relativ klein. Dagegen treffen wir meist auf eine langwierige Verarbeitung mit sehr vielen Rechenschritten.
Die Unternehmensforschung gilt nicht nur als Teil der Geschäftsführung moderner Unternehmen. Sie wird als eigene Wissenschaft für unzählige andere Probleme in Anwendung gebracht.

**NOTIZEN**

Heft 1 Seite 37, 47

## Vergleich der Struktur von Kommerzieller Datenverarbeitung

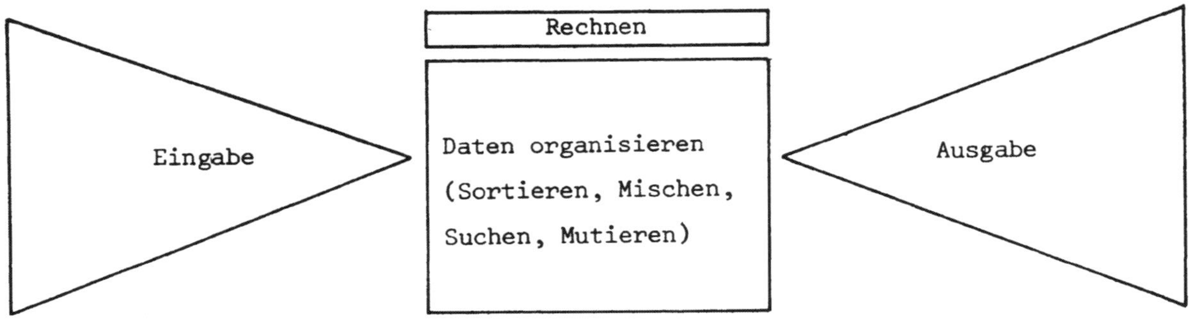


## Technisch-Wissenschaftlicher Datenverarbeitung

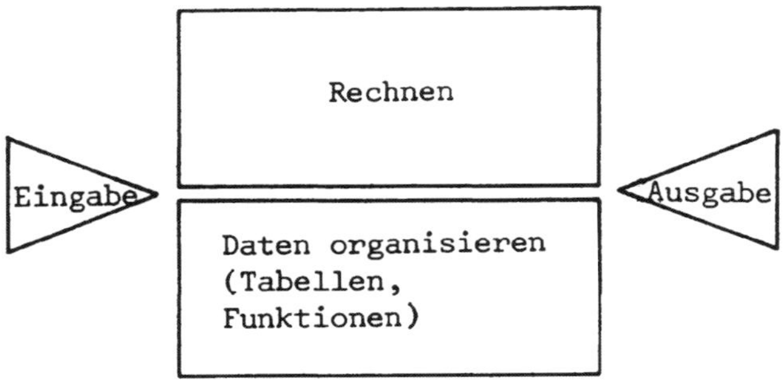


| FRAGE | ANTWORT | IHRE LOESUNG |
|---|---|---|
| 1. Kommerzielle Probleme sind gekennzeichnet durch ? | A. Eine einfache Verarbeitung<br>B. Wenige Eingabedaten<br>C. Wenige Ausgabedaten | ○ |
| 2. Technisch-wissenschaftliche und kommerzielle Datenverarbeitung sind - ? | A. Völlig unabhängige Anwendungsgebiete<br>B. Oft vermischt anzutreffen<br>C. Immer getrennt voneinander anzuwenden | ○ |

## 3.2. KOMMERZIELLE ANWENDUNGEN

Viele Probleme im kaufmännischen Bereich haben die Eigenart, dass eine grosse Anzahl gleichartig zu behandelnder Vorgänge zu verarbeiten ist. Dabei stehen grossen Massen von Eingabedaten und Ausgabedaten einer verhältnismässig einfachen internen Verarbeitung gegenüber.

Ein typisches Beispiel ist etwa eine Lohnverarbeitung. Pro Arbeitnehmer werden einige Lohnkarten eingegeben und ein Lohnzettel ausgegeben. Die interne Verarbeitung ist relativ einfach. Ermitteln wir nun die Lohnabrechnung für einen Betrieb mit 40'000 Angestellten, so können Sie sich leicht die Riesenmassen von Ein- und Ausgabedaten vorstellen.

Sie haben bereits unter Punkt 3.1. festgestellt, dass technisch-wissenschaftliche Anwendungen in das Gebiet der kommerziellen Anwendungen hineinspielen können. Auch das Umgekehrte kann der Fall sein. Eine strenge Trennung ist deshalb oft nicht möglich. Wir haben jedoch mit der Definiton der beiden Begriffe durchaus zweckmässige Kennworte geschaffen.

**ZUSATZINFORMATION**

Bei den kommerziellen Anwendungen stehen häufig Massen von Ein- und Ausgabedaten einfachen Verarbeitungsschritten gegenüber.

Oft finden wir in verschiedenen Anwendungsgebieten eine Vermischung von technisch-wissenschaftlicher und kommerzieller Datenverarbeitung.

**NOTIZEN**

Heft 1 Seite 37, 47

## TABELLE DER VERSCHIEDENEN BRANCHEN ①

**Versorgungsbetriebe**

Unternehmen, die lebenswichtige Güter und Dienstleistungen direkt an einen großen Verbrauchermarkt weitergeben, z.B. Elektrizitäts-, Gas- und Wasserwerke.

**Gemeinnützige Einrichtungen**

Organisationen, die dem Wohl der Allgemeinheit dienen und keinen Gewinn bringen, wie Schulen, Krankenhäuser und Kirchen.

**Finanzunternehmen**

Banken
Maklergeschäfte
Kapitalanlagegesellschaften

**Versicherungen**

Lebensversicherung
Feuer- und Unfallversicherung
Krankenversicherung
Kraftfahrzeugversicherung
Haftpflichtversicherung
Allgemeine Versicherung

**Fertigungsbetriebe**

**Bauunternehmen**

**Transportunternehmen**

Eisenbahn
Luftfahrtgesellschaften
Speditionsfirmen
Schiffahrtgesellschaften

**Großhandel**

**Textil- und Bekleidungsindustrie**

**Verwaltung (Gemeinde, Land, Bund)**

**Landwirtschaftliche Betriebe**

**Vergnügungsindustrie**

Rundfunk
Fernsehen
Filmtheater
Sportveranstalter
Hotelgewerbe

**Verlagswesen**

**Werbung**

**Einzelhandel**

I.

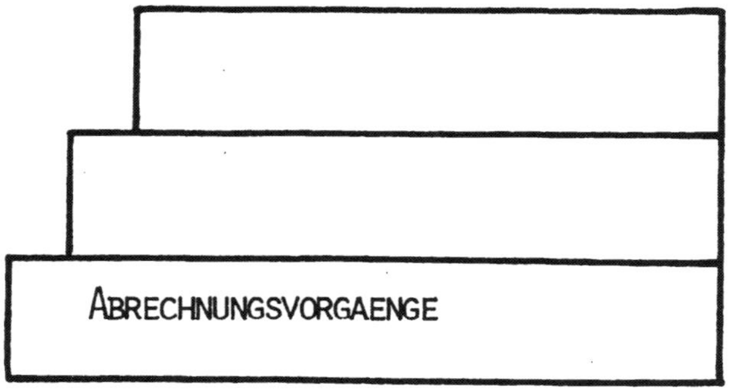


②

---

| FRAGE | ANTWORT | IHRE LOESUNG |
|---|---|---|
| 1. Abrechnungsvorgänge befassen sich mit ? | A. Zukunftsdaten<br>B. Gegenwartsdaten<br>C. Vergangenheitsdaten | ○ |
| 2. Mit elektronischen Datenverarbeitungsanlagen will man Abrechnungsvorgänge - ? | A. Mechanisieren<br>B. Schneller, sicherer und wirtschaftlicher lösen<br>C. Noch nicht automatisieren | ○ |
| 3. In jedem Geschäftszweig finden wir - ? | A. Lohnabrechnungen<br>B. Verkaufsabrechnungen<br>C. Materialabrechnungen | ○ |

Wir befassen uns im vorliegenden Einführungskurs vorwiegend mit kommerziellen Problemen. Es ist deshalb naheliegend, die Datenverarbeitung im Geschäftsleben etwas näher zu betrachten. Innerhalb verschiedener Branchen gibt es Aehnlichkeiten. Viele Anwendungsgebiete sind deshalb abstimmbar auf verschiedene Geschäftszweige. Wir unterscheiden drei Stufen von Vorgängen: ①

a) Abrechnungsvorgänge ②
Darunter verstehen wir Nachrechnungen von Vergangenheitswerten. Der Einsatz von elektronischen Datenverarbeitungsanlagen bedeutet dabei nur Automatisierung eines bereits vorhandenen Arbeitsgebietes. Schnellere, sichere und wirtschaftlichere Erledigung der Arbeit durch die elektronische Datenverarbeitungsanlage ist dabei die Zielsetzung. Aber abgesehen von geringfügigen Rationalisierungseffekten bleibt der organisatorische Arbeitsablauf mehr oder weniger unverändert.

Typische Abrechnungsaufgaben sind:

Verkaufsabrechnung

Zahlungskontrolle

Lohnabrechnung

Materialbuchhaltung

Kostenrechnung und Kalkulation

Statistiken

ZUSATZINFORMATION

Ein Abrechnungsvorgang befasst sich nur mit der Verarbeitung der aus Geschäftsvorfällen angefallenen Daten. Die Datenverarbeitungsanlage ermöglicht die Automation vorhandener Arbeitsabläufe.

NOTIZEN

Heft 1 Seite 59

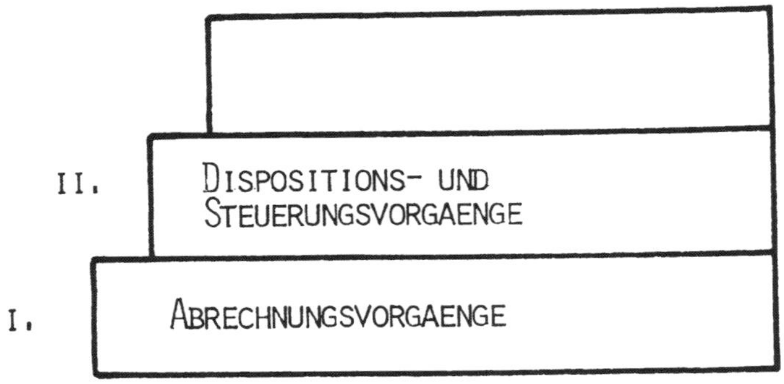


(1)

STEUERUNG VON LAGERBEWEGUNGEN (2)

| FRAGE | ANTWORT | IHRE LOESUNG |
|---|---|---|
| 1. Die elektronische Datenverarbeitungsanlage übernimmt bei Dispositions- und Steuerungsvorgängen - ? | A. Die rechnerische Verarbeitung und das Zusammenstellen der Daten<br>B. Die automatische Auslösung von Massnahmen<br>C. Beides A und B | ○ |
| 2. Bei Dispositions- und Steuerungsvorgängen sind Entscheidungen aufgrund von ? Informationen zu treffen. | A. Aktuellen<br>B. Aktuellen und zukünftigen<br>C. Zukünftigen | ○ |

b) Dispositions- und Steuerungsvorgänge ①
Auf dieser Stufe wird der elektronischen Datenverarbeitungsanlage nicht nur die Zusammenstellung und die rechnerische Verarbeitung von Daten übertragen. Vielmehr hat sie auf Grund aktueller Informationen Entscheidungen zu treffen. Zweckmässige Massnahmen werden gemäss den von Menschenhand geschaffenen und der Zentraleinheit zugeführten Instruktionen automatisch ausgelöst.

So setzt man eine elektronische Datenverarbeitungsanlage beispielsweise als Lagerdisponenten ein. Die elektronische Datenverarbeitungsanlage verarbeitet sämtliche Informationen über Lagerbewegungen - ② es kann sich täglich um tausende von Zu- und Abgängen, sowie andere Lagerangaben handeln - und signalisiert nach dem Ausnahmeprinzip auf dem Drucker nur jene Fälle, wo eine Massnahme ausgelöst werden muss. Beispielsweise kann automatisch eine Bestellung gedruckt werden, wenn der Sicherheitsbestand eines Artikels unterschritten wird und die Termine der geplanten Eingänge sowie der vorhergesehene Verbrauch dies erfordern. Saisonbedingte Schwankungen können dabei zwangsläufig berücksichtigt werden. Die realisierbaren Vorteile äussern sich unter anderem in einer schnelleren und besseren Uebersicht über das Betriebsgeschehen, in einer Steigerung der Produktivität und der Konkurrenzfähigkeit, sowie in einer spürbaren Reduktion der administrativen Kosten und der Investitionskosten.

ZUSATZINFORMATION

Dispositions- und Steuerungsvorgänge sind auf einer höheren Stufe als die Abrechnungsvorgänge von Vergangenheitswerten. Die Anlage trifft Entscheidungen auf Grund der von Menschen geschaffenen Arbeitsanweisungen. Diese beinhalten die Regeln der jeweiligen Betriebspolitik.

NOTIZEN

Heft 1 Seite 59

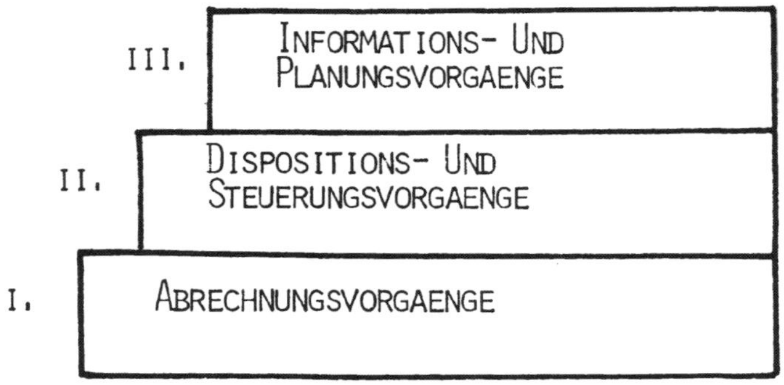


①

DIE ZENTRALE BUCHUNGSSTELLE EINER FLUGGESELLSCHAFT ②

| FRAGE | ANTWORT | IHRE LOESUNG |
|---|---|---|
| 1. Informations- und Planungsvorgänge werden vielfach realisiert für die Steuerung - ? | A. Einzelner Arbeitsgebiete<br>B. Einzelner Betriebsteile<br>C. Ganzer Betriebe | ○ |
| 2. Informations- und Planungsvorgänge erlauben der Geschäftsleitung - ? | A. Ohne Zeitverzug zu entscheiden<br>B. Verspätet zu intervenieren<br>C. Keine Kontrollen | ○ |

c) Informations- und Planungsvorgänge ①

Bei dieser dritten Stufe ist die Anwendung der elektronischen Datenverarbeitungsanlage nicht nur auf Teilgebiete des Betriebes beschränkt. Es werden die Vorgänge in allen Unternehmensbereichen verfolgt und gesteuert. Durch besondere Eingabeeinheiten kann der Anlage jeder Geschäftsvorfall auch von Zweigstellen des Unternehmens unmittelbar mitgeteilt werden. Die Entscheidungen der Anlage basieren also stets auf aktuellen Informationen des gesamten Unternehmens. Die Entscheidungen können sich sowohl auf die direkte, einheitliche Unternehmenssteuerung und die Auslösung von neuen Tätigkeiten, als auch auf die laufende Ueberwachung der Planzahlen beziehen. Die Geschäftsleitung kann sich jederzeit über die Produktions- und Geschäftsvorgänge orientieren und ohne Zeitverlust Entscheide über Aenderungen der Geschäftspolitik fällen.

Im Flugwesen zum Beispiel werden die Platzreservationen auf der ganzen Welt in ein einheitliches System von dezentralen Eingabe- und Abfragestationen und zentraler Verarbeitungsanlage zusammengeschlossen. Ein Kunde, der in einem weit von der Heimatbasis entfernten Land einen Platz für einen Flug buchen möchte, erhält in wenigen Augenblicken Auskunft, ob dies möglich ist. Im positiven Fall erfolgt die Reservation automatisch und bei künftigen Anfragen wird der neue Stand gemeldet. ②

ZUSATZINFORMATION

Informations- und Planungsvorgänge setzen den Einsatz einer zentralen elektronischen Datenverarbeitungsanlage im Betrieb voraus. Durch die Ueberwachung aller Bereiche ist ein unmittelbarer Austausch von Informationen möglich. Produktions- und Geschäftsvorgänge können zu beliebigen Zeitpunkten erfasst und beurteilt werden.

NOTIZEN

Heft 1 Seite 59

# 4. Automation Segen oder Fluch

## KANN DIE ZEIT AUF EINEN GEMEINSAMEN NENNER GEBRACHT WERDEN ?

| FRAGE | ANTWORT | IHRE LOESUNG |
|---|---|---|
| 1. Elektronische Datenverarbeitungsanlagen werden nutzbar gemacht durch ? | A. Den Menschen<br>B. Durch die Maschine selbst<br>C. Automaten | ○ |
| 2. Der Anteil der Gesamtbevölkerung, der im Arbeitsprozess tätig ist wird - ? | A. Zunehmen<br>B. Abnehmen<br>C. Gleichbleiben | ○ |

## 4.1. AUSWIRKUNGEN AUF UNSER LEBEN

Die Automation wird weitgehende Veränderungen unserer Lebensgewohnheiten bringen. Wie sollen wir uns zu den Werkzeugen stellen, welche Automation ermöglichen? Halten wir uns als Antwort einige wenige Tatsachen vor Augen:

a) Elektronische Datenverarbeitungsanlagen sind an sich weder gut noch schlecht. Es sind die Menschen, welche sie sich für gute oder schlechte Zwecke nutzbar machen.

b) Die Entwicklung der Weltbevölkerung, der Bildung und der Lebenserwartung ist an sich erfreulich. Sie bedeutet aber, dass relativ weniger Arbeitende für mehr noch nicht in den Arbeitsprozess Eingegliederte oder schon Ausgeschaltete sorgen müssen.

Wir sind also gezwungen, unsere Arbeitskraft unter Zuhilfenahme modernster Werkzeuge zu vervielfachen. Nur so können wir unseren Lebensstandard beibehalten oder verbessern.

### ZUSATZINFORMATION

Richtig gelenkt ist die Automation durch die neuen intelligenten Maschinen eine positive Kraft. Die Problematik liegt heute bei der Erziehung des Menschen zum richtigen Gebrauch des Werkzeugs. Elektronische Datenverarbeitungsanlagen helfen uns, unsere Lebensform zu behaupten und zu verbessern.

### NOTIZEN

→ Heft 1 Seite 47

## Der Einfluss Auf Die Herkoemmlichen Berufe

PLANEND-ORGANISATORISCHE TAETIGKEIT ①

## Typische Anlernberufe Der Elektronischen Datenverarbeitung

OPERATOR

PROGRAMMIERER

②

| FRAGE | ANTWORT | IHRE LOESUNG |
|---|---|---|
| 1. Der Einfluss von hochqualifizierter Tätigkeit in den gewohnten Berufsbildern wird durch die Automation - ? | A. Geringer<br>B. Gleichbleiben<br>C. Grösser | ○ |
| 2. Die elektronische Datenverarbeitung hat ? neue Berufe geschaffen. | A. 2<br>B. Dutzende von neuen Berufen | ○ |

## 4.2. DER EINFLUSS AUF DIE HERKOEMMLICHEN BERUFE

Die gewohnten Berufsbilder unzähliger Berufsgattungen und insbesondere der kaufmännischen Angestellten erfahren durch die elektronische Datenverarbeitung eine sukzessive Umformung.

Der einzelne Mitarbeiter wird weitgehend von Routinearbeiten befreit. Der intellektuelle Aspekt der Arbeit gewinnt dabei an Bedeutung. Es steigen die Ansprüche in Bezug auf planend-organisatorische Arbeit. ①

Parallel zu der eklatanten Entwicklung der elektronischen Datenverarbeitung entstand eine kaum vermutete Anzahl neuer Berufsbilder. Programmierer ② und EDV-Operator sind neben vielen anderen zwei typische neue Berufe. An gewisse Berufe der elektronischen Datenverarbeitung werden hohe Ansprüche an Intelligenz und Kenntnisse gestellt. Daneben wurden aber auch interessante Anlernberufe neu geschaffen.

ZUSATZINFORMATION

Viele bekannte Berufe werden durch die Automation umgeformt. Der Anteil von anspruchsvoller intellektueller Arbeit wird steigen. Routinearbeiten und manuelle Tätigkeiten werden sich verringern.
Neue Berufe entstehen als Folge der Umorganisation.

NOTIZEN

Heft 1 Seite 69

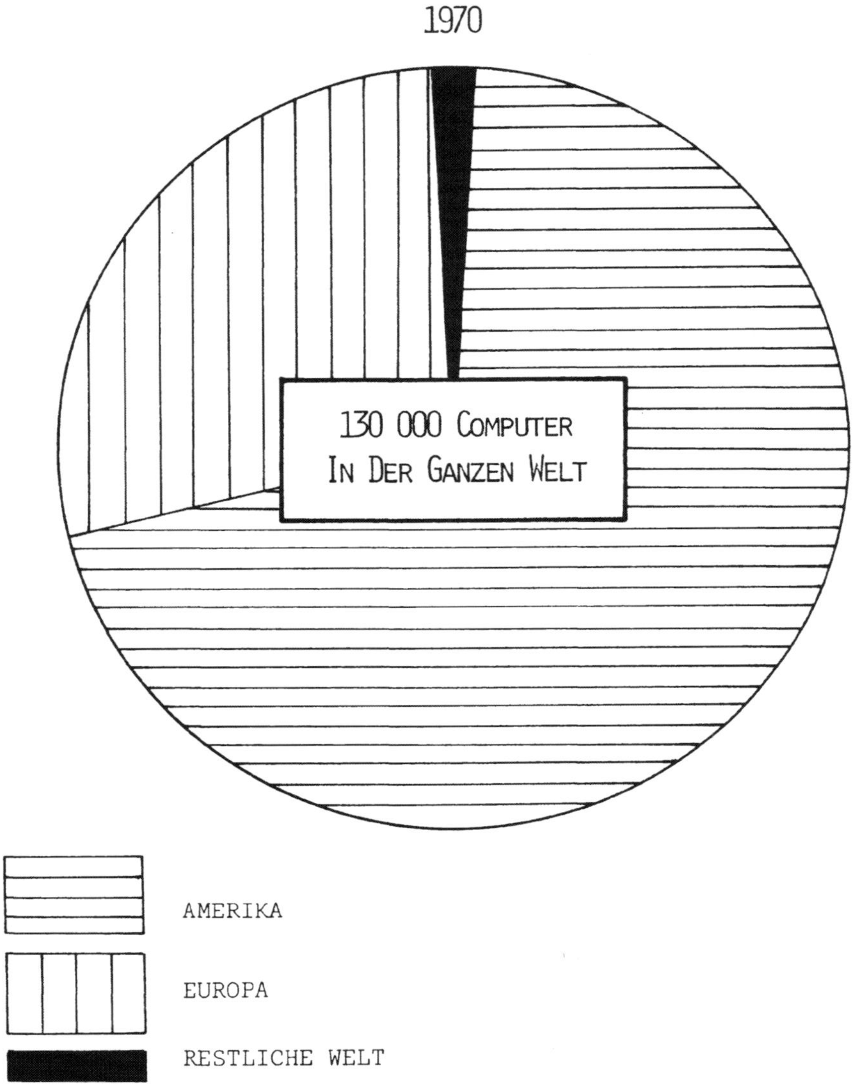


| FRAGE | ANTWORT | IHRE LOESUNG |
|---|---|---|
| 1. Je mehr elektronische Datenverarbeitungsanlagen, umso ? ist der Bedarf an Fachleuten. | A. Kleiner<br>B. Grösser | ○ |
| 2. In 5 Jahren wird in der Bundesrepublik ca. ? Fachpersonal in der elektronischen Datenverarbeitung benötigt wie 1969. | A. Gleichviel<br>B. 3 mal soviel<br>C. 2 mal soviel | ○ |

## 4.3. DER PERSONALBEDARF DER ELEKTRONISCHEN DATENVERARBEITUNG

Die Nachfrage für das Fachpersonal von elektronischen Datenverarbeitungsanlagen wird namentlich durch folgende Faktoren bestimmt:

Art und Anzahl der installierten, bestellten und geplanten Anlagen,

Art und Termine der zu lösenden Probleme,

Ausbildungsstand des Personals und organisatorische Reife der Unternehmen.

Entsprechend der Verbreitungsdichte der installierten und geplanten elektronischen Datenverarbeitungsanlagen ist der relative Personalbedarf nebst den Vereinigten Staaten in der Schweiz und in Schweden am grössten. Am Beispiel der Bundesrepublik Deutschland wird nachfolgend die Anzahl der im Jahre 1969 in der Datenverarbeitung tätigen Angestellten und die bis 1975 auf Grund vorsichtiger Schätzungen zu erwartende Entwicklung gezeigt:

Im Jahre 1969 waren auf allen Einsatzgebieten der EDV in der Bundesrepublik Deutschland
36 000 Fachkräfte beschäftigt und
15 000 Personen für Beratungsfirmen und Anlagehersteller tätig.

Bis 1975 wird sich die Anzahl der installierten elektronischen Datenverarbeitungsanlagen gegenüber 1969 verdreifachen.

Bis 1975 werden allein in Deutschland 113 000 Fachkräfte benötigt. Der Nachwuchsbedarf in den neuen Berufen beträgt somit ungefähr 62 000 Personen bis 1975.

NOTIZEN

System Organisatoren
Operateur
(ev. Operatrice)
2) EDV-Fachmann
3) Analytiker
SYSTEMANALYTIKER
Leiter für die Analyse
Chef-Programmierer
Programmierer
Wir suchen zu sofortigem
Locherin/Prüferin
Die Zukunft hat schon begonnen ...
Die Datenverarbeitung ist eines der
gebiete im kaufmännischen Sektor
Der ständige Ausbau unserer Abteilung
elektronische Datenverarbeitungsanla
von weiteren jungen
Organisations-
Assistenten
EDP-Cheforganisatoren
EDP-Projektleiter
EDP-Organisatoren
System-Software Spezialisten
System-Analytiker
Instruktoren
Chef-Programmierer
System-Programmierer
Applikations-Programmierer
Junior-Programmierer
Wir bieten Teamwork in kleineren Gruppen, vorzügliche
Anstellungsbedingungen, laufende berufliche Weiterbil
dung sowie ausgezeichnete Aufstiegsmöglichkeiten.
unserem Dienstleistungsbereich
suchen wir sofort oder später
erfahrene
EDV-ORGANISATOREN
mit Grundkenntnissen in der Programmierung
und
PROGRAMMIERER FÜR
ALLE EDV-SYSTEME
betriebswirtschaftliche
über Erfahrungen auf dem
n und Programmierung von Date
verfügen.
Senior Operator
sowie die Einrichtung und Überwachung des Computer-Betrieb
Programmierer
Voraussetzung ist eine
bevorzugt.
EDV-Fachmann
als Projektleiter
ORGANISATOREN
Operator
sucht
ORGANISATOREN
SYSTEMANALYTIKER
PROGRAMMIERER
moderne Großspar-
Milliarden Bi-
größten
Dazu suchen wir praxiserfa
SYSTEMANALYTIKER (INNEN)
PROGRAMMIERER (INNEN)
in festumrissene Arbeitskomplexe.
Die Honorierung ist leistungsgerecht.
Hilfe bei Wohnraumbeschaffung ist selbstverständlich.
werden
Aufgeschlossenen Mann bilde
Locher/Prüfer
aus. (Zeitweise ist auch der
Es handelt sich um eine selb
Selbstverständlich bieten w
räume und ein gutes Leistun

## 4.4. PROBLEME DER UMSCHULUNG

Wie wir bereits wissen, werden durch die Automation Berufe umgeformt und neue Berufe entstehen. Deshalb müssen wir das für einen immer grösser werdenden Teil der Menschheit entstehende Problem der rechtzeitigen Weiterbildung oder Umschulung lösen.

Die Seiten mit Stellenangeboten in unseren Zeitungen wimmeln von Inseraten, in denen dringend spezialisierte Fachleute gesucht werden. Die sprunghafte Verbreitung der elektronischen Datenverarbeitungsanlagen bringt einen stets steigenden, unerwarteten Bedarf an Fachkräften.

Die Möglichkeiten für gute, praxisnahe und neutrale Ausbildung sind trotz der stürmischen Nachfrage heute leider immer noch zu spärlich. Zum grossen Teil liegt die Ausbildung heute in der Hand von Herstellerfirmen und privaten Ausbildungsinstituten. Es ist dringend zu hoffen, dass die öffentlichen Institutionen ihren diesbezüglichen Rückstand aufholen und namentlich bei der Gestaltung der Lehrpläne und der Selektionsmethoden mithelfen, eine Vereinheitlichung im Ausbildungssektor herbeizuführen. Ansätze hierzu sind in einigen Ländern vorhanden.

Die Kurse der Herstellerfirmen, die für die Mitarbeiter ihrer Kunden vorgesehen sind, verdienen zum Teil das Prädikat gut, können jedoch verständlicherweise nicht neutral sein. Vielfach sind sie etwas zu kurz. Der Kursstoff ist zu stark gedrängt und die Bedeutung des praktischen Unterrichts wird häufig unterschätzt. Die im praktischen Arbeitseinsatz gewonnene Erfahrung bestätigt, dass die Herstellerkurse häufig nur als eine Art Erstausstattung zu betrachten sind.

Die Automation erschliesst eine Vielzahl von neuen qualifizierten Tätigkeiten. Die stürmische Nachfrage nach Fachkräften verlangt eine vereinheitlichte, fundierte, praxisnahe, mit wirksamen Lernmethoden unterstützte Ausbildung und Umschulung. Andererseits bedingen die zum Teil hohen Anforderungen an das Datenverarbeitungspersonal eine strengere Selektion der Bewerber.

Je früher wir beginnen uns anzupassen, um so leichter werden wir die Zukunft bewältigen.

## SCHLUESSELVERZEICHNIS ZU HEFT 1

AUSFUEHRLICHE ANTWORTEN AB SEITE 269

| SEITE | SCHLUESSEL |
|---|---|
| 28 | BAB |
| 30 | ABC |
| 32 | AAB |
| 36 | CA |
| 38 | BAC |
| 40 | CAB |
| 42 | AC |
| 44 | BAA |
| 46 | ACA |
| 48 | CA |
| 50 | BAA |
| 52 | AB |
| 56 | CB |
| 58 | AB |
| 60 | CBA |
| 62 | CB |
| 64 | CA |
| 68 | AB |
| 70 | CB |
| 72 | BC |

HEFT 2

LOCHKARTENTECHNIK

# 1. LOCHKARTENCODE

| FRAGE | ANTWORT | IHRE LOESUNG |
|---|---|---|
| 1. Die Löcher in den Lochkarten sind eine Art der maschinell lesbaren Schrift ? | A. JA<br>B. NEIN | ○ |
| 2. Die gelochten Lochkarten sind eine Art des Gedächnisses ? | A. JA<br>B. NEIN | ○ |
| 3. Die Lochkarten eignen sich gut für die Eingabe der Daten in die Datenverarbeitungsanlage, weil sie ? | A. Aus Karton angefertigt sind<br>B. Maschinell lesbar sind<br>C. Sortierbar sind | ○ |

## 1.1. GESCHICHTLICHES

Man denkt Tag und Nacht ernsthaft darüber nach. Plötzlich geschieht etwas Ungewöhnliches. Wie ein Blitz aus heiterem Himmel kommt die Idee.

Können Sie sich noch an den badenden Archimedes erinnern? Er fühlte sich so leicht im Bad und der Wasserspiegel war gestiegen, als er das Bad betrat! Das Gesetz über das Verhalten des Gewichtes fester Körper in Flüssigkeit wurde entdeckt. ①

Newton wurde durch einen fallenden Apfel unbarmherzig aus Träumen über Himmelskörper geweckt. Das Gesetz über die Anziehungskraft war plötzlich da! ②

Der böhmische Komponist hörte dem rythmischen Klappern des Zuges zu und die berühmte Humoresque erklang zum erstenmal in seinen Ohren. ③

Per Zufall ist auch die Lochkarte im Zug zur Welt gekommen. Der junge Hermann Hollerith befasste sich mit dem Gedanken, die Sortier- und Zählarbeiten bei der Volkszählung in den USA zu mechanisieren. Während einer Bahnfahrt sah er einen ganz üblichen Vorgang. Der Schaffner entwertete mit seiner Lochzange die Bahnkarten. ④

Die Lochkarte begann in diesem Moment ihren Siegeszug durch die Datenverarbeitung. ⑤ Dies geschah vor ungefähr hundert Jahren. Der junge Bergbauingenieur entwickelte einen Locher, eine Sortiermaschine und eine Zählmaschine. Mit Hilfe dieser Ausrüstung wurde dann die Volkszählung von 1890 in den USA durchgeführt. Die Ergebnisse waren genauer und der Zeitaufwand belief sich auf ein Drittel der herkömmlichen manuellen Verarbeitung.

### ZUSATZINFORMATION

Für die Datenverarbeitungsmaschinen ist es immer noch sehr schwierig, unsere normale Schrift zu lesen. Sie brauchen eine ganz eindeutige Schrift. Die Maschine kann nämlich immer nur zwei Zustände unterscheiden. Die Löcher in der Lochkarte sind ein gutes Beispiel dafür.
Auf einer Lochkarte befindet sich in einer Stelle ein Loch oder es befindet sich nicht dort. Das ist leicht zu unterscheiden. Diese Schrift ist maschinell gut lesbar.

### NOTIZEN

→ Heft 1 Seite 45

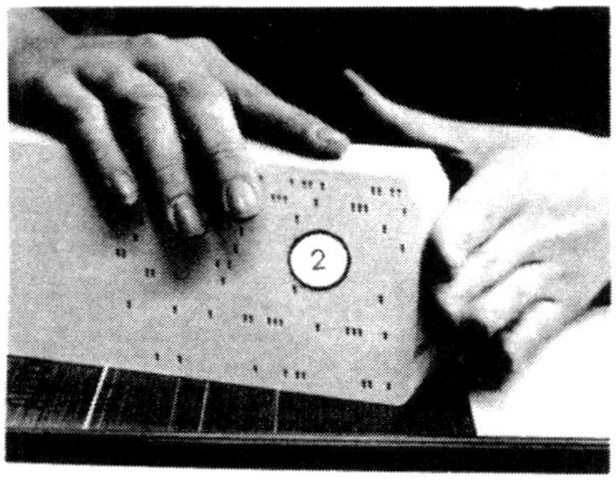



DIE DARSTELLUNG VON

ZIFFERN UND BUCHSTABEN

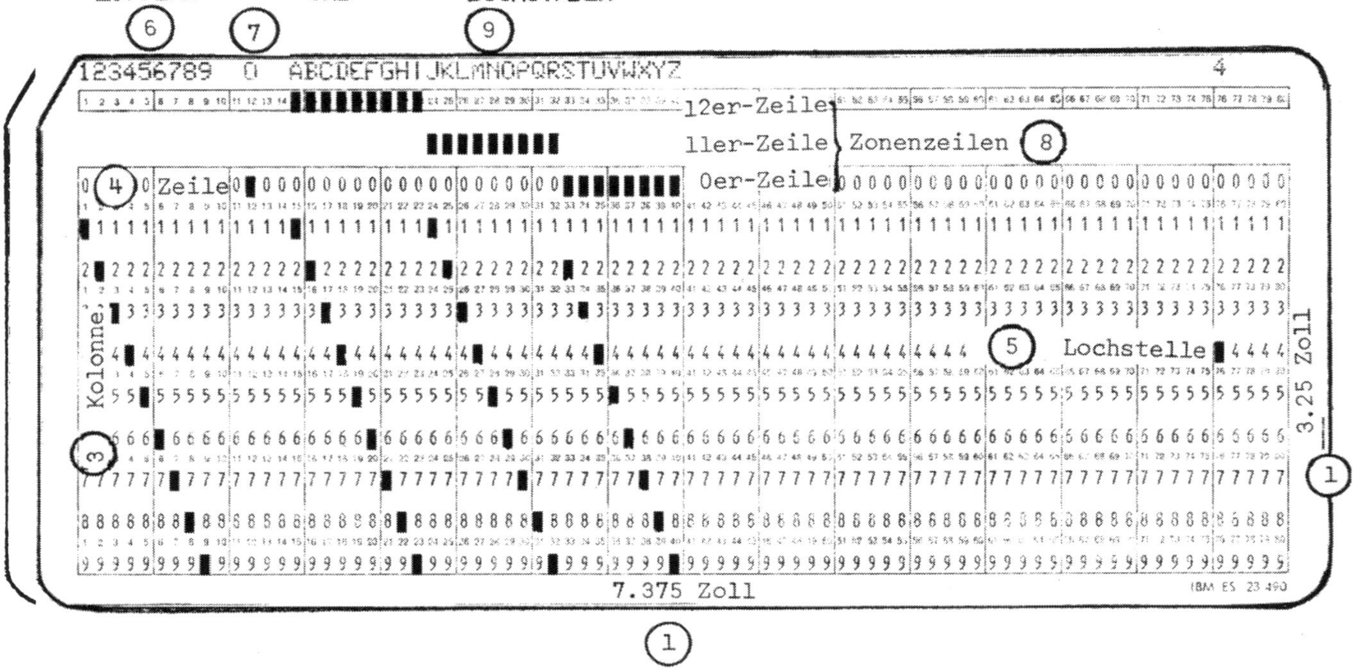



---

FRAGE | ANTWORT | IHRE LOESUNG

1. Das Material und die Lagerungsbedingungen bewirken, dass die Lochkarten ihre Ausmasse behalten oder ändern. Die Veränderung ist gefährlich, weil ?

   A. Man in den Schachteln zu viele oder zu wenige Lochkarten unterbringen kann
   B. Die Lochkarten bei der Eingabe in die Maschine beschädigt werden können

   ○

2. Die Buchstaben und Sonderzeichen kann man in einer Spalte der Lochkarte ?

   A. Durch mehrere Lochungen darstellen
   B. Nicht unterbringen

   ○

3. Die Lochkombination 12-3 bedeutet den Buchstaben ?

   A. L
   B. C
   C. T

   ○

## 1.2. LOCHKARTE

Die Lochkarte hat standardisierte Ausmasse, damit man denselben Stapel von Lochkarten auf verschiedenen Maschinen von verschiedenen Herstellern verarbeiten könnte. Auch das Material zur Herstellung der Lochkarten muss genau festgelegte Eigenschaften haben und die Lochkarten müssen unter bestimmten Bedingungen aufbewahrt werden. ① ②

Die häufigst benutzten Lochkarten sind vertikal in 80 Spalten (Kolonnen) eingeteilt und weisen zwölf horizontale Zeilen auf. Der Schnittpunkt einer Kolonne mit einer Zeile heisst Lochstelle. ③ ④ ⑤

## 1.3. DARSTELLUNG DER ZIFFERN

In den Spalten 1 bis 9 sind die Ziffern 1 bis 9 eingelocht. In jeder dieser Kolonnen befindet sich immer nur eine Lochung. Anhand der Position der Lochung in der Kolonne erkennt die Maschine, um welche Ziffer es sich handelt. Die Zeilen sind von unten nach oben mit den Ziffern 9 bis 1 bezeichnet. Diese Zeilen heissen Ziffernzeilen. Die Ziffer Null ist in Spalte 12 abgelocht. Sie hat eine besondere Bedeutung. Deswegen wird die 0er-Zeile nicht zu den Ziffernzeilen gezählt. ⑥ ⑦

## 1.4. DARSTELLUNG DER BUCHSTABEN

Die obersten drei Zeilen der Lochkarte nennt man Zonenzeilen. ⑧
Die Lochungen in der Zonenzeile erlauben es, durch Kombinationen von zwei oder drei Lochungen in einer Kolonne, die Buchstaben und Sonderzeichen (Heft 1 Seite 28 ) darzustellen. In den Spalten 15 bis 40 der Lochkarte ist das ganze Alphabet abgelocht. Wie Sie sehen, besteht die Lochkombination für einen Buchstaben aus einer Zonenlochung und aus einer Ziffernlochung. Einen bestimmten Buchstaben entziffert die Maschine also wiederum nach der Lage der Lochungen in der betreffenden Spalte. So versteht die Maschine z.B. die Lochungen 11 und 3 in der Spalte 26 als L. ⑨

**ZUSATZINFORMATION**

1. Die Lochkarten werden fast ausschliesslich aus Karton erzeugt. Versuche mit Kunststoffen sind bisher aus wirtschaftlichen Gründen nicht gelungen.
2. Feuchte Lochkarten sind dicker und kommen durch die Eingabestationen nicht hindurch. Sie werden zerrissen und müssen neu gelocht werden. Das kostet Zeit und führt zu Fehlern.

**NOTIZEN**

→ Heft 1 Seite 28

FORMSCHRIFT

SONDERZEICHEN

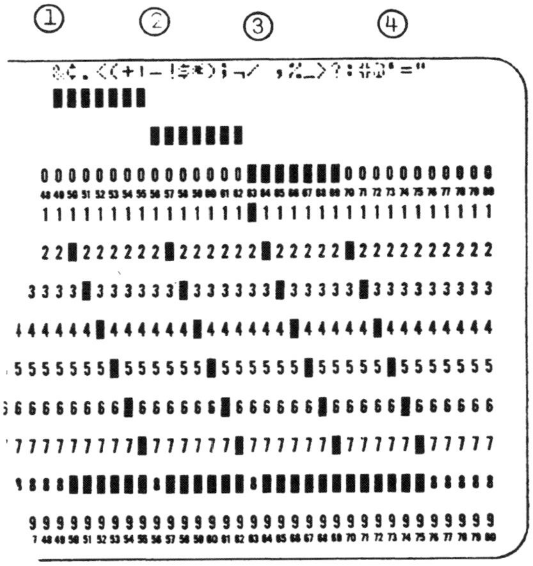

LAGESCHRIFT

Optische Schrift
in Originalgrösse

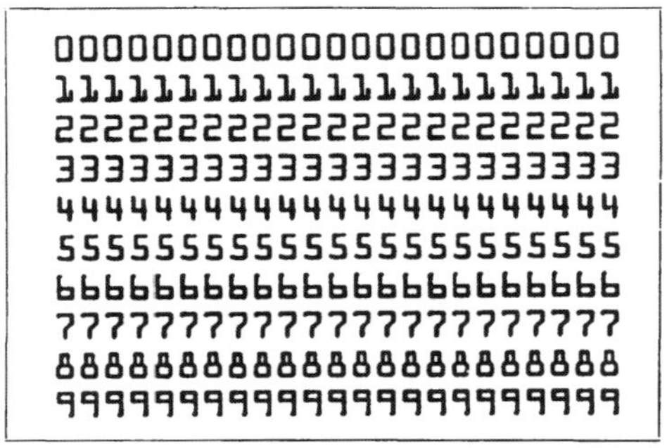

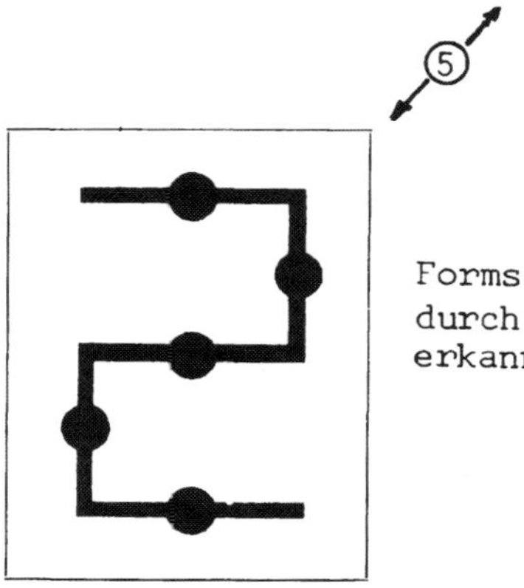

Formschrift wird
durch Strichanalyse
erkannt

| FRAGE | ANTWORT | IHRE LOESUNG |
|---|---|---|
| 1. Ist jede Ziffer durch eine Lochung in den Ziffernzeilen dargestellt ? | A. JA<br>B. NEIN | ○ |
| 2. Zur besseren Manipulation mit den gelochten Karten wird der Inhalt der Kolonnen auf den oberen Rand gedruckt, und zwar in der ? | A. Lageschrift<br>B. Formschrift | ○ |
| 3. Die optische Schrift ist eine Lageschrift, Formschrift oder vereinigt die Eigenschaften von diesen beiden Schriftarten ? | A. Lageschrift<br>B. Formschrift<br>C. Beide Schriftarten | ○ |

## 1.5. DARSTELLUNG DER SONDERZEICHEN

Der IBM-Lochcode verwendet zur Darstellung der Sonderzeichen immer eine Lochung im Zonenteil und zwei Lochungen im Ziffernteil.

Ausnahmen sind:

a) das Firmen-und-Zeichen (&) - es besteht nur aus der 12-er Lochung. ①
b) das Minuszeichen (-) - es besteht bloss aus der 11-er Lochung. ②
c) der Schrägstrich (/) - Lochkombination 0 und 1. ③
d) sechs Sonderzeichen mit Lochkombinationen 2-8 bis 7-8. ④

## 1.6. LAGE- UND FORMSCHRIFT

Der Lochcode ist ein Beispiel für die Lageschrift. Die Bedeutung der Lochkombination ist durch die Lage der einzelnen Lochungen innerhalb der Kolonne gegeben. Die Zeichen unterscheiden sich voneinandern nicht durch ihre Form, sondern durch die Position der Lochungen.

Für uns Menschen ist hingegen die Form der Zeichen entscheidend. So hat z.B. a eine andere Form als b. Diese Art der Schrift nennt man Formschrift.

In der Datenverarbeitung gibt es neuerdings auch Schriften, die beide erwähnten Eigenschaften vereinigen. Im Heft 4 lernen Sie die optisch lesbaren Belege kennen. Aber auch dann handelt es sich seitens der Maschine um eine verschleierte Art von Lageschrift. ⑤

### ZUSATZINFORMATION

Die Locherinnen und Operators der Lochkartenmaschinen lesen die Lageschrift genauso schnell wie die Formschrift. Bei den Programmierern, Systemanalytikern usw. ist es aber oft nicht der Fall. Deswegen werden die Lochkarten am oberen Rand in Klarschrift beschriftet. Dies geschieht entweder parallel zum Ablochen der Karten oder nachträglich auf einer speziellen Lochkartenmaschine, auf dem Beschrifter.

### NOTIZEN

← Heft 2 Seite 83

# 2. LOCHKARTE ALS ORGANISATIONSMITTEL

LOCHFELDER

- NUMERISCH
- ALPHANUMERISCH

1

**BESTELLUNG**

| Artikel Nummer | Artikel Bezeichnung | Preis | Menge |
|---|---|---|---|
| 12 005 | Karpon | 15.20 | 100 |
| 44 888 | Fluix-2 | 0.10 | 20000 |
| 65 331 | Cutaconex | 9.40 | 1500 |

(2) (3)

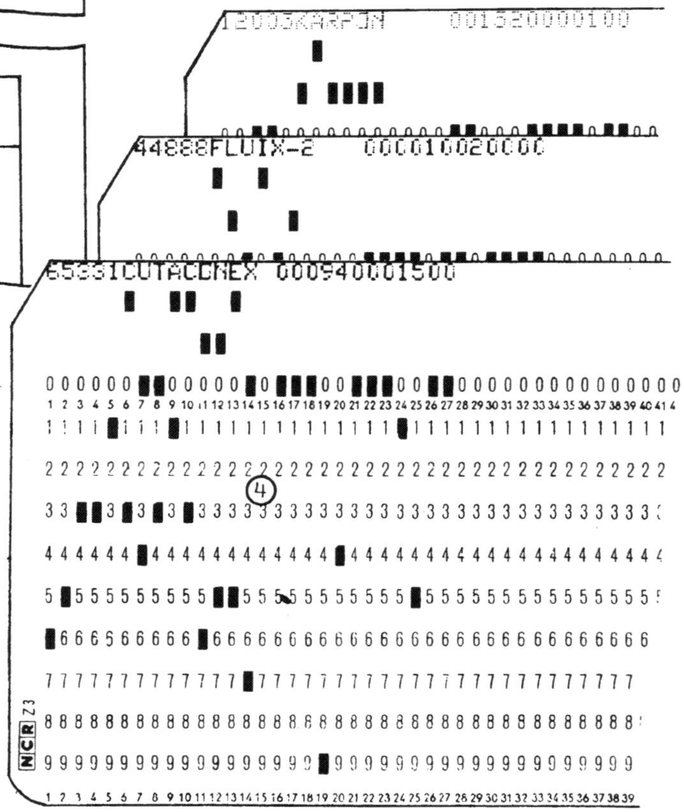

(4)

KARTENEINTEILUNG:

(5)
Kol. 1 bis 5 : Artikelnummer
Kol. 6 bis 15 : Artikelbezeichnung
Kol. 16 bis 21 : Einzelpreis
Kol. 22 bis 27 : Menge

| FRAGE | ANTWORT | IHRE LOESUNG |
|---|---|---|
| 1. Aus wieviel Zeichen besteht ein Datensatz im obigen Beispiel (Bestellung) ? | A. 18<br>B. 27 | ○ |
| 2. Wieviele Spalten umfasst das Lochfeld "Einzelpreis" ? | A. 6<br>B. 9<br>C. 4 | ○ |
| 3. Sind alle Daten im Datenfeld "Menge" von gleicher Länge ? | A. JA<br>B. NEIN | ○ |
| 4. Hat das Lochfeld "Menge" eine konstante Länge ? | A. JA<br>B. NEIN | ○ |

## 2.1. LOCHFELDER

In einer Bestellung finden wir oft mehrere Bestellsorten. In einer Zeile der Bestellung steht ein Bestellposten. Jede Zeile der Bestellung entspricht dem Begriff Datensatz. Die einzelnen Angaben in der Zeile sind Daten. (Heft 1, Seiten 32 und 33 ) So ist z.B. die Artikelnummer ein Datum. ① ② ③

Für die lochkartenmässige Datenverarbeitung ist es nun erforderlich, die Angaben aus den Urbelegen in die Lochkarten abzulochen. Aus jedem Bestellposten entsteht eine Lochkarte. Der Inhalt der Lochkarte entspricht also einem Datensatz. ④

Die einzelnen Angaben werden aus dem Beleg in die im voraus genau bestimmten Lochfelder abgelocht. Jedes Lochfeld besteht aus einer festgelegten Anzahl von Kolonnen. ⑤

Wir unterscheiden die numerischen und alphanumerischen Lochfelder.

ZUSATZINFORMATION

Obwohl die Daten veränderlich lang sind, muss man für das entsprechende Lochfeld eine konstante Länge festlegen. Die Länge des Lochfeldes richtet sich nach der längstmöglichen Angabe.
Beispiel: Die Untersuchung der vorkommenden Bestellmengen hat z.B. als grösstmögliche Menge 99999 ergeben. Ist die Lochkarte durch andere Daten nicht vollständig belegt, sollte man in diesem Fall für das Lochfeld "Menge" nicht nur fünf, sondern sechs oder sieben Spalten vorsehen. Dadurch vermeidet man unangenehme Ueberraschungen, wenn in Zukunft die Menge z.B. 200 000 erscheint.

← Heft 1 Seiten 32,33

NOTIZEN

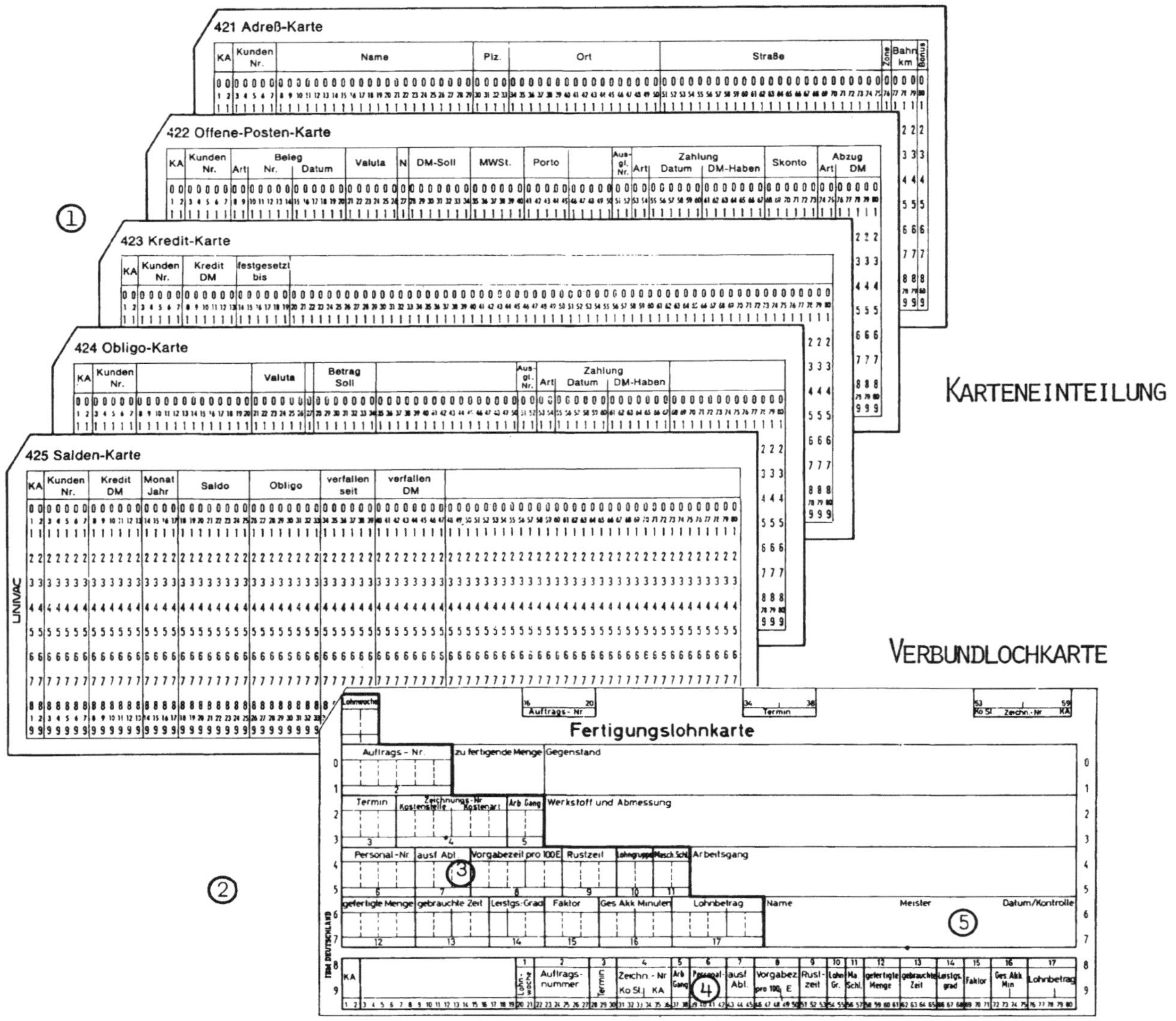


| FRAGE | ANTWORT | IHRE LOESUNG |
|---|---|---|
| 1. Dürfen in einem Lochkartenstapel mehrere Karteneinteilungen vorkommen ? | A. JA<br>B. NEIN | ○ |
| 2. Wieviele Lochspalten darf die Verbundkarte höchstens enthalten ? | A. Weniger als die normale Lochkarte<br>B. Genau so viel wie die normale Lochkarte | ○ |

## 2.2. KARTENEINTEILUNG

Für alle Bedienungskräfte ist es vorteilhaft, wenn die Karteneinteilungen samt den Namen der Lochfelder vorgedruckt sind. Man sieht gleich, was in welchem Lochfeld abgelocht werden soll oder abgelocht wurde. Dies ist jedoch erst dann empfehlenswert, wenn das Datenverarbeitungsprojekt nach dem Probelauf als definitiv gebilligt wurde. Innerhalb eines Lochkartenstapels müssen wir oft, je nach der durchzuführenden Arbeit, verschiedene Karteneinteilungen verarbeiten. Dann ist der Vordruck der Lochfeldnamen besonders wünschenswert. ①

## 2.3. VERBUNDLOCHKARTE

Einen weiteren Schritt in der Anpassung der Lochkarten an die Arbeitsorganisation bilden die Verbundlochkarten. ②
Ihr Name deutet an, dass sie zwei Zwecke verbinden:

a) Es ist ein Formular, das von Hand, mit der Schreibmaschine oder sogar mit einer Vervielfältigungsmaschine ausgefüllt werden kann.
b) Sie dienen als normale Lochkarten der Eingabe der Daten in den Computer oder in die Lochkartenmaschinen (Heft 1 Seite 44).

Folgendes ist zu beachten:

- In die Verbundkarte werden zuerst die Daten wie in einen gewöhnlichen Beleg eingetragen. ③
- Diese Daten oder ein Teil davon werden dann in dieselbe Karte gelocht. ④ Der Entwurf der Verbundkarte muss also sichern, dass die eingeschriebenen Angaben durch die Lochungen nicht vernichtet werden.
- Die Karten müssen dann vom Kartenleser angenommen werden. Man darf sie also während der vorherigen Manipulation nicht beschädigen, z.B. knicken.
- Wenn eine Verbundkarte während der maschinellen Verarbeitung zerrissen oder auf eine andere Weise beschädigt wird, darf sie nicht weggeworfen werden! Sie ist doch zugleich ein Beleg, vielleicht mit Unterschriften versehen! ⑤

ZUSATZINFORMATION

Als vor Jahrzehnten die Verbundlochkarten zum Einsatz gekommen sind, wollte man einmal die Arbeiter einer Unternehmung über die Vorteile der Verbundkarten orientieren. Noch vor Beginn des Festessens - und das war eben der Fehler - bekamen alle Teilnehmer je eine Verbundkarte. Sie sollten ihren Namen und einige weitere Angaben eintragen. Nach dem Essen sollten die Karten gesammelt, abgelocht und in eine einfache Statistik über die Anwesenden verarbeitet werden. Aber weh! Die verkrümmten und von Saucen, Kaffee und Nudeln beschmutzten Lochkarten konnte man überhaupt nicht in die Maschinen bringen. Trotzdem finden Sie jetzt die Verbundkarten in vielen Fabriken, Handelsbetrieben und Finanzgesellschaften. Jeder Anfang ist schwer (auch der unsere, nicht wahr?).

## LOCHKARTENZIEHKARTEI

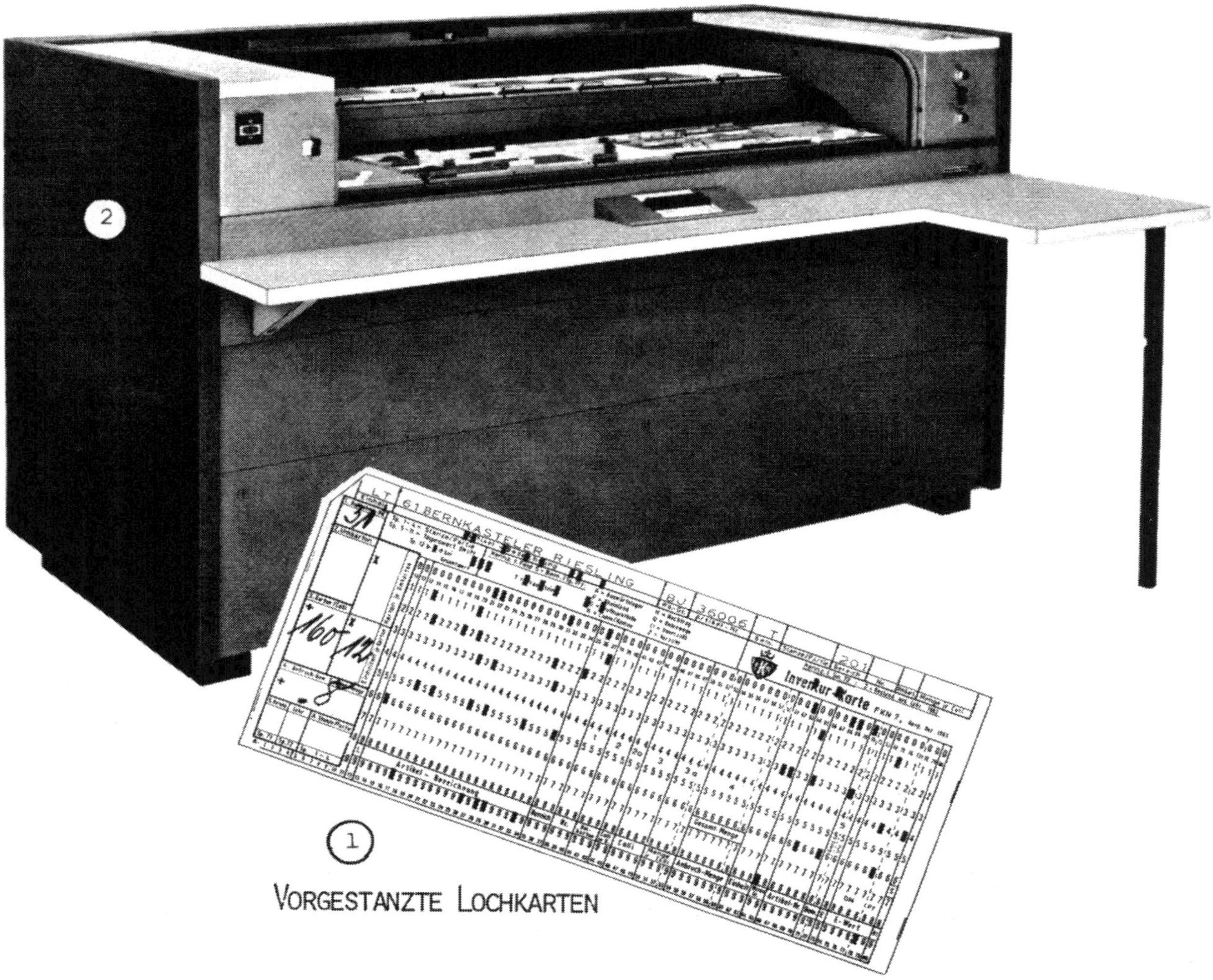

VORGESTANZTE LOCHKARTEN

| FRAGE | ANTWORT | IHRE LOESUNG |
|---|---|---|
| 1. Von einer Hauptkarte werden mehrere Kopien automatisch gestanzt. Dabei ist das Wichtigste ? | A. Die Anzahl der Kopien<br>B. Die Richtigkeit der Hauptkarte | ○ |
| 2. Eine gute Locherin kann bis zu 2000 Lochkarten je 50 Spalten pro Tag ablochen. Wieviel Lochkarten kann man aus einer gut angelegten Ziehkartei pro Tag ziehen ? | A. Bis zu 1000<br>B. Bis zu 3000<br>C. Ueber 3000 | ○ |

## 2.4. VORGESTANZTE KARTEN

Wir haben bis jetzt nur über das Lochen gesprochen. Darunter versteht man das Lochen der einzelnen Zeichen, also Spalte für Spalte. Das Stanzen hingegen bedeutet, dass man mehrere Spalten auf einmal in die Karte ablocht. Es ist aber auch ohne weiteres möglich, für beide Vorgänge das Wort "Lochen" zu benutzen.

Nehmen wir an, der Arbeiter in einer Fabrik bekommt für jede Arbeitsoperation eine Verbundlochkarte (Seite 91). Er trägt zuerst seine Nummer ein, dann alle weiteren Angaben über die durchgeführte Arbeitsoperation und zuletzt die gebrauchte Zeit. Mit Ausnahme der Nummer des Arbeiters und der gebrauchten Zeit, sind jedoch alle diese Angaben schon früher bekannt. Sie können also vorgestanzt werden, sodass der Arbeiter bloss noch seine Nummer und die gebrauchte Zeit eintragen muss. Dies bedeutet Ersparniss für Arbeiter und Locherin.Ausserdem wird dadurch die Fehlerquote in den Eintragungen und beim Ablochen massiv vermindert.

Ein anderes Beispiel wäre die vorgestanzte Verbundkarte zur Aufnahme des Warenbestandes bei einer Inventur. ①

## 2.5. LOCHKARTENZIEHKARTEIEN

Sie kennen ja vom Verkehr mit den Behörden oder Versandhäusern u.a. her die vorgedruckten Angaben. Dadurch wird viel Schreibarbeit und mancher Fehler erspart. Man kann auch verschiedene Daten vorstanzen und den Vorrat an vorgestanzten Karten in eine Lochkartenziehkartei unterbringen. ② Bei der Verarbeitung werden dann die vorgestanzten Karten aus der Ziehkartei ausgesucht und mit veränderlichen Daten mittels des manuellen Lochens ergänzt. Natürlich müssen die vorgestanzten Lochkarten in der Ziehkartei vernünftig angeordnet werden, damit das Ziehen schnell erfolgen kann.

### ZUSATZINFORMATION

Die Lochkartenziehkartei muss ihrem Zweck gemäss organisiert werden. Die Bedienungskräfte sollen bei der Arbeit möglichst wenig Bewegungen durchführen müssen, die häufigst vorkommenden Karten sollen beisammen an der günstigsten Stelle der Ziehkartei plaziert werden, die einzelnen Lochkarten sollte man ohne Schwierigkeiten ausziehen können. Unter diesen Voraussetzungen kann eine Bedienungskraft bis zu 5000 Karten pro Tag ziehen. Beachten Sie, dass die Leistung im Gegensatz zu manuellem Lochen von der Anzahl der vorgestanzten Spalten unabhängig ist!

### NOTIZEN

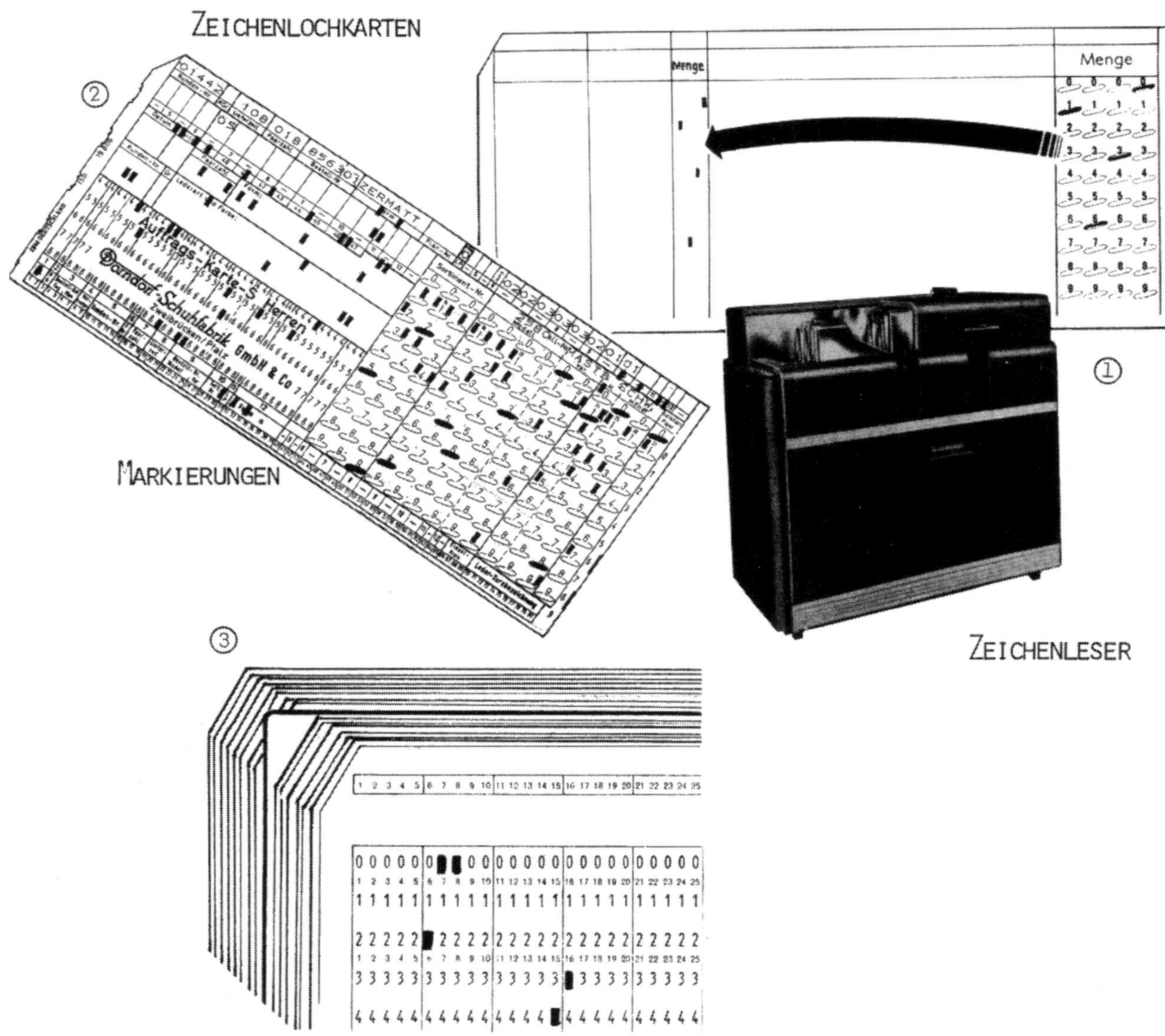


| FRAGE | ANTWORT | IHRE LOESUNG |
|---|---|---|
| 1. Alle Sorten der Lochkarten, die wir bis jetzt gezeigt haben, wiesen eine abgeschnittene Ecke links oben auf. Warum ? | A. Das war ein Zufall<br>B. Ich weiss nicht<br>C. Um die richtige Lage aller Karten im Stapel zu sichern | ○ |
| 2. Vorausgesetzt, eine 2 ist in Spalte 1 gelocht. Was würde die Maschine lesen, wenn die Karte durch Irrtum umgekehrt im Stapel stünde ? | A. 4<br>B. 5<br>C. 2 | ○ |

## 2.6. ZEICHENLOCHKARTEN

Die Angaben kann man in die Lochkarte auch mit Markierungen eintragen. Diese Markierungen werden dann vom Zeichenleser gelesen und in dieselbe Lochkarte im Lochkartencode gelocht. Die Lochfelder werden nach Bedarf gewählt. ①

Das Markieren geht ziemlich langsam vor sich, so dass nur geringe Mengen von Daten auf diese Weise vernünftig verarbeitet werden können.

Ist die Lochkarte als eine kombinierte vorgestanzte Zeichenverbundlochkarte aufgebaut, kann sie hervorragende Zeitersparnisse und eine ausserordentlich hohe Verarbeitungspräzision mit sich bringen. ②

Für die Markierungen braucht man mehr Platz als für die Lochungen. Aus diesem Grund ist die Kapazität der Karte für die markierten Zeichen im Durchschnitt auf ein Drittel begrenzt. Wenn die Karte aber kombiniert ist, kann man auch die restlichen Spalten für das Vorstanzen und das nachträgliche manuelle Lochen verwenden.

> "Erlauben Sie mir einen Rat?" - "Danke!"
> "Nun, ich würde Ihnen recht dringend empfehlen, die Abschnitte 2.3 bis 2.6 nochmals durchzulesen und eine eigene schöne Uebersicht der verschiedenen organisatorischen Gestaltungen der Lochkarten zu erstellen. - Viel Spass dabei!"

### ZUSATZINFORMATION

Je nach Maschinentyp müssen alle zu verarbeitenden Karten mit oberer oder unterer Kante nach vorne und Vorder- oder Kehrseite nach oben eingelegt werden. Sei es so oder so, immer müssen alle Karten auf genau dieselbe Weise eingelegt werden. Man muss also ein Kontrollmittel haben, um die richtige Lage aller Karten überprüfen zu können. Dazu dient die abgeschnittene obere linke Ecke. Wenn eine Karte falsch im Stapel steht, merkt man das sofort. ③

### NOTIZEN

**ADRESSKARTE**
(Kartenart: 01)

**ARTIKELKARTE**
(Kartenart: 02)

**SCHLUSSKARTE**
(Kartenart: ?)

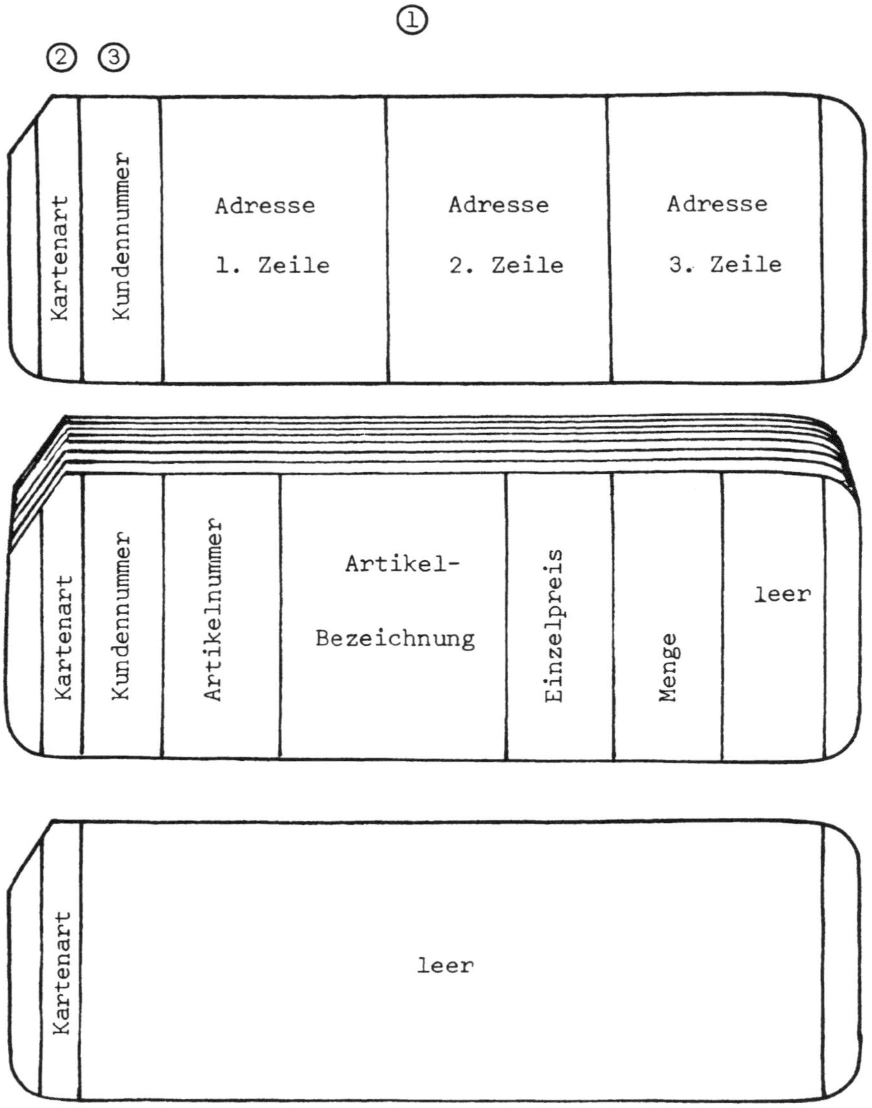


| FRAGE | ANTWORT | IHRE LOESUNG |
|---|---|---|
| 1. Welche Kartenart hat die Schlusskarte, wenn in Spalte 1 die Lochungen 0-1 und in Spalte 2 die Lochungen 11-4-8 stehen ? | A. 01<br>B. /*<br>C. AZ | ○ |
| 2. Wir sollen 10 Fakturen nach obigem Beispiel verarbeiten, wobei im Durchschnitt 5 Artikelkarten pro Faktura vorkommen. Wieviele Lochkarten gibt es insgesamt in dem Lochkartenstapel ? | A. 30<br>B. 70<br>C. 61 | ○ |
| 3. Ist der Begriff "Artikelnummer" in unserem Beispiel für mehrere <u>Kartenarten</u> gemeinsam ? | A. JA<br>B. NEIN | ○ |

## 2.7. KARTENART

Innerhalb einer Verarbeitung kommen fast immer mehrere Kartenarten vor. Nehmen wir als Beispiel die Fakturierung. ①

Wie Sie sehen, unterscheidet man je nach Verwendungszweck und Karteneinteilung verschiedene Kartenarten. Die Kartenart wird in der Regel in dem ②
ersten Lochfeld der Lochkarte gelocht. Dieses Lochfeld besteht normalerweise nur aus einer oder zwei Spalten.

In unserem vereinfachten Beispiel haben wir nur drei Kartenarten:

01 für die Adresskarten
02 für die Artikelkarten und
? für die Schlusskarte (die Kartenart herauszufinden, ist Ihre Aufgabe auf Seite 96).

Diese drei Kartenarten haben verschiedene Verwendungszwecke und verschiedene Karteneinteilungen:

- Erkennt die Maschine in dem Lochfeld "Kartenart" die Zahl 01, druckt sie die Adresse aus.
- Erkennt die Maschine im Lochfeld "Kartenart" die Zahl 02, berechnet sie den Betrag und druckt die Artikelzeile aus.
- Erkennt die Maschine im Lochfeld "Kartenart" das Schlusszeichen (haben Sie es schon entziffert? wirklich? wunderbar!), stoppt sie die Verarbeitung.

In allen Lochkarten des gleichen Lochkartenstapels ist die Kartenart in den gleichen Spalten gelocht. In den Adress- und Artikelkarten ist die
Kundennummer als gemeinsamer Ordnungsbegriff auch in der gleichen Spalte ③
gelocht. Der Rest der Karten ist für jede Kartenart vollkommen anders eingeteilt und mit Daten belegt.

**ZUSATZINFORMATION**

Ueber die Funktion der Schlusskarte erfahren Sie mehr in den Heften 4 und 5.

**NOTIZEN**

→ Heft 2 Seite 84 und 90

# 3. LOCHKARTENMASCHINEN

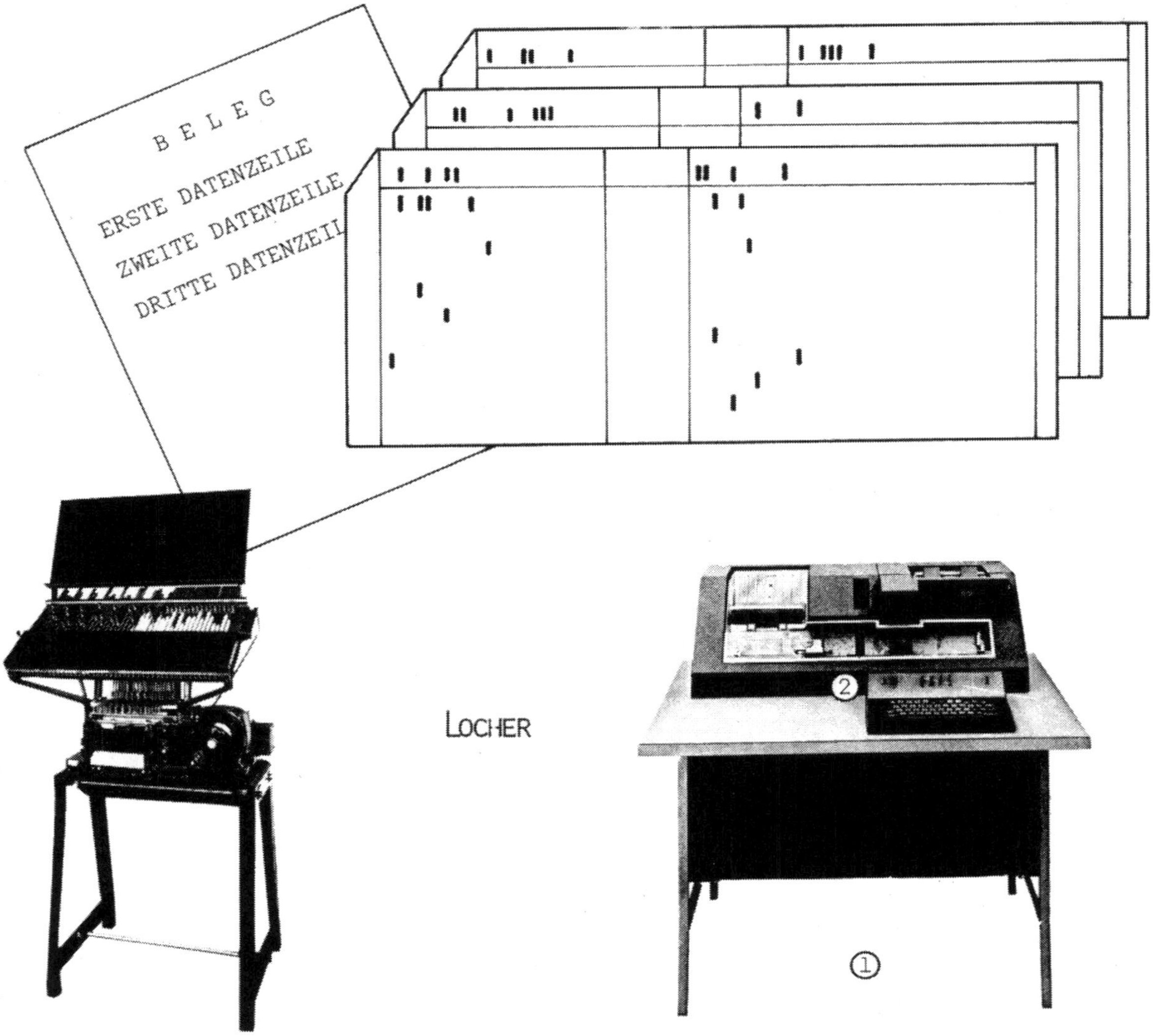


So sah der Locher
vor 60 Jahren aus

---

| FRAGE | ANTWORT | IHRE LOESUNG |
|---|---|---|
| 1. Angenommen, Ihr Locher hat keine Taste für das Ausrufzeichen. In dem Fall drücken Sie die Taste fürs mehrfache Lochen und dann benutzen Sie 2 Tasten. Welche ? | A. K und 8<br>B. : und -<br>C. Beide Kombinationen richtig | ○ |
| 2. Die Werte wie Einzelpreis oder Menge werden - gelocht ? | A. Linksbündig<br>B. Rechtsbündig | ○ |
| 3. Die Ordnungsbegriffe wie Kundennummer und Texte wie Artikelbezeichnung werden - gelocht ? | A. Linksbündig<br>B. Rechtsbündig | ○ |

## 3.1. LOCHER

Die Daten kann man in die Lochkarte mit Hilfe von verschiedenen Lochkartenmaschinen lochen oder stanzen. Die häufigst benutzte Maschine ist der Kartenlocher oder kürzer nur Locher. ①

Wie alle anderen Lochkartenmaschinen entwickelte sich der Locher von einer ganz primitiven Einrichtung mit der Leistung von ca. 100 Lochungen pro Minute bis zu dem heutigen Speicherschreibprüflocher, der über eine theoretische Leistung von ca. 500 Lochungen pro Minute verfügt und mehrere Funktionen durchführen kann.

Von einem modernen Locher erwarten wir folgende Eigenschaften:
- Er soll der Bedienung die Arbeit erleichtern und beschleunigen.
- Er muss auch das Ablochen der Verbundkarten ermöglichen. Deswegen muss er mit dem Sichtfeld ausgerüstet werden, in welchem die zu lochenden Daten vollständig vor den Augen der Locherin erscheinen. ②
- Er muss sich wiederholende Daten abspeichern können und in die zweite und alle nächsten Karten automatisch lochen.
- Er muss bestimmte Funktionen automatisch durchführen. Zum Beispiel das Ueberspringen nicht gebrauchter Lochspalten, den Weitertransport der fertigen Karte und das Zuführen der nächsten Karte.
- Er muss das Ablochen beliebiger Lochungskombinationen ermöglichen. Dazu ist er mit einer Taste für die mehrfache Eingabe in die gleiche Spalte ausgerüstet.
- Er soll die Zahlen in numerische Lochfelder automatisch rechtsbündig einsetzen.
- Er soll das automatische rechts-oder linksbündige Lochen gestatten.

Kurz, ein Locher soll mit Hilfe eines einfach zu erstellenden Programms für den jeweiligen Verwendungszweck entsprechend gesteuert werden können.

ZUSATZINFORMATION

Die modernen Locher können auch programmiert werden. Im Programm gibt man die Sprünge über leere Lochfelder, das Doppeln usw. an. Unter anderem kann man auch das rechts- oder linksbündige Lochen programmieren.
Sollte z.B. die Locherin den Wert 1.65 in ein siebenspaltiges Lochfeld auf einem nicht programmierbarem Locher ablochen, müsste sie zuerst viermal die Nulltaste betätigen und erst dann die Zahl 165 eintippen. Auf einem programmierten Locher tippt sie einfach 165 ein und das Programm besorgt die vier Nullstellen am Anfang des Lochfeldes selbst.

NOTIZEN

← Heft 2 Seite 89

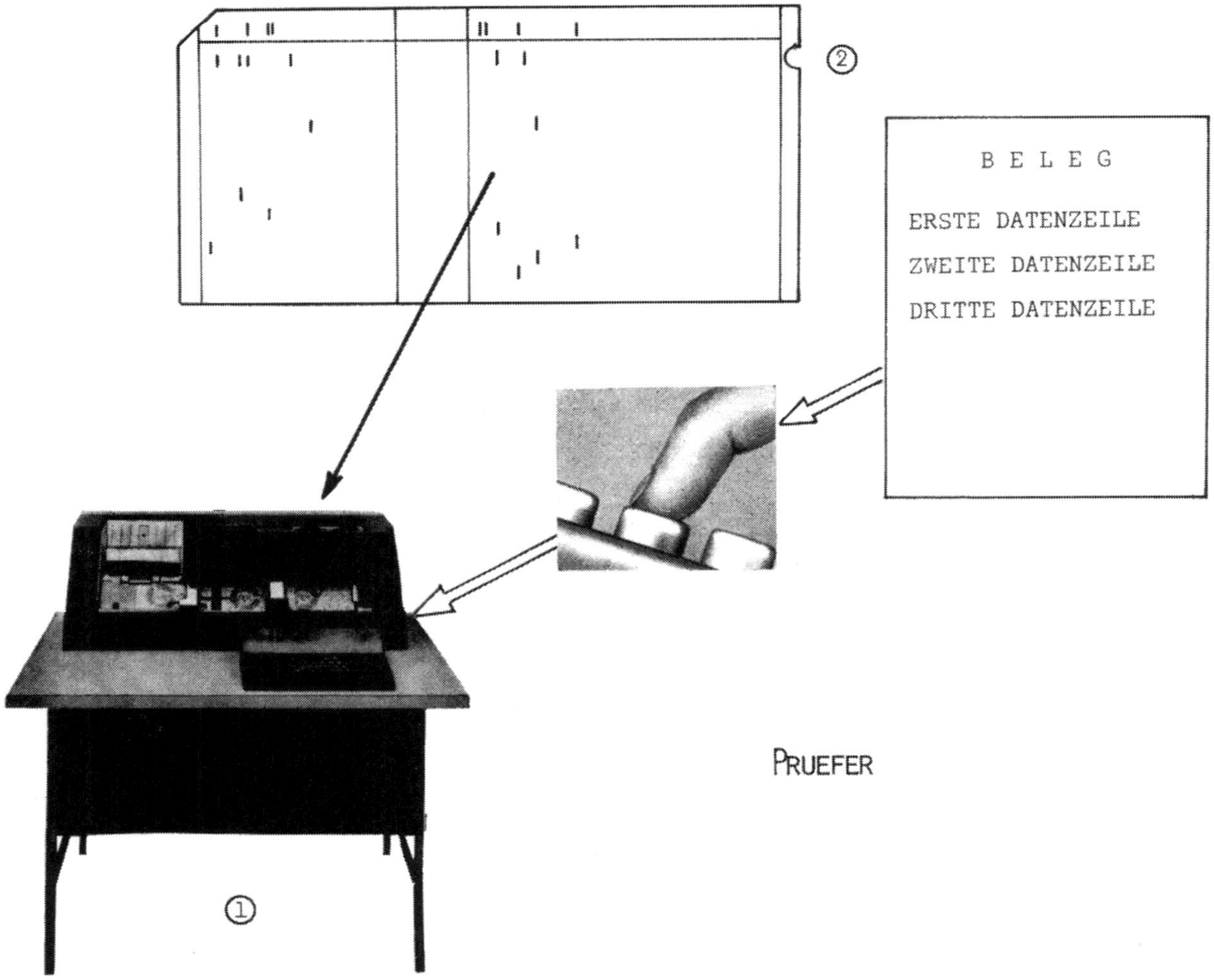


| FRAGE | ANTWORT | IHRE LOESUNG |
|---|---|---|
| 1. Die Wahrscheinlichkeit des Durchdringens eines Fehlers trotz des Prüfens kann besonders vermindert werden durch ? | A. Gut lesbare Lochunterlagen<br>B. Strafmassnahmen gegenüber der Locherin<br>C. Strafmassnahmen gegenüber der Prüferin | ○ |
| 2. Wie erkennt man die fehlerhaften Karten nach dem beendeten Prüfvorgang ? | A. Nach der Farbe der Karte<br>B. Die rechte Kerbe fehlt | ○ |

## 3.2. PRUEFER

Bekanntlich sind die Menschen dazu da, um Fehler zu machen. Auch die Locherin macht unbewusst Fehler. Eine gute Locherin weist in weniger als zehn von 1000 gelochten Karten Fehler auf. Die Lochfehler sind zu entdecken und zu korrigieren. Die üblichste Methode ist das Prüfen. Dazu benutzt man die Lochkartenprüfer, kürzer Prüfer. ①

Die bereits auf einen Locher gelochten Karten werden dem Prüfer zugeführt. Die Bedienungskraft tippt die gleichen Daten erneut ein, die von der Locherin in die Karten eingelocht werden. Sie benutzt dazu auch die gleichen Unterlagen, z.B. die gleichen Bestellungen. Die Lochungen werden vom Lochkartenprüfer abgetastet. Stimmt die neue Eingabe mit der schon gelochten Lochkombination nicht überein, sperrt die Tastatur des Prüfers und eine Kerbe wird über die betreffende Kartenspalte gesetzt. Die Bedienung muss jetzt schauen, ob sie oder die Locherin ein falsches Zeichen eingetippt hat. Je nach dem wird dann entweder die Tastatur wieder deblockiert und das Prüfen fortgesetzt oder die Karte wird als fehlerhafte ausgesondert und später korrigiert.

Wenn kein Unterschied in keiner Spalte festgestellt wurde, wird als Gütezeichen die Kerbe an die rechte Kante der Karte gesetzt. ②

Nach dem Prüfen findet man noch immer ca. 1 falsche Karte unter 1000 überprüften Karten. Die Fehlerquote hängt stark von der Lesbarkeit der Belege ab.

Es gibt auch Prüflocher, die in sich die Funktionen des Lochers und des Prüfers vereinigen.

ZUSATZINFORMATION

Bei einwandfrei lesbaren Lochunterlagen sind die Fehlerwahrscheinlichkeiten bei der Locherin und bei der Prüferin unabhängig. Dann gilt das Gesetz über das Multiplizieren der Wahrscheinlichkeiten. Da eine gute Bedienerin unter 0.01 Fehlerquote ausweist, kann die Fehlerquote nach dem Prüfvorgang nicht 0.01 mal 0.01 = 0.0001 = 0.1 Promille übersteigen. Bei schlechten Lochunterlagen gilt jedoch dieses Verhältnis nicht und die Fehlerquote wird grösser.

NOTIZEN

← Heft 2 Seite 101

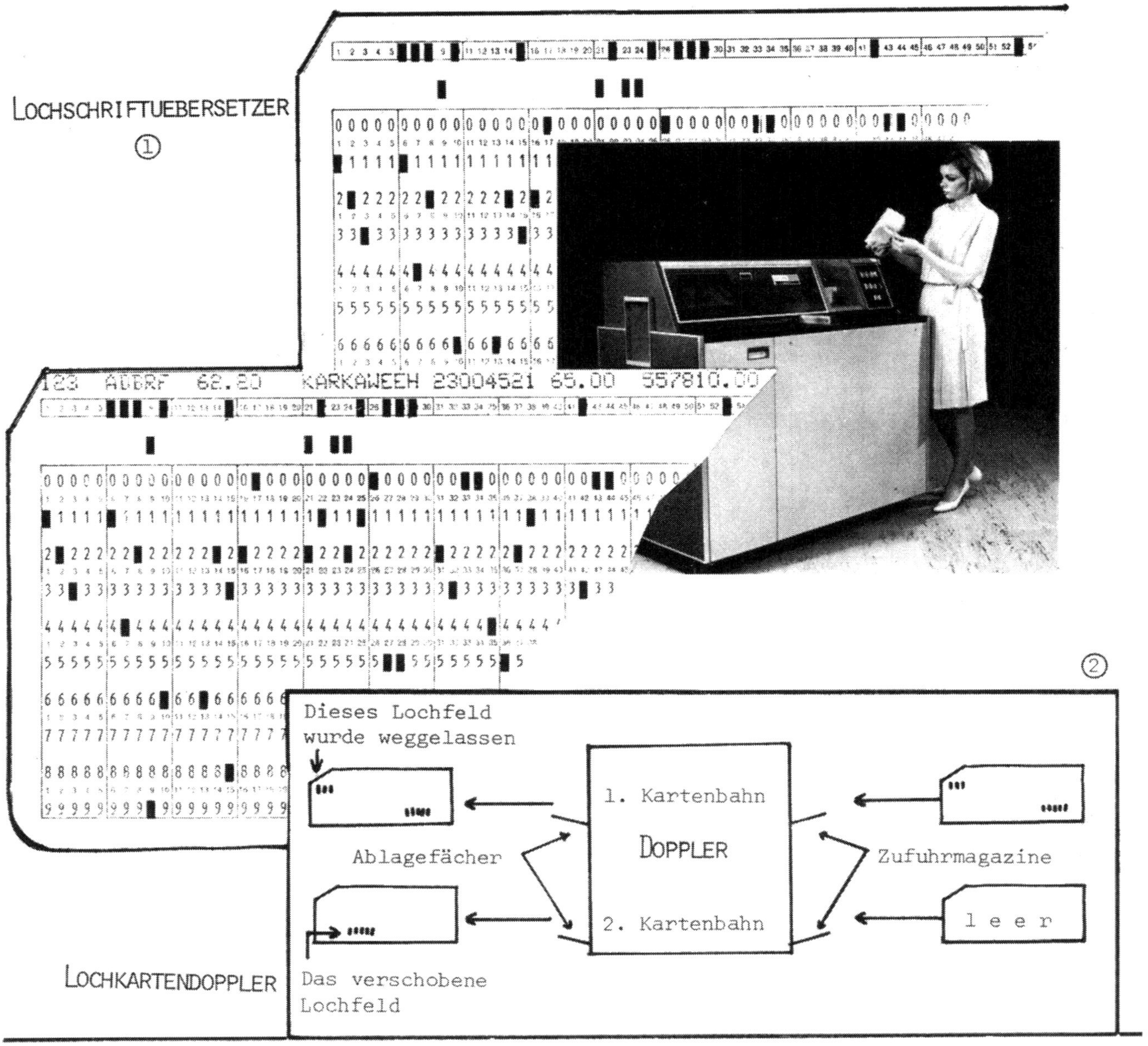


| FRAGE | ANTWORT | IHRE LOESUNG |
|---|---|---|
| 1. Die Daten sind in den Lochkarten in dem Lochkartencode in Form von Lochungen enthalten. Am oberen Rand der Karte kann man die Lochungen in Klarschrift oder Formschrift ausdrucken lassen. Sind beide Begriffe Klarschrift und Formschrift in diesem Sinne gleichbedeutend ? | A. JA<br>B. NEIN | ○ |
| 2. Die Lochungen werden im Doppler gestanzt oder gelocht ? | A. Gestanzt<br>B. Gelocht | ○ |
| 3. Kann man auf einem Locher die Karten automatisch dupplizieren lassen ? | A. JA<br>B. NEIN | ○ |

## 3.3. LOCHSCHRIFTUEBERSETZER

Wir haben schon mehrmals die Nützlichkeit des in Klarschrift am oberen Rand der Karte gedruckten Inhalts der Lochkarte erwähnt. Dies kann schon beim Lochen durchgeführt werden. Der Locher muss dazu aber ausgestattet sein. Dann spricht man von einem Schreiblocher. Die Beschriftung kann aber auch auf einer speziellen Lochkartenmaschine durchgeführt werden. Diese Maschine heisst Lochschriftübersetzer, kürzer Beschrifter. ①

## 3.4. LOCHKARTENDOPPLER

Ziemlich oft muss man von einer Karte mehrere Dupplikate herstellen (erinnern Sie sich an die vorgestanzten Karten) oder einen ganzen Lochkartenstapel doppeln. Dazu verwendet man einen Lochkartendoppler, kurz Doppler.

Der Doppler verfügt über zwei getrennte Kartenbahnen. Jede Kartenbahn hat ihr eigenes Zufuhrmagazin und ihr eigenes Ablagefach. Ein bereits gelochter Kartenstapel wird in ein Zufuhrmagazin eingelegt. In das andere Zufuhrmagazin kommen leere Lochkarten. Mit einer Geschwindigkeit von ca. 100 Karten pro Minute werden dann die Lochungen vom ersten Stapel in die leeren Karten des zweiten Stapels übertragen. Man kann dabei bestimmte Lochfelder weglassen oder die Position der Felder ändern. ②

Man kann auch von einer Leitkarte die Lochungen in eine Mehrzahl der leeren Karten übertragen und auf diese Weise ein Vorrat der vorgestanzten Karten herstellen.

Eine Zusatzeinrichtung erlaubt dem Doppler die Markierungen von Zeichenlochkarten zu lesen und in die gleichen Karten zu stanzen.

ZUSATZINFORMATION

1. Mittels einer Zusatzeinrichtung kann man den Locher mit einer Hauptmaschine, z.B. Buchungsmaschine, Fakturiermaschine oder elektrischen Schreibmaschine verkoppeln. Parallel zum Eintasten der Daten in die Hauptmaschine werden die Daten auf dem verkoppelten Locher gelocht. Durch das Programm ist es möglich, bestimmte Daten für den Uebertrag zum Locher zu sperren.
2. Auf manchen Lochern sind die Funktionen des Dopplers durchführbar, jedoch normalerweise langsamer.

NOTIZEN

← Heft 2 Seite 93

① SORTIERMASCHINE

② 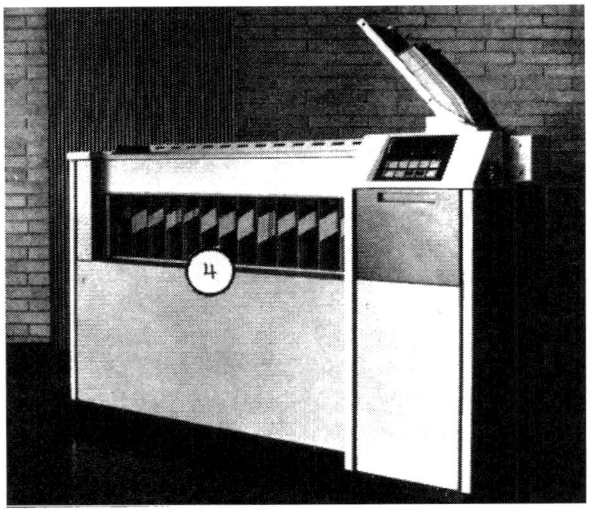


③ ABFUEHLMECHANISMUS

ELEKTROMECHANISCH

PHOTOELEKTRISCH

Die Lage der Lochung bestimmt den Zeitpunkt des Signals zum Oeffnen des richtigen Ablagefaches.

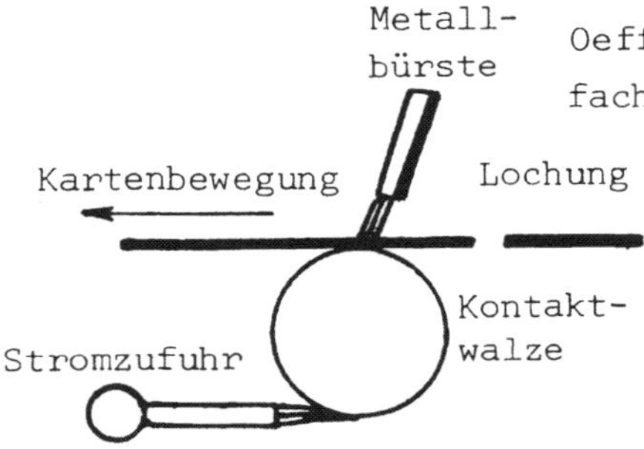


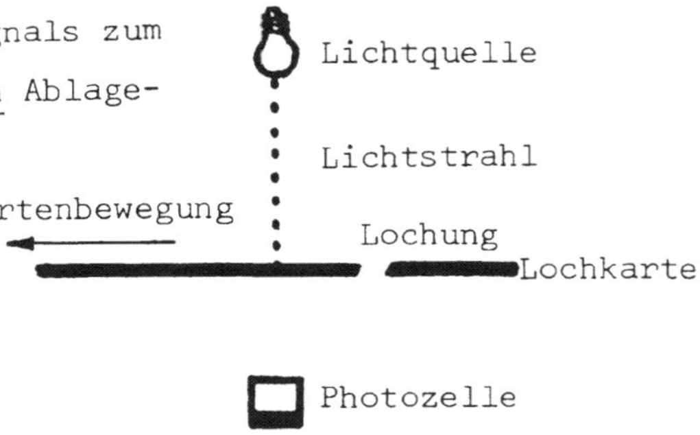


| FRAGE | ANTWORT | IHRE LOESUNG |
|---|---|---|
| 1. Die zu sortierende Spalte wird auf dem Abfühlmechanismus von Hand oder automatisch eingestellt ? | A. Automatisch<br>B. Von Hand | ○ |
| 2. Wieviel Sortiergänge sind zum Ordnen des Stapels nach dreistelligem numerischem Ordnungsbegriff notwendig ? | A. 1<br>B. 2<br>C. 3 | ○ |
| 3. Der Ordnungsbegriff ist in den Kolonnen 7-9 abgelocht. Durch welche Kolonne wird beim ersten Sortiergang sortiert ? | A. 7<br>B. 9 | ○ |

## 3.5. SORTIEREN

Die Daten werden für die Verarbeitung normalerweise in einer zeitlichen Reihenfolge erfasst. Die Bestellungen zum Beispiel werden in der Reihenfolge abgelocht, in der sie erschienen sind. Für die Berechnung der Lagerbestände braucht man jedoch einen nach Artikelnummern sortierten Lochkartenstapel. Das Sortieren kann man entweder auf einer Sortiermaschine oder im Computer durchführen. In diesem Heft besprechen wir nur die Anwendung der Sortiermaschine. (1)

## 3.6. SORTIERMASCHINE

Der zu sortierende Lochkartenstapel wird in das Zufuhrmagazin der Sortiermaschine hineingelegt. Durch den Abfühlmechanismus werden die Lochungen der ausgewählten Spalte untersucht. Das betreffende Ablagefach wird automatisch geöffnet und die Karte in dieses Fach befördert und abgelegt. Die Sortiermaschine verfügt über 13 oder 14 Ablagefächer, je nach Typ. (2) (3) (4)

Für jede Spalte ist ein Sortiergang notwendig, wenn rein numerische Sortierbegriffe vorliegen. Mehr als ein Sortiergang pro Spalte ist bei alphanumerischen Sortierbegriffen notwendig.

Der Abfühlmechanismus ist auf Grund eines elektrischen Kreises aufgebaut. Der Karton der Lochkarte wirkt als eine Sperre. Sobald aber eine Lochung vorkommt, wird der elektrische Kreis eingeschaltet. Der dadurch entstandene Impuls ruft die gewünschte Funktion auf. Bei der Sortiermaschine ist es das Oeffnen des betreffenden Ablagefaches.

Auf die gleiche Weise wird auch das Abfühlen der abgelochten Daten in dem Prüfer (Seite 103) durchgeführt.

### ZUSATZINFORMATION

1. Der Bediener muss die gewünschte Spalte im Abfühlmechanismus einstellen und zwar vor jedem Sortiergang.
2. Das Sortieren beginnt immer mit der letzten Spalte des zu sortierenden Lochfeldes. Im zweiten Sortiergang wird durch die vorletzte Spalte sortiert und so geht es weiter bis zum letzten Sortiergang, bei dem durch die am weitesten links stehende Spalte sortiert wird.

### NOTIZEN

← Heft 2 Seite 89

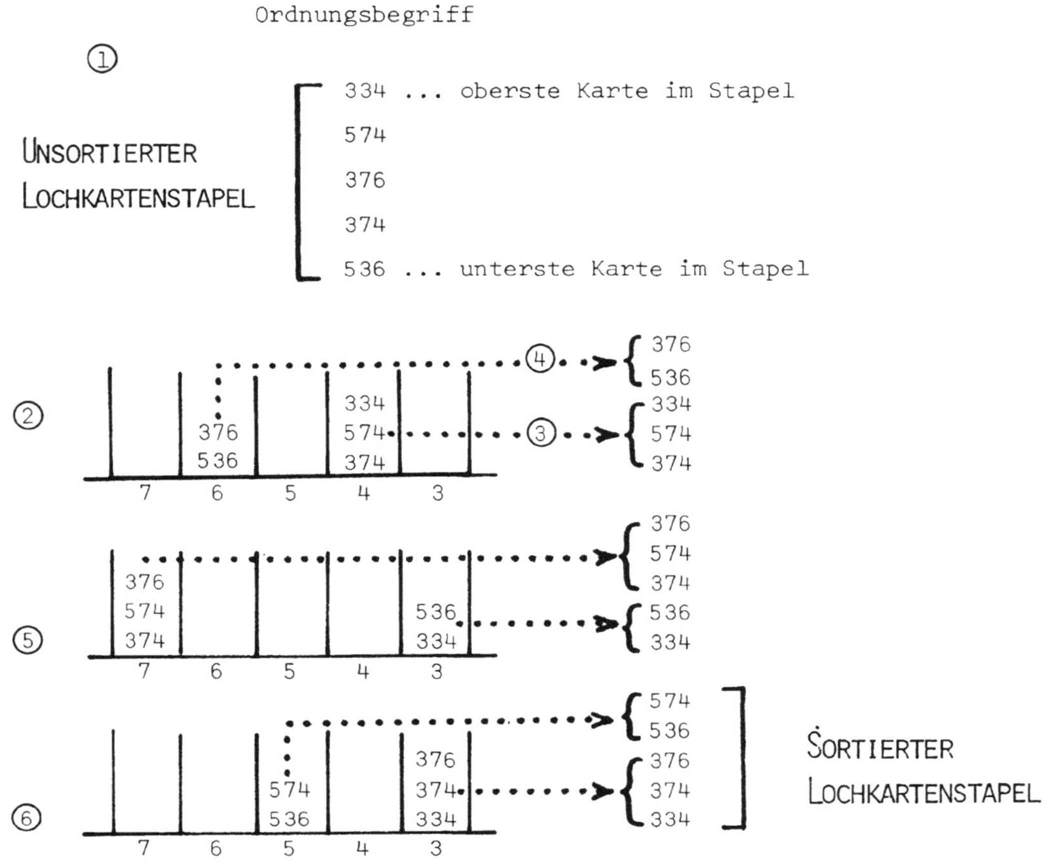


| FRAGE | ANTWORT | IHRE LOESUNG |
|---|---|---|
| 1. Im Lochkartenstapel befinden sich 5000 Karten. Der Sortierbegriff ist numerisch und belegt 6 Spalten. Die Geschwindigkeit der Sortiermaschine beläuft sich auf 60 000 Karten pro Stunde. Die Manipulationszeiten erfordern im Durchschnitt 20 % der Sortierzeit. Wieviele Minuten braucht man zum Sortieren des Stapels ? | A. 5 Minuten<br>B. 36 Minuten<br>C. 30 Minuten<br>D. 6 Minuten | ○ |
| 2. Kann man auch alphabetische Zeichen auf der Sortiermaschine sortieren ? | A. JA<br>B. NEIN | ○ |

3.7. SORTIERGANG

Ein Lochkartenstapel liegt unsortiert vor. Der Ordnungsbegriff ist in den Kolonnen 7 bis 9 abgelocht. Den ersten Sortiergang führen wir mit Kolonne 9 durch. Nach diesem Sortiergang befinden sich die Lochkarten in den Ablagefächern in Anordnung (2). Wir wollen aufsteigend sortieren. (1)

In diesem Fall nehmen wir zuerst die Karten aus dem mit dem niedrigsten Wert bezeichneten Ablagefach (3). Auf diese Karten legen wir die Karten vom nächsthöheren Ablagefach (4) usw.

Auf diese Weise haben wir den Stapel für den nächsten Sortiergang vorbereitet. Nachdem durch die vorletzte Spalte des Lochfeldes sortiert wurde, nimmt man in der gleichen Reihenfolge die Karten wieder heraus. (5) Zuletzt wird durch die äusserste linke Spalte sortiert (6). Damit ist die Sortierung fertig. Die gewünschte Reihenfolge wurde erreicht.

Wollten wir absteigend sortieren, müssten wir von links nach rechts die Lochkarten aus den Ablagefächern herausnehmen.

ZUSATZINFORMATION

1. Der Bediener muss den Lochkartenstapel vorbereiten, in das Zufuhrmagazin laden, die Abfühleinrichtung auf die gewünschte Spalte einstellen, die Karten aus den Ablagefächern ausziehen und den neuen Stapel bilden. Das alles braucht Zeit. Der Anteil der Manipulationszeit macht ca. 5 bis 25 Prozent aus. Bei grossen Stapeln ist der Anteil der Manipulationszeiten begreiflicherweise kleiner.
2. Auf das Sortieren des Alphabets soll hier nicht näher eingegangen werden. Jedenfalls braucht man mehr als einen Sortiergang für jede alphabetisch belegte Spalte. Dies hängt vom Typ der Sortiermaschine ab.

NOTIZEN

← Heft 2 Seite 83

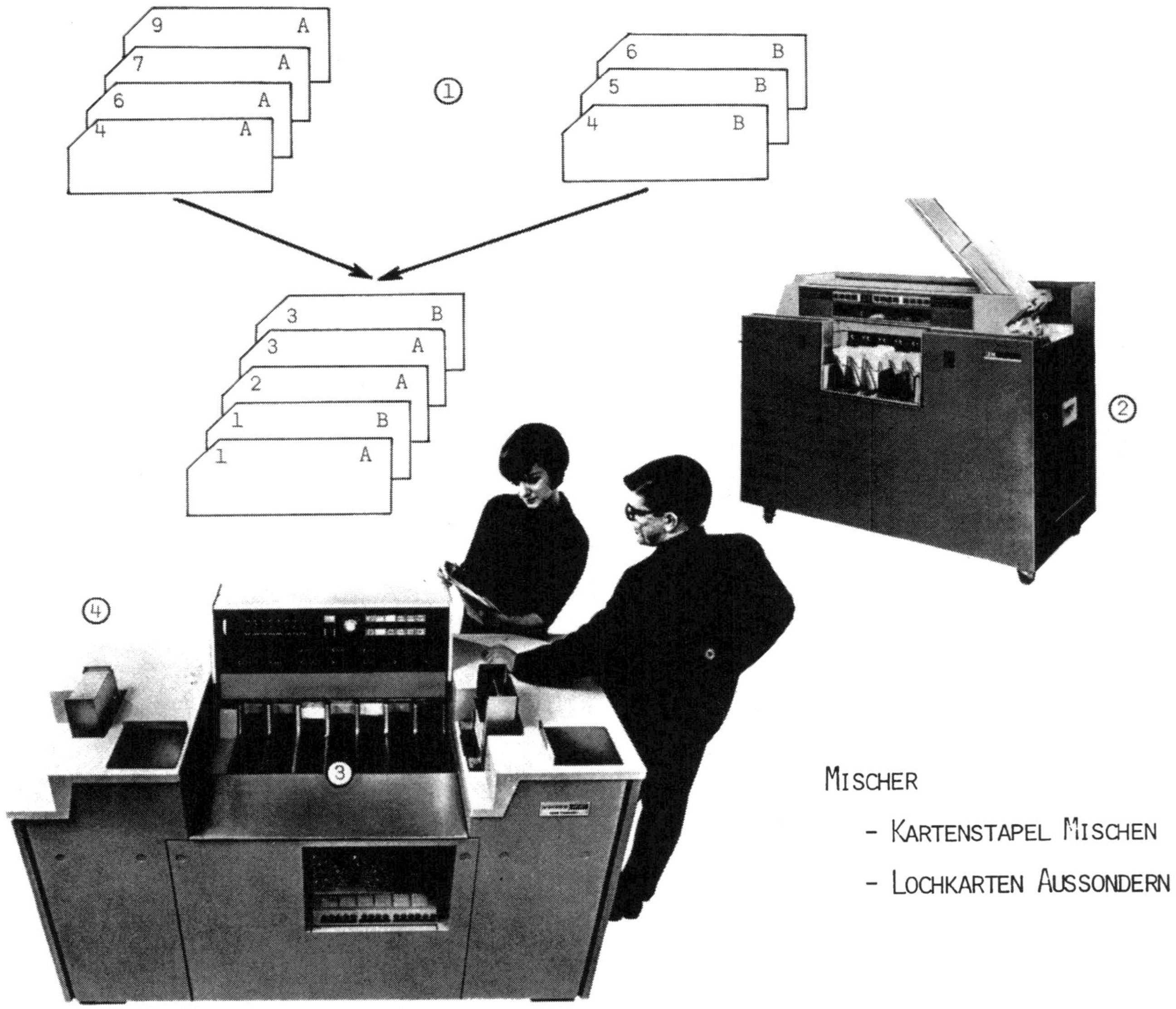


| FRAGE | ANTWORT | IHRE LOESUNG |
|---|---|---|
| 1. Kann man alphabetische Zeichen mit Hilfe eines Mischers vergleichen ? | A. JA<br>B. Nicht auf allen Typen der Lochkartenmischer<br>C. NEIN | ○ |
| 2. Kann man auf dem Mischer die Richtigkeit der Reihenfolge in einem Lochkartenstapel überprüfen ? | A. JA<br>B. NEIN<br>C. Ich weiss es nicht | ○ |

## 3.8. LOCHKARTENMISCHER

Während komplexeren Verarbeitungen hat man oft

- entweder zwei Lochkartenstapel zu einem gemeinsamen Stapel nach bestimmter Vorschrift zusammenzumischen, ①
- oder umgekehrt aus einem Stapel nach bestimmten Merkmalen (z.B. nach Kartenarten) die Karten in mehrere Teilstapel auszusondern,
- oder beide Vorgänge in einem Durchgang zu kombinieren.

Zu diesen Operationen benutzt man einen Lochkartenmischer, kurz Mischer. ②

Der Mischer besteht aus zwei Zufuhrmagazinen, einer Vergleichseinrichtung, einem Ablagefach für den gemischten Stapel und mehreren Ablagefächern für getrennte Teilstapel. ③

In der Vergleichseinrichtung werden die Inhalte bestimmter Lochfelder miteinander verglichen. Die zu vergleichenden Lochfelder dürfen verschiedene Spalten in beiden Lochkartenstapeln belegen. Anhand des Vergleichs entscheidet der Mischer, wohin diese oder jene Karte abgelegt werden soll und von welchem Zufuhrmagazin die nächste Karte zum Vergleich zuzuführen ist.

Wenn geschickt benutzt, ist der Lochkartenmischer eine nützliche Hilfsmaschine, auch für kleine Computer.

Ein Mischer kann auch über weitere Funktionen verfügen. Er kann z.B. addieren und subtrahieren, durchgelaufene Karten zählen und stanzen. ④

### ZUSATZINFORMATION

1. Alle Mischer können die rein numerischen Daten verarbeiten. Einige Typen verfügen auch über die Möglichkeit, Lochkarten mit alphabetischen Daten zu mischen und auszusondern.
2. Die Kartenmischer können auch vorteilhaft zum Ueberprüfen der aufsteigenden oder absteigenden Reihenfolge in einem Lochkartenstapel verwendet werden. Die Sortierbegriffe der zwei nacheinander folgenden Karten werden verglichen und die falsch eingereihten Karten in ein separates Ablagefach aussortiert. Bei diesem Vorgang bleibt das zweite Zufuhrmagazin leer.

### NOTIZEN

# 4. DATENERFASSUNG

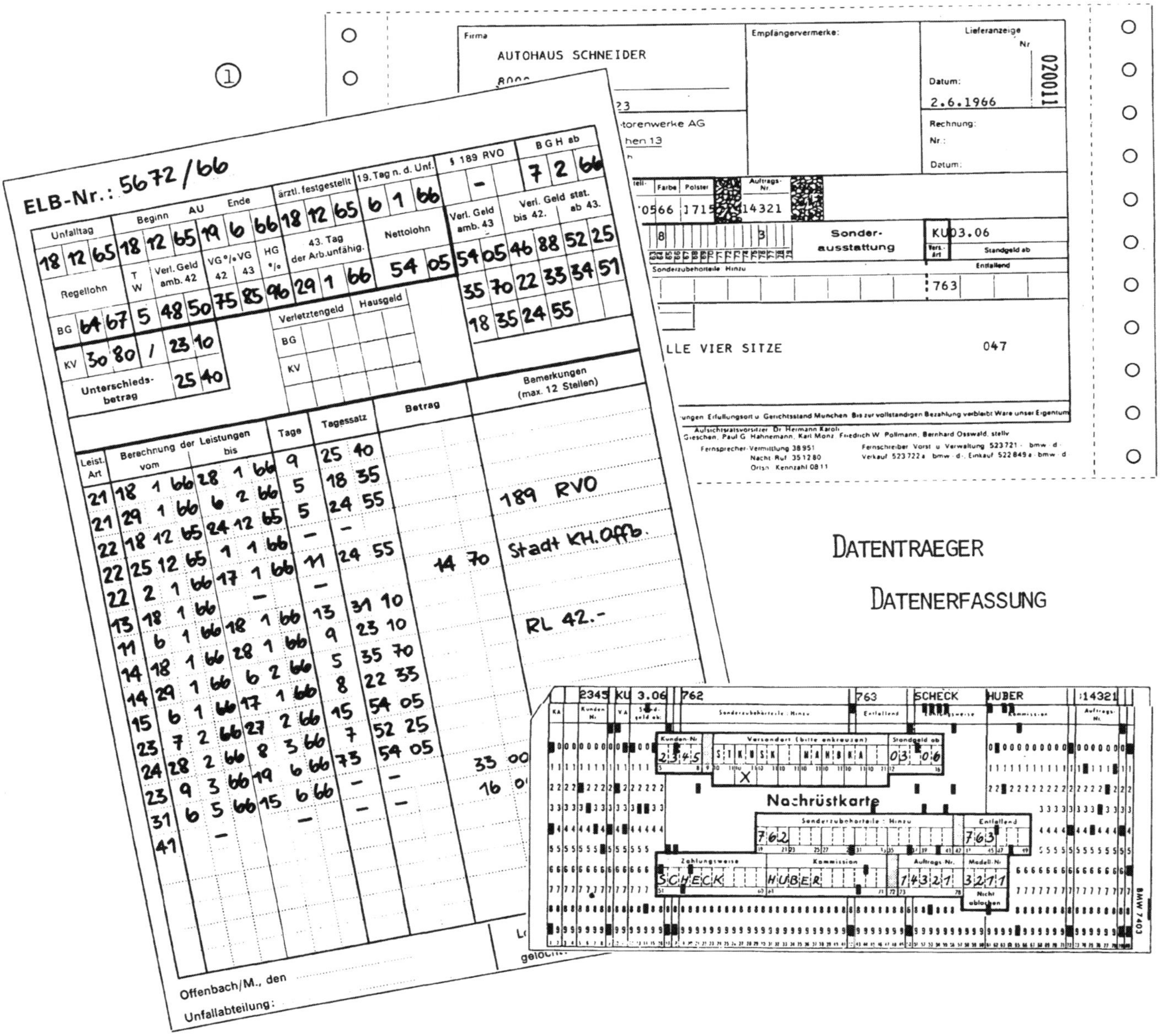


| FRAGE | ANTWORT | IHRE LOESUNG |
|---|---|---|
| 1. Gibt es maschinell lesbare Urbelege ? | A. JA<br>B. NEIN | O |
| 2. Kann ein maschinell lesbarer Datenträger parallel zum Urbeleg entstehen ? | A. JA<br>B. NEIN | O |
| 3. Wo sehen Sie die Quelle der Fehler bei der Datenverarbeitung ? | A. Beim Erstellen der Urbelege<br>B. Beim Lochen<br>C. In beiden oben genannten Operationen | O |

## 4.1. DATENTRAEGER

Jedes Mittel, auf dem Daten aufgezeichnet werden können, ist ein Datenträger.

Demnach ist eine Bestellung, ein Buchhaltungskonto, eine Lochkarte, ja sogar dieses Blatt Papier ein Datenträger. (1)

Wir interessieren uns in diesem Kurs um die maschinell lesbaren Datenträger. Die Lochkarte haben wir bereits kennengelernt. Den anderen maschinell lesbaren Datenträgern begegnen wir im Heft 4.

Nun wollen wir uns mit dem Weg beschäftigen, auf dem die notwendigen Informationen entstehen, erfasst werden und zur Eingabe in die Datenverarbeitungsanlage vorbereitet werden.

## 4.2. DATENERFASSUNG

Die Ereignisse können mit Informationen beschrieben werden. So wird z.B. der Verkauf einer Armbanduhr auf einem Kassazettel festgehalten. Damit ist ein Urbeleg entstanden. Er beschreibt eine Tatsache; den Verkauf einer Armbanduhr.

Andere Urbelege beschreiben mehrere Tatsachen auf einem Beleg. So hält z.B. ein ausgefülltes Bestellformular den Namen und die Adresse des Bestellers fest, das Bestelldatum sowie Beschreibungen der bestellten Ware, deren Preise, bestellte Mengen und manches andere mehr.

Auf den Urbelegen werden also die Informationen erfasst. Um sie maschinell verarbeiten zu können, müssen die Angaben auf maschinell lesbare Datenträger umgeschrieben werden. Erinnern Sie sich an Seite 88 in diesem Heft?

### ZUSATZINFORMATION

1. Manchmal erübrigt sich das manuelle Ablochen der Daten von Urbelegen in die Lochkarten. Lesen Sie dazu nochmals die Zusatzinformation auf Seite 105.
2. In handgeschriebenen Belegen gibt es bis zu viermal soviele Fehler wie beim Lochen. Suchen Sie sich die Angabe über die Fehlerquote bei einer guten Locherin aus und schätzen Sie die Gesamtfehlerquote. Sie ist erstaunlich hoch.

### NOTIZEN

→ Heft 2 Seite 84, 88, 105

## PRUEFVERFAHREN MODULO ZEHN

Ursprüngliche Artikelnummer : 4 2 7 1 4 6
x x x x x x
7 6 5 4 3 2 Gewichtungen ③

④ Produkte der Ziffern und Gewichtungen: 12, 12, 4, 35, 12, 28 — Addieren ④

110 - 103 = 7 ← PRUEFZIFFER ①

⑤ ④

Erweiterte Artikelnummer : 4 2 7 1 4 6 7 ②

Die Prüfziffer wird bei diesem Prüfverfahren folgendermassen berechnet:

a. Die Gewichtungen 2,3,4,5,6,7 werden den einzelnen Ziffern der ursprünglichen Nummer von hinten zugeordnet ③ . Falls die Nummer mehr als sechs Ziffern hat, wiederholen sich die Gewichtungen beginnend mit 2.

b. Die Ziffern werden einzeln mit den Gewichtungen multipliziert und die Ergebnisse aufsummiert ④ .

c. Die Summe wird von dem nächst höheren Produkt von 10 subtrahiert ⑤ . Das Resultat ist die Prüfziffer.

d. Die Prüfziffer wird der ursprünglichen Nummer angeschlossen und von nun an lautet die betreffende Artikelnummer: 4271467.

---

| FRAGE | ANTWORT | IHRE LOESUNG |
|---|---|---|
| 1. Welche Prüfziffer gehört zu der ursprünglichen Kontonummer 2788 ? (Modulo 10) | A. 2<br>B. 8 | ○ |
| 2. Ist diese mit Prüfziffer versehene Angestelltennummer richtig geschrieben: 220137 ? (**Modulo** 10) | A. JA<br>B. NEIN | ○ |

## 4.3. PRUEFZIFFERN

Die Endresultate der Datenverarbeitung sollen wenn möglich fehlerfrei sein. Bei der Datenerfassung entsteht aber eine erhebliche Menge Fehler. Wie soll man diese Fehler ausfindig machen?

Einen Weg haben wir schon kennengelernt: Das Prüfen (Seite 103). Dabei können jedoch nur die Lochfehler entdeckt werden. Die schon in Urbelegen haftenden Fehler bleiben verborgen.

Eine sehr wirksame Methode für das Bekämpfen beider Fehlerquellen bei numerischen Daten sind die Prüfziffern. Ihr Funktionieren wollen wir jetzt anhand eines Beispiels erklären:

Eine fehlerhafte Artikelnummer in der Bestellung oder in der betreffenden Lochkarte bewirkt die Auslieferung von unerwünschter Ware. Das ist sowohl für den Abnehmer als auch für den Lieferanten unangenehm.

Deswegen berechnen wir zu jeder Artikelnummer eine Prüfziffer ① und von jetzt an werden wir immer nur die um die Prüfziffer erweiterte Artikelnummer ② benützen. Bei der Verarbeitung wird die Berechnung der Prüfziffer wiederholt. Das Resultat wird mit der abgelochten Prüfziffer verglichen. Beim Nichtübereinstimmen wird eine Fehlermeldung ausgeschrieben und die Auslieferung so lange zurückbehalten, bis der Fehler korrigiert worden ist.

Die Zuverlässigkeit erhöht sich dadurch ganz erheblich.

### ZUSATZINFORMATION

Man kann auch einfachere Berechnungsmethoden für die Ermittlung der Prüfziffer wählen. Nehmen wir als Beispiel wieder die Artikelnummer 427146:
4-2+7-1+4-6=6
Sechs ist die Prüfziffer: 4271466.
Diese einfachen Methoden sind jedoch nicht so zuverlässig.

### NOTIZEN

①

DATENDIREKTERFASSUNG

②

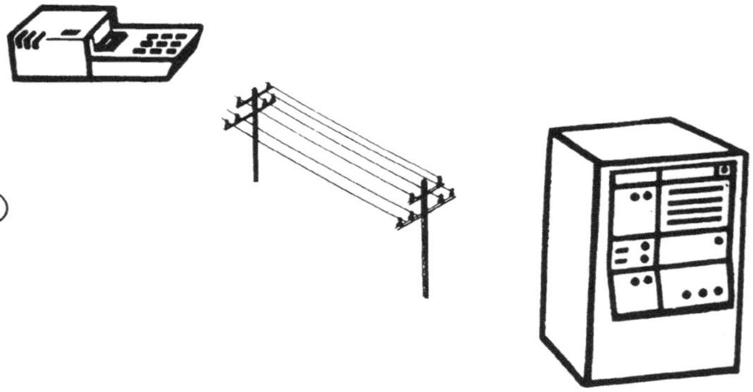

| FRAGE | ANTWORT | IHRE LOESUNG |
|---|---|---|
| 1. Kann ein Fernschreiber als Endstation dienen ? | A. JA<br>B. NEIN | |
| 2. Kann man eine elektrische Schreibmaschine durch Telephonleitung mit der Datenverarbeitungsanlage verbinden ? | A. JA<br>B. NEIN | |

## 4.4. DIREKTDATENERFASSUNG

Die Informationen können direkt in die Datenverarbeitungsanlage eingegeben werden. Dadurch erübrigt sich der Umweg über die Datenträger. ①

Das Wort direkt bedeutet ohne Datenträger. Die Eingabedaten werden von der Tastatur direkt durch eine elektrische Leitung der Datenverarbeitungsanlage zugeführt. Die Leitung kann ein Kabel von 2 m Länge oder aber auch eine tausend Kilometer lange Telephonleitung sein.

Beispiel: Ein Handelsbetrieb bekommt eine telephonische Bestellung. Die Bedienerin tastet die Kundennummer, die Artikelnummer und die Menge auf einer einfachen Tastatur ein, die durch eine Telephonleitung direkt mit der Datenverarbeitungsanlage verbunden ist. Diese kann sofort die entsprechenden Operationen durchführen (vorausgesetzt, dass die bestellte Ware am Lager vorhanden ist): ②

- Lieferschein drucken
- die bestellte Menge vom Warenbestand abbuchen
- Fakturabetrag berechnen und
- die Faktura drucken.

ZUSATZINFORMATION

Fast jeder moderne Computer erlaubt die Datenübertragung zwischen den Endstationen und ihm selbst. Als Eingabegeräte dienen elektrische Schreibmaschinen, Fernschreiber, speziell konstruierte einfache Tastaturen, ja sogar andere Computer. Als Ausgabegeräte benützt man bei Datenübertragung elektrische Schreibmaschinen, Bildschirme und auch andere Computer. Ausführlicher werden wir dieses Thema im Heft 4 behandeln.

NOTIZEN

← Heft 1 Seite 64

## SCHLUESSELVERZEICHNIS ZU HEFT 2

AUSFUEHRLICHE ANTWORTEN AB SEITE 273

| SEITE | SCHLUESSEL |
|---|---|
| 80 | AAB |
| 82 | BAB |
| 84 | ABC |
| 88 | BABA |
| 90 | AB |
| 92 | BC |
| 94 | CB |
| 96 | BCB |
| 100 | CBA |
| 102 | AB |
| 104 | AAA |
| 106 | BCB |
| 108 | BA |
| 110 | BA |
| 114 | AAC |
| 116 | AB |
| 118 | AA |

HEFT 3

BLOCKDIAGRAMMTECHNIK

# 1. Grundlagen der Blockdiagrammtechnik

## BLOCKDIAGRAMM

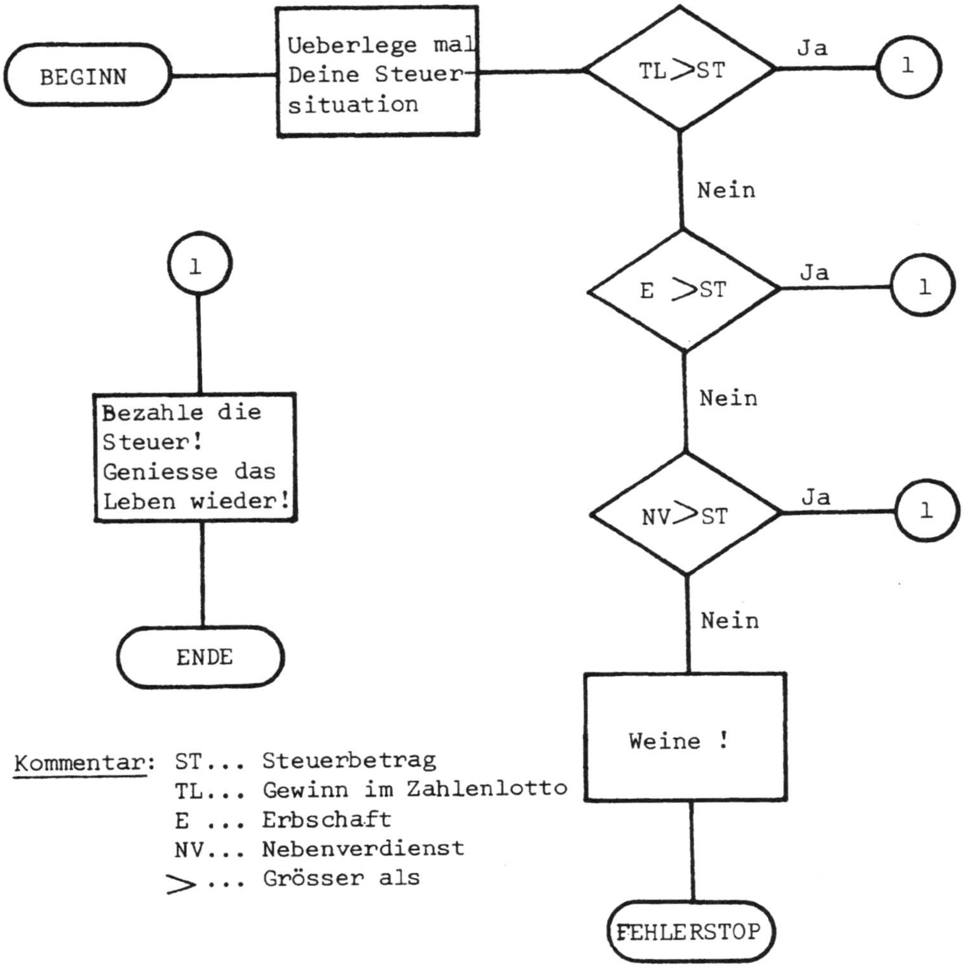


| FRAGE | ANTWORT | IHRE LOESUNG |
|---|---|---|
| 1. Wieviele verschiedene Wege gibt es im obigen Blockdiagramm vom BEGINN bis zum ENDE, bzw. FEHLER-STOP ? | A. 2<br>B. 4<br>C. 5 | ○ |
| 2. Ist ein Kommentar zu einem Blockdiagramm notwendig ? | A. Immer<br>B. Meistens<br>C. Manchmal | ○ |
| 3. Finden Sie unser Blockdiagramm eindeutig ? | A. Ja<br>B. Nein | ○ |

## 1.1. EINLEITUNGSBEISPIEL

Jeden Tag muss jeder von uns viele Entscheide treffen, wie z.B.:
Soll ich das Produkt A oder B einkaufen?
Muss man den Vorschlag noch mit Herrn Schmid besprechen?
Wieviel Flaschen Wein soll ich für die heutige Abendparty kaufen?

Bei jedem Entscheid wählen wir aus mehreren Möglichkeiten immer diejenige aus, die uns am vernünftigsten erscheint. Was hilft uns bei diesen Entscheiden? Es sind unsere Kenntnisse, Erfahrungen, logischen Ueberlegungen, Schätzungen der Folgen der möglichen Entscheide, aber auch unsere Gefühle, Einstellungen, Stimmungen. Wir sind einfach Menschen.

Die Maschine kann jedoch nicht denken. Der Computer hat keine Gefühle. Er ist nie fröhlich, mürrisch oder traurig. Beim Entscheiden kann er bloss Zahlen und Zeichen vergleichen, wie z.B.:

Ist der Wert von A grösser als Null?
Ist das eben eingelesene Zeichen ein Z?

Deswegen müssen wir für den Computer alle Entscheide ganz klar, konkret und eindeutig vorbereiten. So ist er in der Lage, immer nur mit Ja oder Nein zu antworten.

Genau formulierte Fragen sind das Schwierigste und zugleich das Wichtigste beim Erstellen der Blockdiagramme. Durch Beantworten der gestellten Fragen wird der Weg durch das Blockdiagramm eindeutig bestimmt.

Betrachten wir auf Seite 124 das Blockdiagramm für folgendes Problem:
Der Steuerzahler hat die Steuerrechnung bekommen. Während des Jahres hat er nichts beiseite gelegt. Nun muss er die jüngsten Ereignisse überprüfen.
"Habe ich im Zahlenlotto gewonnen?"
"Habe ich eben etwas geerbt?"
"Habe ich einen Nebenverdienst?"
"Woher kann ich das Geld für die Steuer nehmen?"
"Was soll ich tun?"
Sehen wir uns die graphische Darstellung seiner Ueberlegungen an!

**ZUSATZINFORMATION**

Das Blockdiagramm muss immer übersichtlich sein. Deswegen benutzt man genau festgelegte Sinnbilder und stark reduzierte Texte, meist sogar nur Abkürzungen. Diese muss man im Kommentar erläutern. Ausserdem vermerkt man im Kommentar alles, was die Verständlichkeit des Blockdiagramms für den Leser erhöhen könnte. Man braucht also fast immer einen Kommentar.

**NOTIZEN**

Heft 1 Seiten 49 und 69

## ① GRAPHISCHE DARSTELLUNG DER LOGIK DER AUFGABE

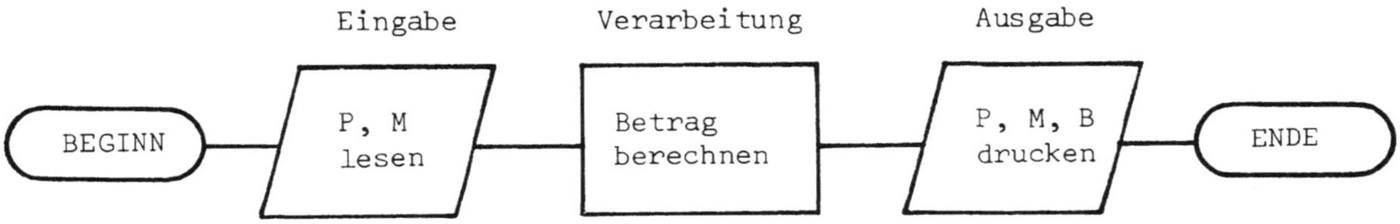


Kommentar: P . . . Einzelpreis
M . . . Menge
B . . . Betrag = Einzelpreis mal Menge

## ERSTE SINNBILDER

②  BEGIN/ENDE

③  EIN/AUSGABE

④  VERARBEITUNG

⑤  ABLAUFLINIE

---

AUFGABE Zeichnen Sie das Blockdiagramm folgender Verarbeitung :

Im Eingabelochkartenstapel sind genau zwei Lochkarten mit folgenden gelochten Angaben: Artikelnummer, Einzelpreis und Menge. Es soll immer eine Karte eingelesen werden, der Betrag soll berechnet und die Artikelnummer, der Einzelpreis, die Menge und der Betrag sollen ausgedruckt werden.

Sind Sie fertig mit dem Blockdiagramm ?

## 1.2. DEFINITION DES BLOCKDIAGRAMS

Wir wissen schon, dass ein Blockdiagramm an jedem Punkt eindeutig den weiteren Weg angeben muss. In keinem Moment dürfen wir oder der Computer in Zweifel geraten, was jetzt zu tun ist, wie man weiterfahren soll.

Das Blockdiagramm ist die graphische Darstellung der Logik (des logischen Aufbaus) der zu lösenden Aufgabe.

Zugleich sind die Blockdiagramme die gemeinsame Sprache der Organisatoren, Systemanalytiker und Programmierer. Mit Hilfe dieser Sprache können sich die EDV-Fachleute über den vorgesehenen logischen Ablauf der Arbeiten auf dem Computer verständigen. Das Blockdiagramm ist also eines unserer wichtigsten Werkzeuge.

Wir werden jetzt Schritt für Schritt die Regeln der Blockdiagrammsprache kennenlernen.

## 1.3. ERSTE SINNBILDER

Betrachten Sie jetzt bitte das Blockdiagramm auf der linken Seite. ①
Dieses Blockdiagramm beschreibt die Durchführung einer einfachen Aufgabe: Der Einzelpreis und die Menge sollen (z.B. von einer Lochkarte) gelesen, der Betrag soll berechnet und der Einzelpreis, die Menge und der berechnete Betrag sollen (z.B. auf dem Drucker des Computers) ausgedruckt werden.

So einfach auch die Aufgabe ist, bietet uns das Blockdiagramm die Möglichkeit, die ersten vier Symbole (Sinnbilder) kennenzulernen:

a) Sinnbild für den Beginn und das Ende der Verarbeitung. ②
b) Sinnbild für die Datenein- und -ausgabe. Das Sinnbild wird Ein- und/oder Ausgabeblock genannt. ③
c) Sinnbild für eine Operation. Wir nennen es auch Verarbeitungsblock. ④
d) Ablaufslinie. ⑤

NOTIZEN

Heft 3 Seite 125

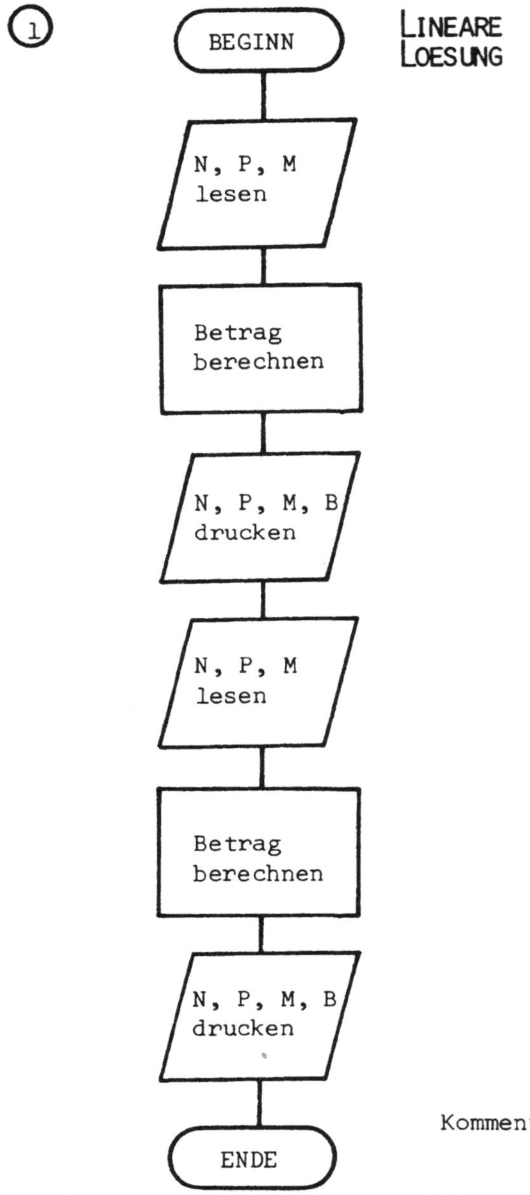


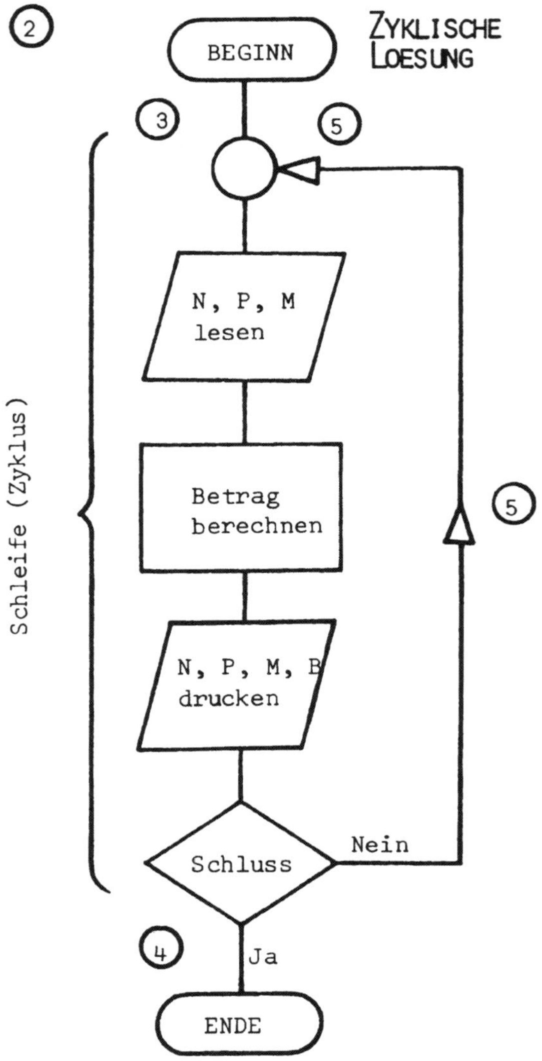


Kommentar : N . . . Artikelnummer,
alle anderen Bezeichnungen wie auf Seite 126 oben

| FRAGE | ANTWORT | IHRE LOESUNG |
|---|---|---|
| 1. Das Blockdiagramm (2) ist ? | A. Zyklisch<br>B. Linear | ○ |
| 2. Wieviele Blöcke (ohne BEGINN und ENDE) würde für die gleiche Lösung mit 10 Eingabelochkarten enthalten | | |
| a) Das <u>lineare</u> Blockdiagramm ? | A. 10<br>B. 30<br>C. 4 | ○ |
| b) Das zyklische Blockdiagramm ? | A. 4<br>B. 20<br>C. 10 | ○ |

## 1.4. LINEARE UND ZYKLISCHE BLOCKDIAGRAMME

Sie haben das Blockdiagramm wahrscheinlich waagrecht gezeichnet. Auch unsere senkrechte Lösung ist richtig (1). Wichtig ist nur die Reihenfolge der Operationen - und die ist in Ihrer Lösung sicher die gleiche wie in der meinen.
Beachten Sie jetzt bitte die zyklische Lösung (2). Sie ist komplizierter und wir brauchen sogar zwei neue Sinnbilder (3), (4), diese Lösung bringt aber einen wichtigen Vorteil mit sich:
Das zyklische Blockdiagramm ist nicht nur für genau zwei Lochkarten gültig, wie es der Fall beim linearen Blockdiagramm war, sondern für eine beliebige Anzahl von Datensätzen.

## 1.5. WEITERE SINNBILDER

Die zwei neuen Sinnbilder haben folgende Bedeutung:

Sinnbild für den Konnektor, also für denjenigen Punkt, wo sich zwei oder mehrere Ablaufslinien verbinden (3). Kommen in einem Blockdiagramm mehrere Konnektoren vor, müssen wir sie voneinander unterscheiden können. Das geschieht z.B. durch eingetragene fortlaufende Nummern und Buchstaben:

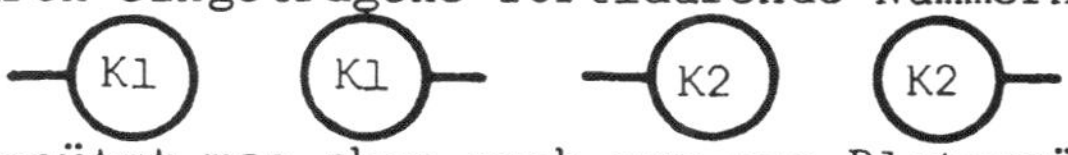


Einen Konnektor benützt man aber such nur aus Platzgründen, also ohne obenerwähnten sachlichen Grund. Es wird auf diese Weise bloss die Fortsetzung im Blockdiagramm angegeben.

Sinnbild für einen Entscheid, der den weiteren Weg durch das Blockdiagramm bestimmt (4). Dieses Sinnbild nennt man Entscheidungsblock oder Verzweigungsblock.

Beachten Sie bitte die Pfeile (5). Die genormte Richtung des Verarbeitungsablaufes ist von oben nach unten oder von links nach rechts. Wenn wir eine Verbindungslinie in der Gegenrichtung ziehen, müssen wir es durch einen Pfeil angeben.

**ZUSATZINFORMATION**

Bei der Lösung (2) werden die Blöcke in der Schleife offensichtlich mehrmals - also zyklisch - durchlaufen. Um zu entscheiden, ob man an den Anfang der Schleife zurückkehren soll, oder ob man schon den Schluss des zyklischen Durchlaufens erreicht hat, braucht man zusätzlich einen Entscheidungsblock.

**NOTIZEN**

Heft 3 Seite 127

| SINNBILD | BEDEUTUNG |
| --- | --- |
| 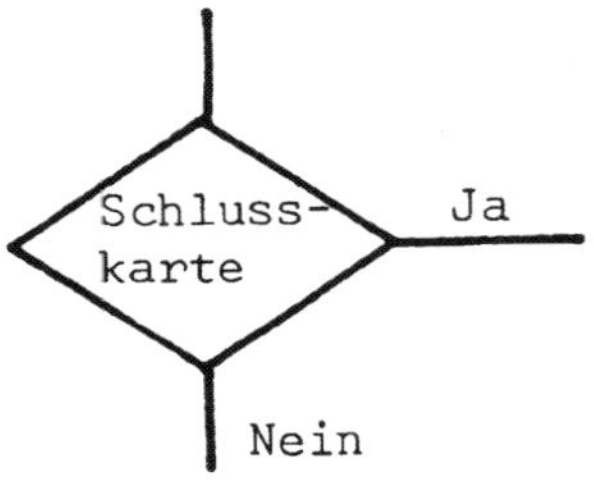 | Wurde eben die Schlusskarte eingelesen ? |
| 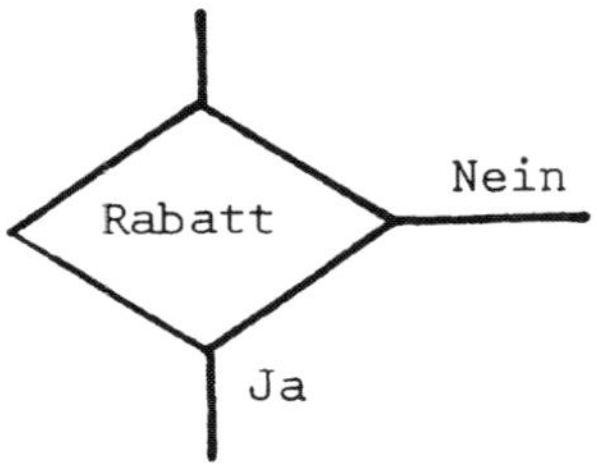 | Soll der Rabatt berechnet werden ? |
| 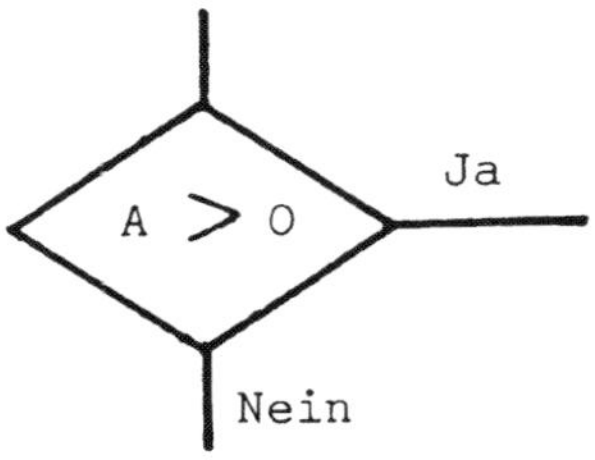 | Ist der Wert A grösser als Null ? Wenn z.B. A gleich 5 ist, geht die Verarbeitung auf dem Zweig <u>Ja</u> weiter. |
| 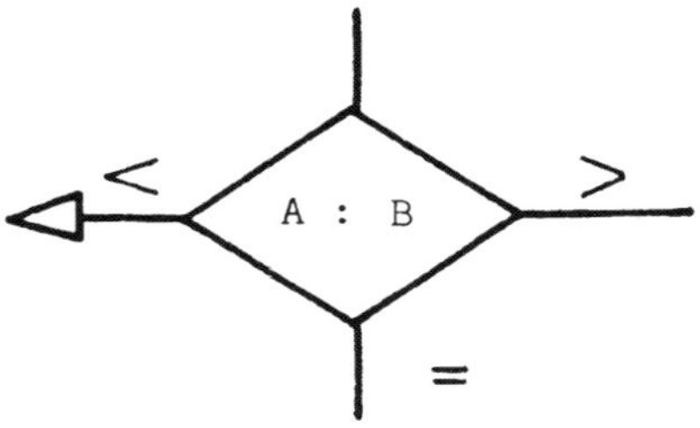 | In welchem Verhältnis ist der Wert von A zu dem Wert von B ? Wenn A gleich 5 und B gleich 7 ist, geht es auf dem Zweig < weiter. Bemerkung: Als Symbol der Division wird in den Blockdiagrammen ein Schrägstrich benützt. Der Doppelpunkt ist für das Verhältnis von zwei Grössen reserviert. |

FRAGE Bezeichnen Sie die folgenden vier Blöcke als V = sinn<u>v</u>oll oder L = sinn<u>l</u>os, bzw. unvollständig!

IHRE LOESUNG

1. 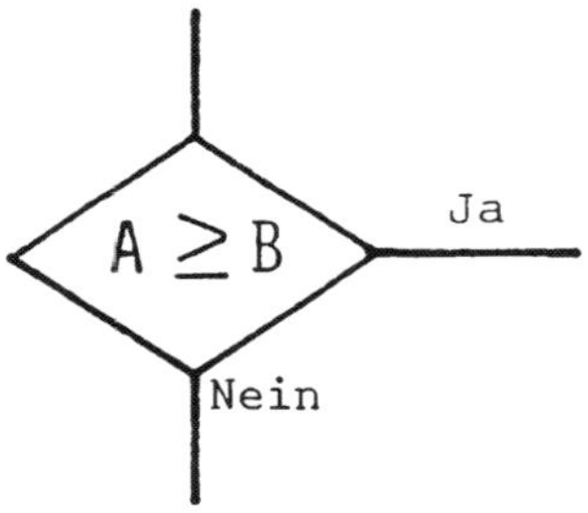

V L ○

2. 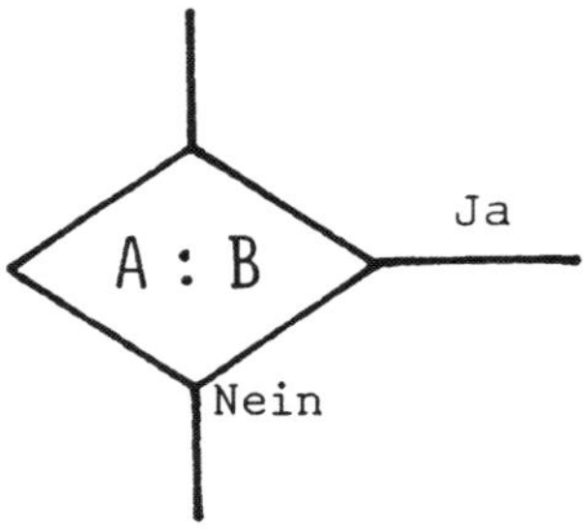

V L ○

3. 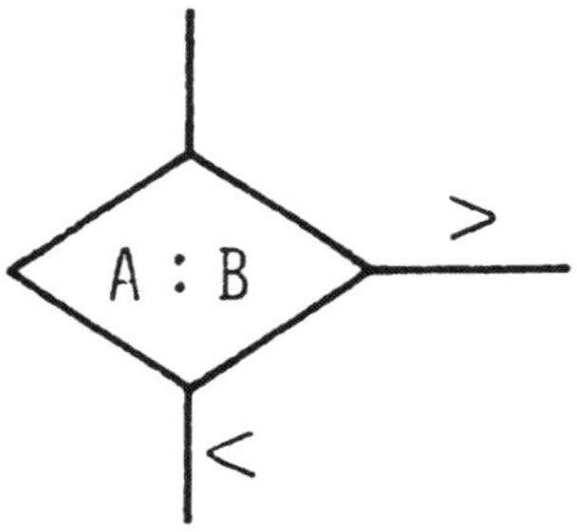

V L ○

4. 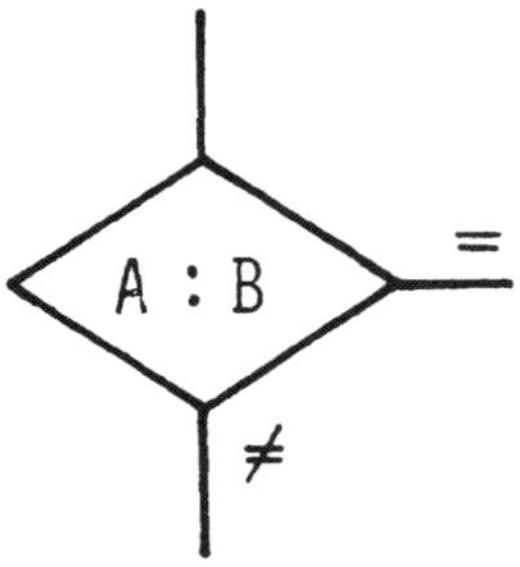

V L ○

## 1.6. VERZWEIGUNGSBLOCK

Für den logischen Aufbau der Lösung beliebiger Aufgaben sind die Verzweigungsblöcke das wichtigste Instrument. Auf Grund der Antwort einer richtig gestellten Frage ist es möglich, die Reihenfolge der Befehle abzubrechen und zu einer andern Stelle des Ablaufes zu springen. Deswegen merken wir uns:

a) Im Verzweigungsblock steht immer eine Frage. Das sehen wir in den Beispielen auf Seite 130. Daraus ergibt sich:
   - Man muss das Fragezeichen nicht ausdrücklich schreiben, es versteht sich von selbst.
   - Man muss mindestens zwei verschiedene Antworten vorsehen. Beispiel: Ja oder Nein.
   - Die Gesamtheit der Antworten muss alle Möglichkeiten erschöpfen. Beispiel: "grösser als" oder "gleich" oder "kleiner als".
   - Anhand der Antwort auf die im Verzweigungsblock gestellte Frage wählt der Computer die Richtung seines weiteren Verarbeitungsweges durch das Blockdiagramm.

b) Der Verarbeitungsablauf darf nur und ausschliesslich anhand der Verzweigungsblöcke verzweigt werden.

c) Man darf mehrere Verzweigungsblöcke unmittelbar aneinander hängen.

Während des Programmablaufes müssen wir oft entscheiden, welches Verhältnis zwischen zwei Zahlenwerten besteht. Dann benutzen wir oft die sogenannten Relationszeichen:

| | | | |
|---|---|---|---|
| $=$ | gleich | $\neq$ | ungleich |
| $>$ | grösser als | $\geq$ | grösser als oder gleich |
| $<$ | kleiner | $\leq$ | kleiner als oder gleich |

Auf die Frage: "In welchem Verhältnis sind zwei Werte?" wäre die Antwort "Ja oder Nein" natürlich sinnlos.

**ZUSATZINFORMATION**

Für die elektronischen Datenverarbeitungsanlagen ist die Möglichkeit, automatisch zu verzweigen, kennzeichnend. Je nachdem die betreffende Bedingung erfüllt ist oder nicht, wählt die EDV-Anlage den weiteren Weg selbständig. Diese Eigenschaft erlaubt es, fast jede denkbare Aufgabe dem Computer anzuvertrauen.

**NOTIZEN**

Heft 1 Seite 51

① GROBBLOCKDIAGRAMM

③ ARBEITSABLAUFDIAGRAMM

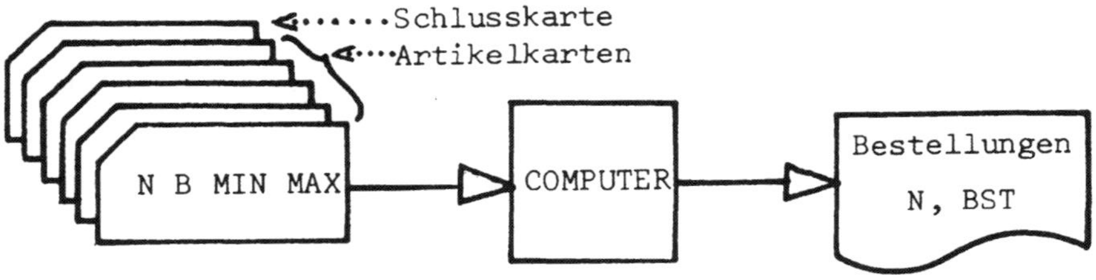


Kommentar: N . . . Artikelnummer
B . . . Artikelbestand
MIN . . Mindestbestand
MAX . . Höchstbestand
BST . . zu bestellende Menge,
bei B≤MIN ist BST = MAX - B
bei B>MIN ist BST = 0.

② MITTELGROBES BLOCKDIAGRAMM

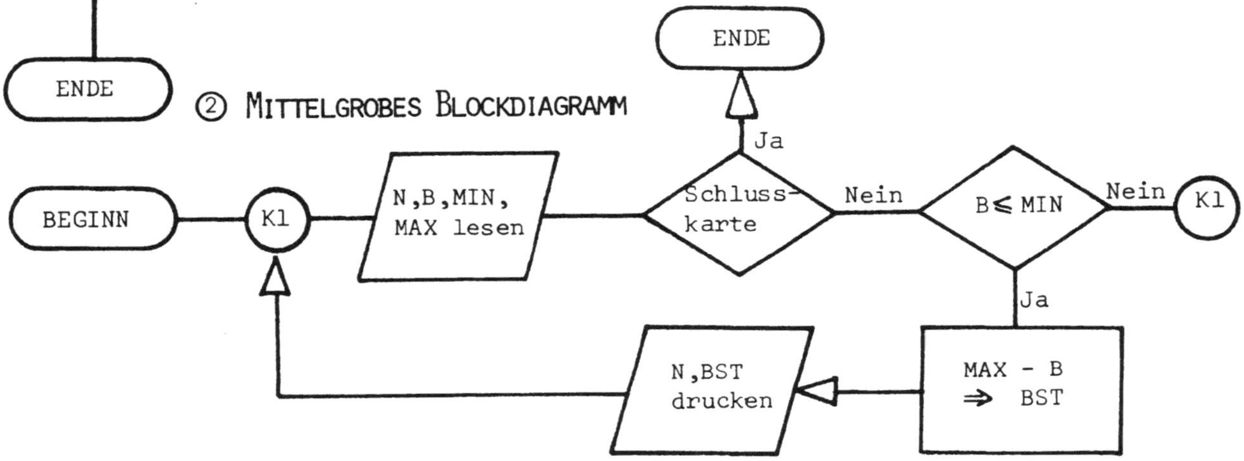


FRAGEN 1. Welche Aufgabe wird durch das obige Blockdiagramm gelöst ?

2. Wieviel Ein- und Ausgabeoperationen müssen durchgeführt werden, wenn wir 1000 Artikelkarten verarbeiten ? Nehmen wir an, dass bei 10 % aller Artikel der Mindestbestand erreicht oder unterschritten wurde.

3. Wieviele Entscheide werden durchgeführt ?

4. Wieviele Rechenoperationen werden durchgeführt ?

Schreiben Sie sich alle Antworten auf, bevor Sie das Schlüsselverzeichnis auf Seite 173 konsultieren !

## 1.7. GROBE UND FEINE BLOCKDIAGRAMME

Wir unterscheiden zwischen groben und feinen Blockdiagrammen. Natürlich gibt es dazwischen noch eine ganze Skala von Blockdiagrammen. Bis jetzt haben wir mittelgrobe Blockdiagramme kennengelernt.

Die groben Blockdiagramme zeigen die logische Struktur der zu lösenden Aufgabe nur in den Hauptzügen. Sie bilden den Ausgangspunkt zu der schrittweisen Verfeinerung der Struktur des Problems. Letzten Endes gelangt man zu einer ganz detaillierten graphischen Darstellung, nach der die Programmierer ihre Programme für den Computer schreiben können.

Besonders für umfangreiche Aufgaben sind die groben Blockdiagramme sehr wichtig. Detaillierte Darstellungen in der Anfangsphase der Lösung würden uns die wichtigsten Zusammenhänge verschleiern. (Vor lauter Bäumen könnten wir den Wald nicht sehen.)

Die groben ① und mittelgroben ② Blockdiagramme sind computerunabhängig. Sie befassen sich ausschliesslich mit den logischen Zusammenhängen des Problems. Die ganz feinen Blockdiagramme hingegen sind sehr maschinengebunden. Nachdem Sie eine Programmiersprache erlernt haben, werden Sie solche Blockdiagramme verstehen und erstellen können.

Die groben Blockdiagramme ersetzt man unter Umständen durch die Arbeitsablaufdiagramme ③, die ganz grob den physischen Ablauf der Arbeit darstellen.

ZUSATZINFORMATION

Sie haben sicher schon festgestellt, dass in unserem groben Blockdiagramm ① der Zyklus nicht ausdrücklich angedeutet ist. Solche Konzessionen sind in den ganz groben Blockdiagrammen üblich. Ihre Aufgabe ist es ja, den Arbeitsablauf nur in den Hauptzusammenhängen darzustellen.
Haben Sie aus den Antworten auf die Fragen 2 bis 4 den Schluss gezogen, dass der Anteil der Rechenoperationen eigentlich ziemlich gering ist? In unserem Fall sind es nur 3.3 %!

NOTIZEN

→ Heft 1 Seiten 61 bis 65
Heft 3 Seite 128

1.

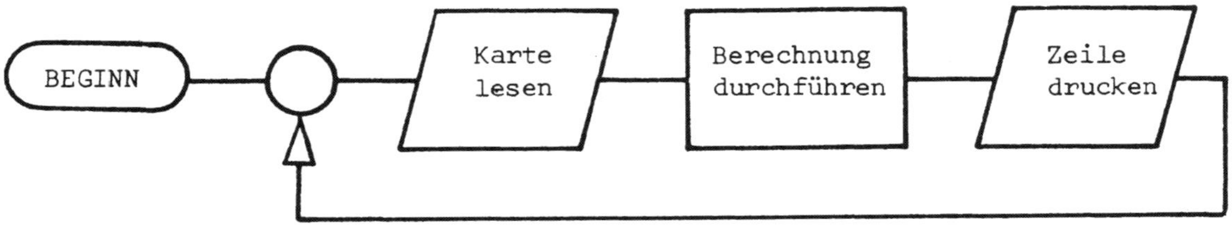
BEGINN
Karte lesen
Berechnung durchführen
Zeile drucken

2.

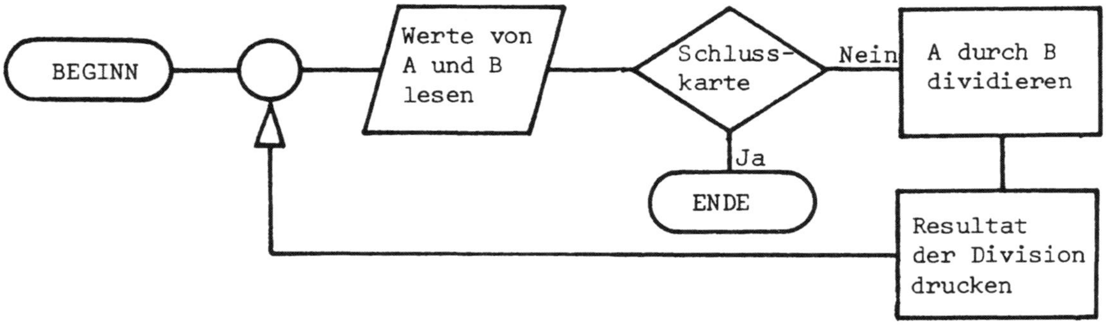
BEGINN
Werte von A und B lesen
Schluss-karte
Nein
A durch B dividieren
Ja
ENDE
Resultat der Division drucken

3.

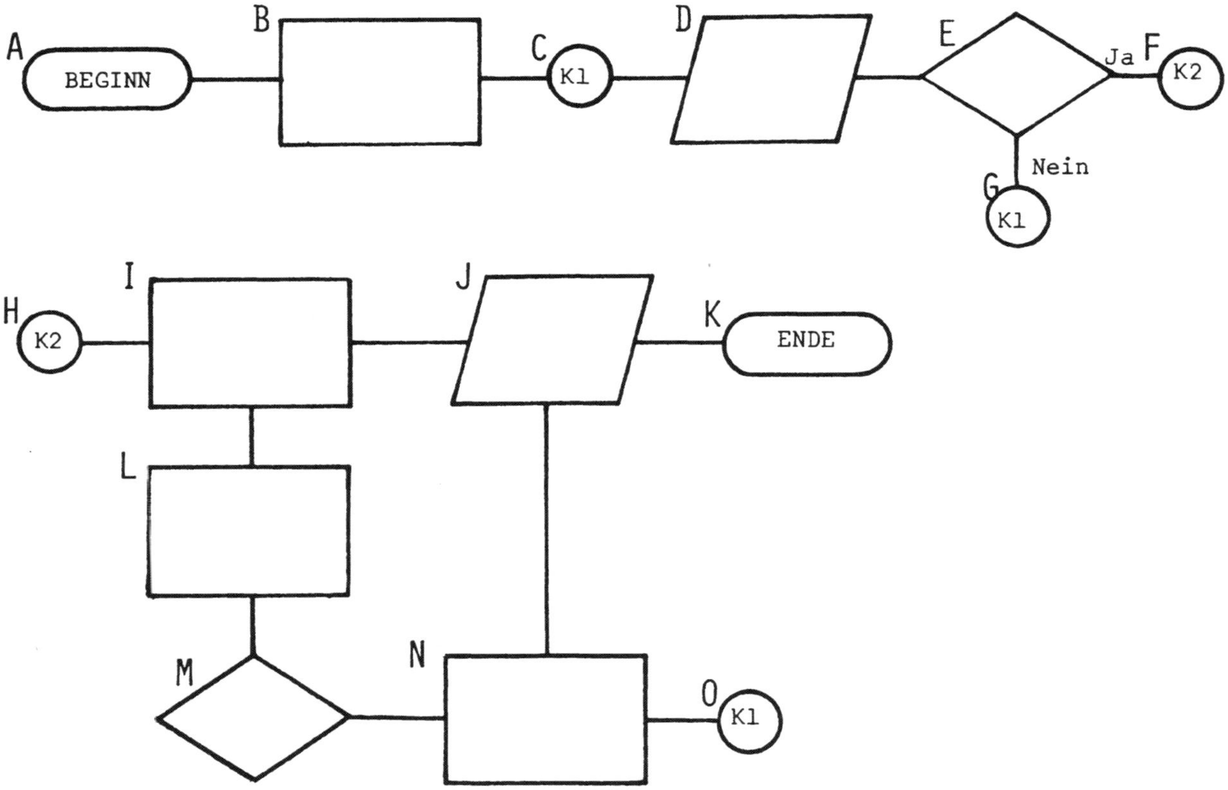
A
BEGINN
B
C
K1
D
E
Ja
F
K2
Nein
G
K1
H
K2
I
J
K
ENDE
L
M
N
O
K1

## 1.8. FEHLER IN BLOCKDIAGRAMMEN

Finden Sie das Erstellen der Blockdiagramme schwierig? Bitte nicht den Kopf hängen lassen! Es ist zwar schwierig, aber Sie werden es doch bewältigen!

Machen wir jetzt eine Ausnahme und nützen wir diese ganze Doppelseite zum Ueberprüfen unserer Kenntnisse aus - es wird sich später lohnen!

Fragen zu den entsprechend nummerierten Zeichnungen auf Seite 134:

1. a) Wird die Verarbeitung laut diesem Blockdiagramm ewig laufen?
   b) Wenn nein, wann kommt es zu einem Stop?
   c) Wie sollte man das Blockdiagramm korrigieren, um einen geplanten Schluss der Verarbeitung zu erzielen?

2. Finden Sie das Blockdiagramm Nr. 2 in Ordnung? Wird es immer richtige Resultate liefern? Wann wird die Verarbeitung gestoppt werden? Möchten Sie das Blockdiagramm ergänzen?
   Lösungshinweis: Was geschieht, wenn B gleich Null ist?

3. Im Blockdiagramm Nr. 3 haben wir absichtlich auf die konkrete Beschreibung der Inhalte der einzelnen Blöcke sowie auf die Beschreibung der Zweige (mit Ja und Nein) verzichtet. Alle Sinnbilder haben wir mit Buchstaben bezeichnet. Schreiben Sie die Buchstaben von allen unrichtigen Sinnbildern, und geben Sie an, warum Sie die Anordnung oder die Plazierung des Sinnbilds für unrichtig halten!
   Lösungsbeispiel: Der Block I ist ein Rechteck. Er beschreibt eine Operation (Seite 126 und 127). Deswegen darf er nicht zwei Ausgänge haben. Dies ist nur beim Verzweigungsblock erlaubt, also bei einem Rhomboid. Block E ist ein richtiges Beispiel dafür.

Eine Empfehlung: Die Aufgaben sind gar nicht leicht. Sind Sie mit Ihrer Lösung nicht ganz sicher? Lesen Sie die Seiten 124 bis 131 nochmals sehr gründlich durch! Nachdem Sie alle gestellten Fragen beantwortet haben, zügeln Sie Ihre Neugier! Gönnen Sie sich eine ausgiebige Ruhepause und kontrollieren Sie dann nochmals Ihre Antworten. Erst dann vergleichen Sie auf Seiten 174 und 175 Ihre Ergebnisse mit den meinen.

→ Heft 3 Seite 124

## ① TESTEINGABEDATEN

| Karteninhalt: | N | B | MIN | MAX | Schlusszeichen |
|---|---|---|---|---|---|
| 1. Karte | 1 | 100 | 80 | 200 | |
| 2. Karte | 2 | 90 | 90 | 150 | |
| 3. Karte | 3 | 110 | 120 | 160 | |
| 4. Karte | | | | | z.B. /* |

## ② TESTERGEBNISSE

| Druckausgabe: | N | BST |
|---|---|---|
| 1. Zeile | 2 | 60 |
| 2. Zeile | 3 | 50 |

## ③ SIMULATIONSTABELLE

| Schritt | N | B | MIN | MAX | /* | BST | Entscheide,Ausgabe |
|---|---|---|---|---|---|---|---|
| 1. | 1 | 100 | 80 | 200 | | | |
| 2. | | | | | | | Schlusszeichen?.......Nein |
| 3. | | | | | | | 100 ⩽ 80?............Nein |
| 4. | 2 | 90 | 90 | 150 | | | |
| 5. | | | | | | | Schlusszeichen?.......Nein |
| 6. | | | | | | | 90 ⩽ 90?.............Ja |
| 7. | | | | | | 60 | |
| 8. | | | | | | | Druck: 2 60 |
| 9. | 3 | 110 | 120 | 160 | | | |
| 10. | | | | | | | Schlusszeichen?.......Nein |
| 11. | | | | | | | 110⩽ 120?...........Ja |
| 12. | | | | | | 50 | |
| 13. | | | | | | | Druck: 3 50 |
| 14. | | | | | /* | | |
| 15. | | | | | | | Schlusszeichen?.......Ja |
| 16. | | | | | | | STOP |

---

| FRAGE | ANTWORT | IHRE LOESUNG |
|---|---|---|
| 1. Was deuten die Worte "Ja" und "Nein" in der letzten Kolonne der Simulationstabelle an ? | A. Den weiteren Weg durch das Blockdiagramm<br>B. Ob die Resultate gedruckt werden sollen. | ◯ |
| 2. Was steht auf dem Speicherplatz "N" nach dem 7. Schritt ? | A. Nichts, er ist leer<br>B. Noch immer 2<br>C. Wir wissen es nicht | ◯ |
| 3. Was steht auf den Speicherplätzen "N", "B", "MIN" und "MAX" nach dem 14. Schritt ? | A. Nullen<br>B. Noch immer 3, 110, 120, 160<br>C. Nichts, sie sind leer | ◯ |

## 1.9. PRUEFEN DER BLOCKDIAGRAMME

Willkommen zur zweiten Hälfte des Blockdiagrammheftes!

Haben Sie sich das mittelgrobe Blockdiagramm des Bestellwesens von Seite 132 auch aufgezeichnet? Nein? Dann holen Sie es bitte gleich nach! Sie wissen doch: Uebung macht den Meister. (Und ausserdem werden wir es jetzt brauchen.)

Es kommt fast immer vor, dass wir einige Fehler im Blockdiagramm machen. Wir sind Menschen und haben das Recht darauf. Fehler zu machen. Deswegen müssen wir unsere Arbeit kontrollieren. Eine wirkungsvolle Methode ist die Nachahmung - die Simulation - der Arbeit des Computers. Für grössere Blockdiagramme ist diese Art der Kontrolle ziemlich langwierig und zeitraubend. Wir begrenzen uns deshalb nur auf die fragwürdigen und schwierigen Stellen des Blockdiagramms.

Wir legen Testeingaben ① fest, und zwar so, dass alle Zweige des Blockdiagramms durchlaufen werden müssen, und dass auch alle Vergleiche vollständig überprüft werden.

Im weiteren schreiben wir uns die Testergebnisse ② auf, die unser Blockdiagramm liefern soll.

Jetzt erstellen wir den Kopf der Simulationstabelle ③. In der Kopfzeile reservieren wir die erste Kolonne für die laufenden Nummern der Schritte. Später können wir uns auf diese Nummern beziehen. Dann tragen wir alle Bezeichnungen ein, die wir in unserem Blockdiagramm benutzt haben: N, B, MIN, MAX und BST. Der Computer wird es genauso machen. Nur reserviert er in seinem Arbeitsspeicher für jede dieser Grössen einen Speicherplatz. Auf einem Speicherplatz kann eine Zahl gespeichert werden. Die letzte Spalte reservieren wir für das Eintragen der Entscheide und der Ausgabeoperationen.

Nun beginnen wir Schritt für Schritt das Blockdiagramm anhand der Testeingabedaten zu durchlaufen. Vergleichen Sie bitte bei jedem Schritt Ihr Blockdiagramm mit der Simulationstabelle links!

ZUSATZINFORMATION

Die Simulationstabelle müssen wir ganz genau ausfüllen. Wir müssen den Befehlen im Blockdiagramm genauso getreu folgen, wie es später der Computer tun wird. Nur dann kann unsere Kontrolle wirkungsvoll sein.

NOTIZEN

→ Heft 1 Seite 49, 51
Heft 3 Seite 132

# 2. AUFBAU DES BLOCKDIAGRAMMS

## VERSCHIEDENE DARSTELLUNGSWEISE VON BLOCKDIAGRAMMEN

1

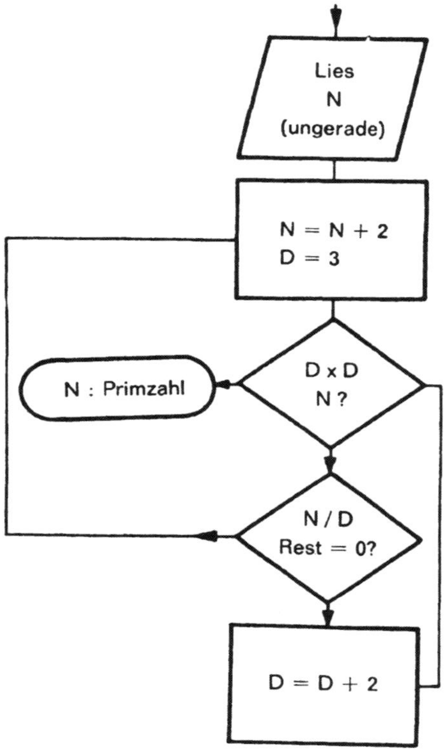


2

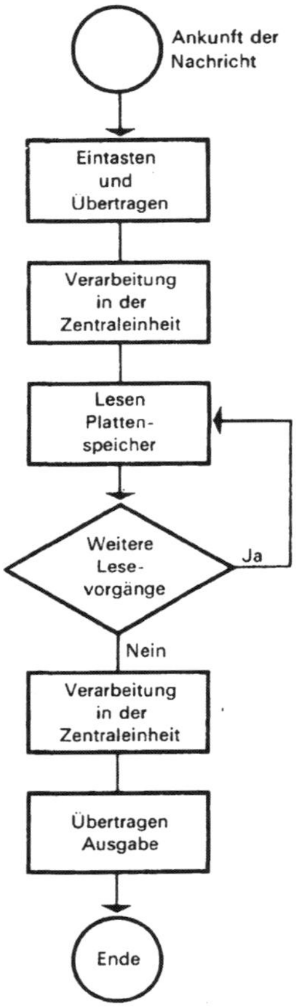


3

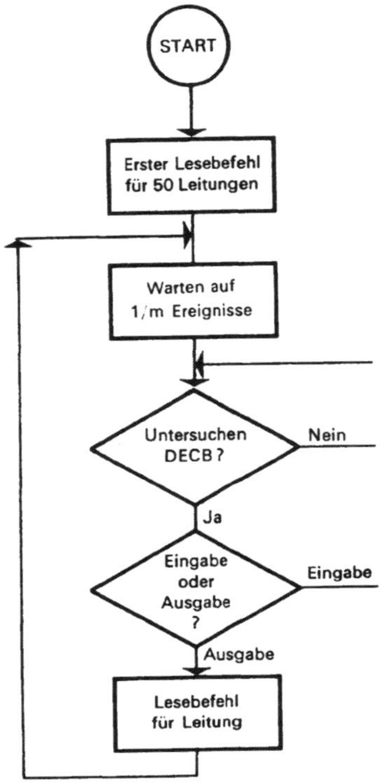


---

| FRAGE | ANTWORT | IHRE LOESUNG |
|---|---|---|
| 1. Zuerst die Aufgabestellung rasch durchlesen. Dann ein Blockdiagramm erstellen. Nachher die Logik der Aufgabe untersuchen. Dieses Vorgehen ist bestimmt | A. Richtig<br>B. Annehmbar<br>C. Falsch | O |
| 2. Wie soll der erste Entwurf eines Blockdiagramms sein? | A. Wo möglich einfach<br>B. Wo möglich komplex | O |

## 2.1. ALLGEMEINE HINWEISE

Das höchste Gesetz der Blockdiagrammtechnik ist die Uebersichtlichkeit. Das Blockdiagramm zeigt die logische Struktur des Problems. Diese Aufgabe kann es nur dann erfüllen, wenn es klar und übersichtlich ist. Daraus sind die folgenden Schlüsse zu ziehen:

- Das Blockdiagramm soll immer mit der Schablone gezeichnet werden. Schon der erste Entwurf muss übersichtlich sein! Das Blockdiagramm dient nicht nur seinem Autoren, sondern auch allen Mitarbeitern, die sich am selben EDV-Problem beteiligen.
- Das Blockdiagramm soll nicht viel Text enthalten. Alle Ergänzungen, Erläuterungen und Hinweise sind separat in der Form eines Kommentars zu schreiben.
- Beim Zeichnen des Blockdiagramms sollte man nicht mit Papier sparen. Sind Reserven an freiem Platz vorhanden, kann man die eventuellen Korrekturen deutlich und klar angeben.

Wir haben im ersten Kapitel dieses Heftes die Sinnbilder und die Zeichnungsweise der Blockdiagramme kennengelernt. In den einzelnen Unternehmen und Rechenzentren findet man oft verschiedene Darstellungsweisen des Blockdiagramms. Diese Hausgewohnheiten sind für die Verständigung unter den Beteiligten wichtig. Die Abweichungen sind sehr vielfältig, wir können sie nicht alle behandeln. Einige Beispiele dazu sehen Sie auf Seite 140. Wir halten uns an die Darstellungsweise, die international anerkannt ist.

Während des Zeichnens eines Blockdiagramms erkennen wir manchmal Fehler oder Unvollständigkeiten im bereits erstellten Teil. Wir beginnen nicht gleich wieder von Neuem, sondern wir vermerken diese Ideen am Rande des Blockdiagramms. Erst beim Erstellen der nächsten Version der Lösung nützen wir diese Notizen überlegt aus.

**ZUSATZINFORMATION**

Ein arabisches Sprichwort sagt: "Allah schuf die Zeit, über Eile hat er aber nichts gesagt." An diese Weisheit wollen wir uns beim Erstellen des Blockdiagramms halten.

Wir überlegen uns zuerst lieber das Problem dreimal und untersuchen es gründlich. So müssen wir das aufgebaute Blockdiagramm nicht mehrmals ändern, weil die erwarteten Resultate nicht erzielt wurden.

**NOTIZEN**

## Analyse der Aufgabestellung

a) Arbeitsablaufdiagramm

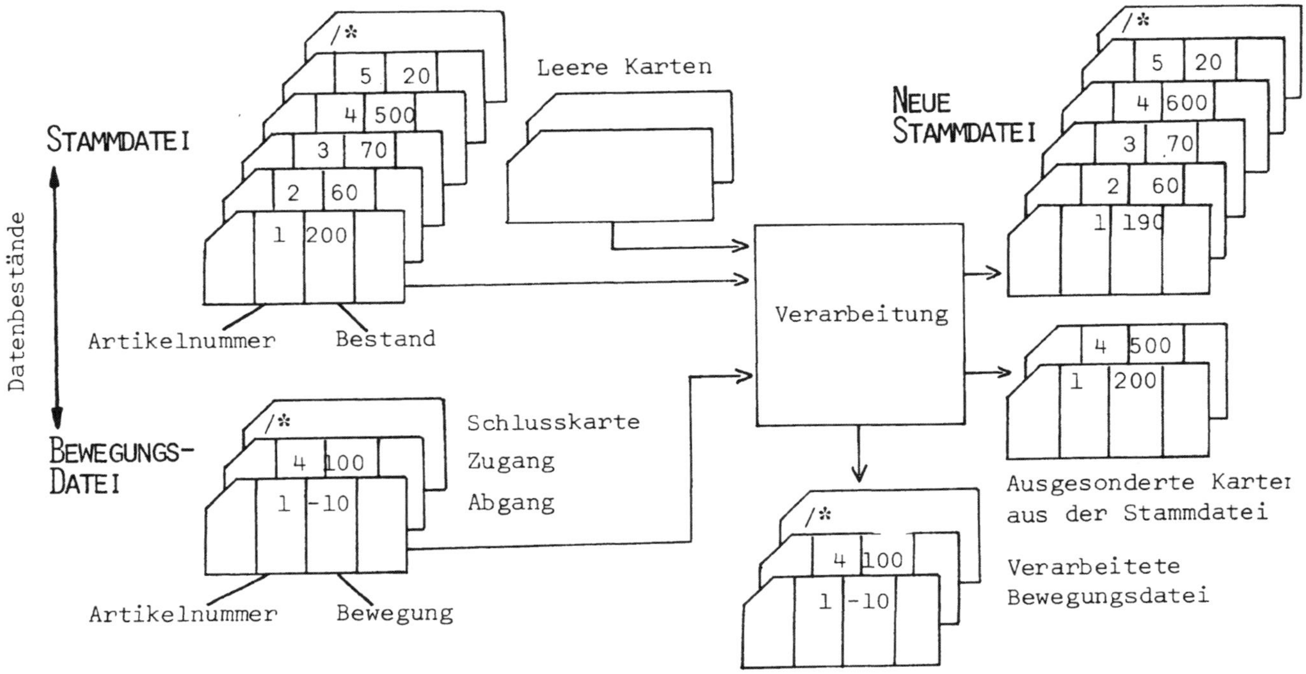


b) Der Schlüssel der Stammdatei muss immer gleich oder kleiner als der Schlüssel der Bewegungsdatei sein, andernfalls liegt ein Fehler vor.

c) Wenn das Schlusszeichen der Stammdatei vor dem Schlusszeichen der Bewegungsdatei eingelesen wird, liegt ein Fehler vor. Einfachheitshalber sind in unserem Beispiel neue Schlüssel in der Bewegungsdatei nicht zugelassen, z.B. neue Artikel, die noch nicht in der Stammdatei vorhanden sind.

d) Wenn die Bewegungsdatei zu Ende ist, kann die Verarbeitung beendet werden. In der Praxis würden wir auch die Stammdatei zu Ende lesen. Das Blockdiagramm dafür wäre jedoch für Sie im Moment noch zu kompliziert.

---

| FRAGE | ANTWORT | IHRE LOESUNG |
|---|---|---|
| 1. Welche Werte enthält die Stammdatei nach der Verarbeitung ? | Bitte aufschreiben | |
| 2. Wird in der Aufgabestellung auf Seite 143 eine gedruckte Ausgabe vorgesehen ? | A. Ja<br>B. Nein | ○ |
| 3. Darf die Bewegungsdatei in unserer Aufgabe mehr Datensätze enthalten als die Stammdatei ? | A. Ja<br>B. Nein | ○ |

## 2.2. REGELN FUER DIE ENTWICKLUNG DER BLOCKDIAGRAMME

Wie Sie wohl schon festgestellt haben, ist es nicht so schwierig, die Blockdiagramme zu lesen und zu verstehen. Viel schwieriger ist es, ein richtig funktionierendes Blockdiagramm zu erstellen. Dabei ist folgendes Vorgehen empfehlenswert:

a) Die Aufgabenstellung analysieren, d.h. vor allem die infragekommenden Begriffe genau definieren, Zusammenhänge finden, Kontrollen einplanen und die Reihenfolge der Arbeitsgänge festlegen.
b) Das Kernstück der Lösung aussuchen. Sehr oft bilden die wichtigsten Verzweigungen das Kernstück.
c) Den Aufbau des Blockdiagramms mit dem Kernstück beginnen. Erst wenn das Kernstück der Aufgabe gelöst wurde, das Blockdiagramm in beiden Richtungen (zum BEGINN und ENDE) ausdehnen.
d) Das fertige Blockdiagramm auf Richtigkeit und Vollständigkeit überprüfen und eventuell korrigieren, oder eine verbesserte, beziehungsweise optimierte Version des Arbeitsablaufs entwickeln.

## 2.3. AUFGABENSTELLUNG

Wir werden jetzt gemeinsam auf den Seiten 142 bis 147 ein Blockdiagramm für die folgende Aufgabe entwickeln.

Es liegen zwei Dateien vor (Datei = Datenbestand, s. Heft 1 Seite 32):

a) Stammdatei mit einem Schlüssel (Schlüssel = Ordnungsmerkmal, s. Heft 1 Seite 31 ) und einem Wert in jedem Datensatz, z.B. die Kartei der Warenbestände mit der Nummer und dem Bestand jedes Artikels. Für jeden Schlüssel besteht nur ein Datensatz.
b) Bewegungsdatei, auch mit einem Schlüssel und einem Wert in jedem Datensatz, z.B. der Stapel der Lochkarten mit Warenzugängen und Warenabgängen. Für jeden Schlüssel soll in unserer Aufgabe höchstens ein Datensatz vorkommen.

Man muss die Stammdatei nachführen, d.h. neue Warenbestände berechnen und in der Stammdatei die alten Bestände durch die neuen ersetzen. (s. Seite 142)

**ZUSATZINFORMATION**

Eine Stammdatei beschreibt immer den Zustand. Nehmen wir als Beispiele die Artikelkartei, die Personalkartei, die Kundenkartei.
Eine Bewegungsdatei beschreibt immer die Aenderungen. Die Lieferscheine, Lohnerhöhungen und Adressänderungen sind Beispiele dafür.
Die Stammdateien müssen nachgeführt werden. Die Stammdaten werden mit den Bewegungsdaten zusammen verarbeitet.
Als Resultat bekommt man neue Stammdaten, sodass die Stammdatei wieder dem neuesten Zustand entspricht.

**NOTIZEN**

## ① ZUERST EINE GRAPHISCHE DARSTELLUNG DER EINGABE

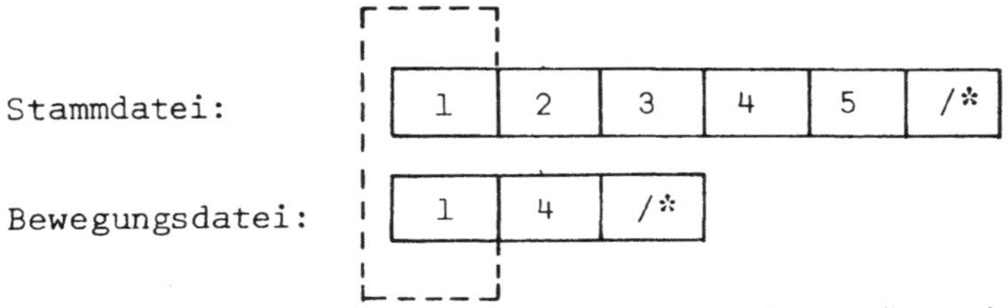


Der Einfachheit halber verzichten wir bei dieser Arbeitsskizze auf die Werte. Wir tragen nur die Schlüssel ein.

Beide Schlüssel stimmen überein. Deshalb können wir von beiden Dateien lesen:

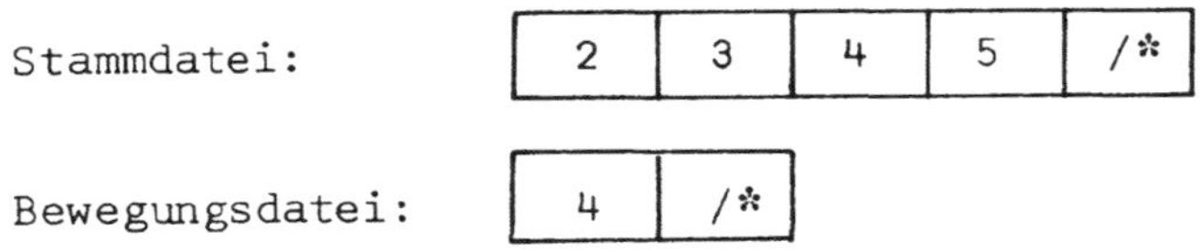


Wie Sie sehen, muss jetzt die Bewegungsdatei warten, bis von der Stammdatei der Schlüssel 4 eingelesen wird.

## ② KERNSTUECK DER AUFGABE

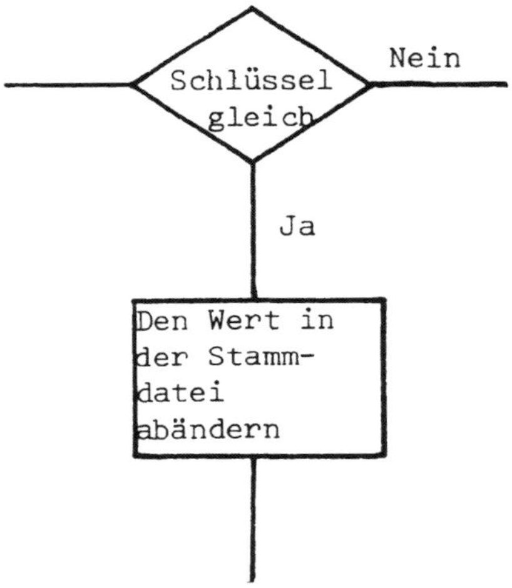


## ③ ERWEITERUNG DES KERNSTUECKES

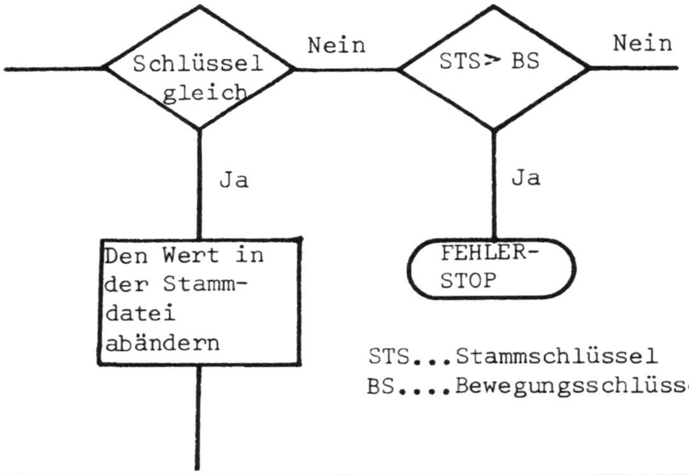


STS...Stammschlüssel
BS....Bewegungsschlüssel

---

| FRAGE | ANTWORT | IHRE LOESUNG |
|---|---|---|
| 1. In welcher Reihenfolge sollen wir lesen ? | A. Zuerst von der Stammdatei<br>B. Zuerst von der Bewegungsdatei | ○ |
| 2. Woher müssen wir lesen, wenn der Stammschlüssel kleiner ist als der Bewegungsschlüssel ? | A. Von der Stammdatei<br>B. Von der Bewegungsdatei | ○ |
| 3. Vervollständigen Sie das erweiterte Kernstück um die Eingabeblöcke. | | |

## 2.4. KERNSTUECK DER AUFGABE

Die meisten Anfänger haben beim Entwickeln des Blockdiagramms die grösste Schwierigkeit mit dem Anfassen des Problems. Ein universelles Rezept steht uns kaum zur Verfügung, nur einige Hinweise:

a) Es braucht Praxis, man muss also üben und üben.
b) Man sollte sich zuerst das Problem so praktisch wie möglich vorstellen, graphische Darstellungen - wie etwa in ① - sind dabei nützlich.
c) Beim ersten Versuch sollte man das Problem durch die Lösung eher vereinfachen, als es in allen Details zu sehen.
d) Man braucht Ausdauer. Führten nicht die ersten fünf Versuche zum Ziel, gelingt vielleicht der sechste.

Wir haben also den Kern ausgesucht und gezeichnet ②. Nun müssen wir uns zwei Fragen stellen

- Was ist zu tun, wenn der neue Wert für die Stammdatei berechnet und eingetragen wurde?
- Was ist zu tun, wenn die Schlüssel von beiden Dateien nicht übereinstimmen?

Auf die erste Frage dürfte die Antwort klar sein: Von beiden Dateien je einen Datensatz lesen. Aber in welcher Reihenfolge?
Die zweite Frage müssen wir uns gut überlegen: Wenn die Schlüssel nicht übereinstimmen, muss einer grösser sein. Wir erinnern uns an Punkt b) der Analyse und zeichnen in diesem Sinn die Fortsetzung auf dem Zweig Nein ③.

Woher müssen wir also lesen, wenn der Stammschlüssel kleiner als der Bewegungsschlüssel ist?

Um zu den richtigen Antworten auf beiden Fragen zu gelangen, stellen wir uns nochmals beide Dateien ① vor.

NOTIZEN

→ Heft 3 Seite 142 und 143

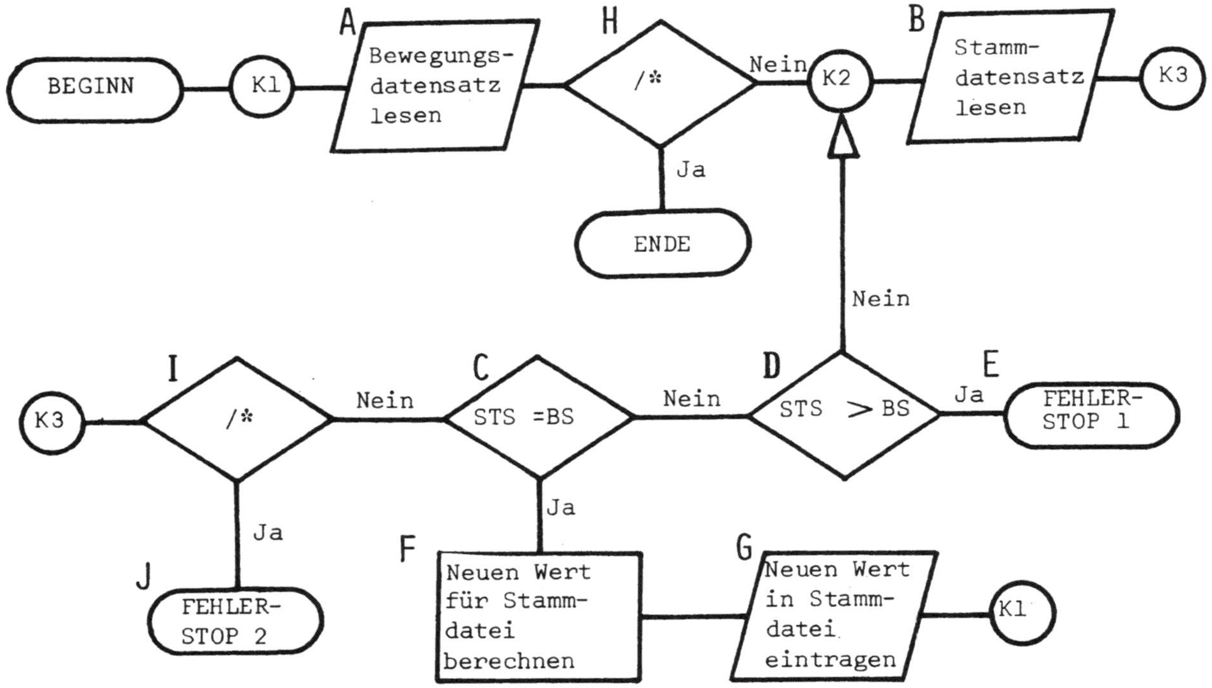


| FRAGE | ANTWORT | IHRE LOESUNG |
|---|---|---|
| 1. Dient der Konnektor K1 zur Verbindung mehrerer Ablaufslinien? | A. Ja<br>B. Nein | ○ |
| 2. Dient der Konnektor K3 zur Verbindung mehrerer Ablaufslinien? | A. Ja<br>B. Nein | ○ |
| 3. Wieviele der folgenden Operationen werden bei Verarbeitung der Daten - von Seite 142 oben - durchgeführt: Rechenoperationen, Eingabeoperationen, Entscheide? | | Rechnenoperationen: ☐<br>Eingabeoperationen: ☐<br>Entscheide: ☐ |
| 4. Schreiben Sie die Simulationstabelle für die Eingabedaten von Seite 142 oben auf!<br>Lösung auf Seite 150. | | |

## 2.5. ABSCHLIESSEN DER VERARBEITUNG

Ich hoffe, dass wir die gleiche Lösung auf Frage 3 von Seite 144 haben. Wenn nicht, bestehen folgende Möglichkeiten:

a) Das Problem ist für Sie noch immer ein wenig fremd. Lesen Sie in diesem Fall die Zusatzinformation dieser Seite und kehren Sie dann zur Seite 143 zurück.

b) Sie haben auch schon die Abfragen nach dem Schlusszeichen eingebaut. - Mein Kompliment!

c) Sie haben zwar formell eine andere Darstellung des Blockdiagramms, aber sachlich stimmen wir überein. Ueberprüfen Sie es!

Fahren wir nun im Aufbau unseres Blockdiagramms weiter:

Den wirklichen Arbeitsteil der Aufgabe haben wir schon gelöst. Es bleibt uns nur die Frage übrig, wie wir die Verarbeitung stoppen werden.

Wir erinnern uns an die Punkte c) und d) der Analyse auf Seite 142 und sehen gleich, was jetzt zu tun ist:

a) Nach jedem Eingabeblock müssen wir eine Abfrage nach dem Schluss der Datei einbauen. Das sind die Blöcke H und I. Wie Sie sehen, mussten wir unser Blockdiagramm neu zeichnen. Das ist aber fast immer so.

b) Wenn die Bewegungsdatei zu Ende ist, müssen wir stoppen. Dies entspricht dem Punkt d) der Analyse auf Seite 142.

c) Wenn die Stammdatei früher zu Ende ist, als die Bewegungsdatei, müssen wir einen Fehlerstop einbauen - siehe Punkt c) der Analyse.

### ZUSATZINFORMATION

Vor allem müssen wir die Anordnung der Datensätze in den Dateien kennen. Erst dann können wir entscheiden, wie wir die sich gegenseitig entsprechenden Datensätze aussuchen. Offensichtlich sollen beide Dateien auf die gleiche Weise sortiert werden, z.B. beide aufsteigend. Setzen wir dies voraus.
Im weiteren wollen wir voraussetzen, dass die Stammdatei vollständig ist. In unserem Beispiel enthält sie also die Datensätze für alle Schlüssel. In der Bewegungsdatei sind hingegen nur diejenigen Schlüssel enthalten, bei welchen eine Aenderung vorgekommen ist.

### NOTIZEN

Heft 3 Seite 129 und 144

# 3. Optimierung des Blockdiagramms

## SIMULATIONSTABELLE

| Schritt | Stammdatei | | Bewegungsdatei | | Entscheide, Ausgabe, Bemerkungen |
|---|---|---|---|---|---|
| | Schlüssel | Wert | Schlüssel | Wert | |
| 1. | | | 1 | -10 | |
| 2. | | | | | Beweg.-Schluss?............Nein |
| 3. | 1 | 200 | | | |
| 4. | | | | | Stamm-Schluss?.............Nein |
| 5. | | | | | Schlüssel gleich? (1=1).....Ja |
| 6. | | 190 | | | |
| 7. | | | | | Stammdatei neu : 190 |
| 8. | | | 4 | 100 | |
| 9. | | | | | Beweg.-Schluss?............Nein |
| 10. | 2 | 60 | | | |
| 11. | | | | | Stamm-Schluss?.............Nein |
| 12. | | | | | Schlüssel gleich? (2=4).....Nein |
| 13. | | | | | Stamm-Schlüssel grösser? (2>4).....Nein |
| 14. | 3 | 70 | | | |
| 15. | | | | | Stamm-Schluss?.............Nein |
| 16. | | | | | Schlüssel gleich? (3=4).....Nein |
| 17. | | | | | Stamm-Schlüssel grösser? (3>4).....Nein |
| 18. | 4 | 500 | | | |
| 19. | | | | | Stamm-Schluss?.............Nein |
| 20. | | | | | Schlüssel gleich? (4=4).....Ja |
| 21. | | 600 | | | |
| 22. | | | | | Stammdatei neu : 600 |
| 23. | | | | | /* wird eingelesen |
| 24. | | | | | Beweg.-Schluss?............Ja |
| 25. | | | | | STOP |

Bemerkung: Sie haben ganz gewiss schon erkannt: In dieser Simulationstabelle wurden die Wege vom Block I zu J und vom D zu E nicht durchlaufen. Sie haben sich diesen Mangel sicher ganz richtig erklärt: Die Tabelle wäre allzu lang.

---

AUFGABE Zeichnen Sie das ergänzte Blockdiagramm für die neu formulierte Aufgabestellung auf.

Bauen Sie noch folgende Kontrolle der Werte ein: Der Wert darf nicht negativ sein. Sollte ein negativer Wert in die Stammdatei eingetragen werden, liegt bestimmt ein Fehler vor. Drucken Sie in diesem Falle eine Fehlermeldung aus! Die Werte in der Bewegungsdatei dürfen natürlich negativ sein, z.B. die Warenabgänge.

Nehmen Sie sich bitte Zeit genug, bevor Sie Seite 152 mit der Lösung aufschlagen. Ich schätze die notwendige Zeit zum Erstellen des Blockdiagramms für Sie auf mindestens zwei Stunden.

## 3.1. VON DER VEREINFACHUNG ZUR KOMPLEXEN LOESUNG

Wenn Sie bedenken, dass die Blockdiagramme noch vor einigen Tagen für Sie ein nebliger oder sogar ganz fremder Begriff waren, dürfen Sie sich über Ihren Erfolg in diesem Kurs wirklich freuen. Vielleicht hätten Sie beim Aufbau eines komplizierten Blockdiagramms immer noch grosse Schwierigkeiten, aber das ist bei den unerfahrenen EDV-Leuten vollkommen begreiflich. Sie verstehen jedoch die Grundlage der Blockdiagramme und das ist die Hauptsache. Deswegen dürfen wir mit der nächsten Aufgabe beginnen:

Aehnlich wie in der Praxis haben wir unser Problem auf Seite 143 zuerst vereinfacht (Letzter Absatz in der Zusatzinformation auf Seite 147), um zu einer funktionierenden Grundlösung zu kommen. Nun werden wir die Voraussetzung weglassen, dass in der Bewegungsdatei für jeden bestimmten Wert des Schlüssels nur ein Datensatz vorhanden ist. Unsere bisherige Variante des Blockdiagramms (s. Seite 146) wollen wir auf folgende Weise ergänzen:

In der Bewegungsdatei sind für jeden Artikel mehrere Zu- und Abgänge gestattet.
Unsere neue Testeingabe:

Stammdatei:

| | | | | | | |
|---|---|---|---|---|---|---|
| 1 | 200 | 2 | 60 | 3 | 70 | Schluss-zeichen |

Bewegungsdatei:

| | | | | | | | | |
|---|---|---|---|---|---|---|---|---|
| 1 | -10 | 1 | -70 | 3 | 40 | 3 | -50 | Schluss-zeichen |

Analyse:

a) Man muss den aus der Bewegungsdatei eben eingelesenen Schlüssel mit dem vorher gelesenen vergleichen (BSN = BSA? - Bewegungs-Schlüssel Neu = Bew.-Schl. Alt?). Bei der Antwort "Ja" fahren wir beim Block F weiter. Bei Antwort "Nein" müssen wir BSA durch BSN ersetzen und beim Konnektor K2 weiterfahren.
b) Am Anfang muss man den ersten Schlüssel auf den Speicherplatz BSA abspeichern.
c) Der neu berechnete Wert für die Stammdatei darf nicht negativ sein. Wir müssen also noch die betreffende Abfrage und eine Fehlermeldung einbauen.

**ZUSATZINFORMATION**

Den ersten Schlüssel aus der Bewegungsdatei haben wir in BSA abgespeichert. Dort steht also eine Eins. Den Schlüssel aus dem nächsten Datensatz lesen wir in BSN ein. Es ist wieder eine Eins. Auf die Frage BSN = BSA gibt es also die Antwort "Ja". Den Schlüssel im dritten Datensatz ist aber eine Drei. Dann gilt also nicht mehr, dass BSN (jetzt schon 3) = BSA (noch immer 1) ist.

**NOTIZEN**

Heft 3 Seiten 143 bis 147

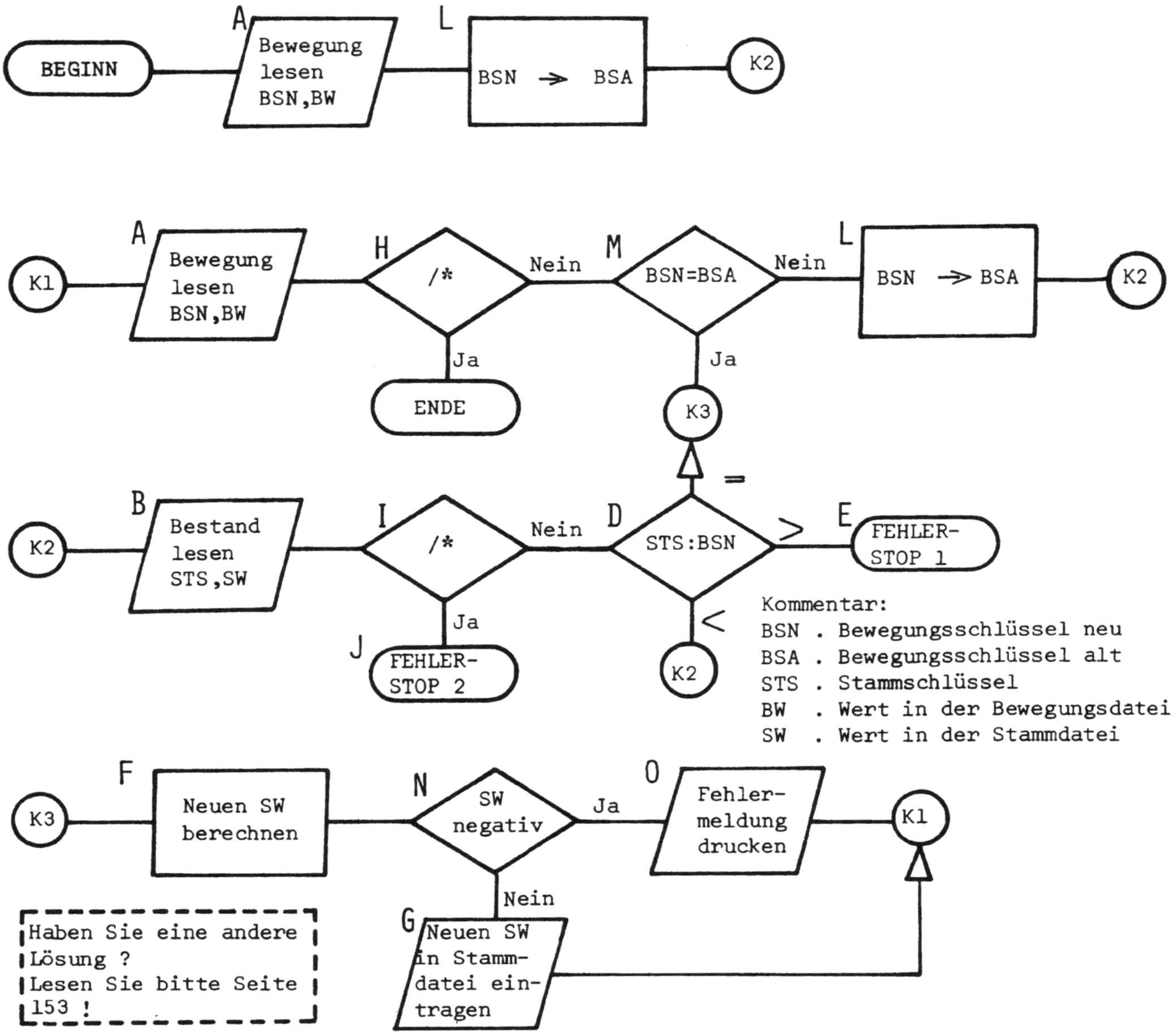


| FRAGE | ANTWORT | IHRE LOESUNG |
|---|---|---|
| 1. Ist der Verzweigungsblock D richtig ? | A. Ja<br>B. Nein | ○ |
| 2. Nach dem Block D folgt Block M oder F ? | A. Block M<br>B. Block F | ○ |
| 3. Bedeuten die Blöcke E und J genau dasselbe ? | A. Ja<br>B. Nein | ○ |
| 4. Der Inhalt des Blocks L bedeutet: den alten Bewegungsschlüssel durch den neuen ersetzen ? | A. Ja<br>B. Nein | ○ |

## 3.2. SCHRITTWEISE AUSBESSERUNG DES BLOCKDIAGRAMMS

Haben Sie das linksstehende Blockdiagramm gründlich untersucht? Gut! Dann haben Sie bestimmt eine fragwürdige und eine fehlerhafte Stelle entdeckt:

- Die Blöcke A und L wiederholen sich zweimal.
- Wir müssen den neuen Wert in die Stammdatei erst dann eintragen, wenn alle Bewegungssätze mit demselben Schlüssel eingelesen worden sind. In unserem Blockdiagramm wird aber der Block G nach jedem Einlesen des Bewegungssatzes durchlaufen.

## 3.3. PROGRAMMIERTER SCHALTER

Für die erste Ausbesserung des Blockdiagramms verwenden wir einen programmierten Schalter. Mit Hilfe des Schalters kann sich der Computer merken, was er gemacht hat, oder auf welchen Weg er gegangen ist.
Das Sinnbild für den Schalter ist:

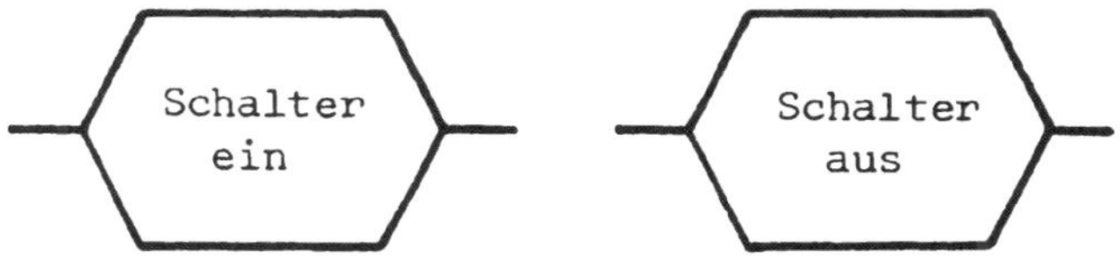


Auf diese Weise können wir das Einschalten oder Ausschalten des Schalters angeben. Im weiteren Ablauf der Verarbeitung können wir mittels des Verzweigungsblocks den Zustand des Schalters abfragen und danach die Richtung des weiteren Arbeitsablaufs bestimmen.

**ZUSATZINFORMATION**

Einige Erläuterungen zum Blockdiagramm auf Seite 152:
a) Der Verzweigungsblock muss mindestens zwei Ausgänge haben, also auch 3 Ausgänge sind richtig (Block D).
b) Zum Block F kommt man entweder vom Block D oder vom Block M.
c) Beide Blöcke E und J bedeuten einen Fehlerstop. Die Ursachen sind aber verschieden. Deswegen sind die Fehlerstops numeriert. Bei der tatsächlichen Verarbeitung erscheint dann die Nummer des Fehlerstops und der Operator ist über die Ursache der Unterbrechung der Maschine sofort orientiert. Das erspart Zeit und Geld.

**NOTIZEN**

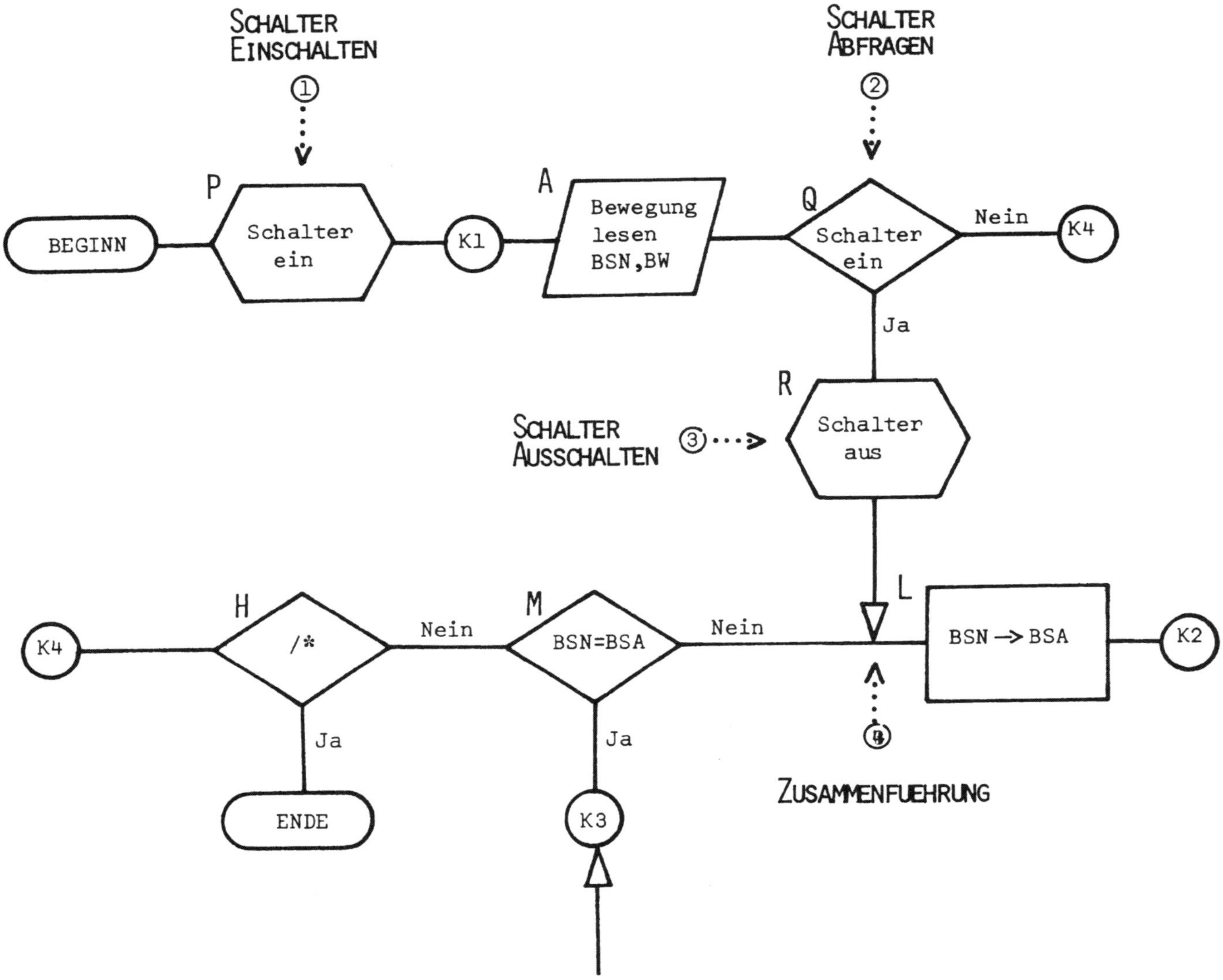


Der untere Teil des Blockdiagramms von Seite 152 bleibt unverändert.

---

AUFGABE Versuchen Sie jetzt Ihr Meisterstück in diesem Heft!

Beheben Sie die fehlerhafte Stelle des Blockdiagramms. Lesen Sie nochmals Punkt 3.2. auf Seite 153. Ueberlegen Sie sich gut die Lösungsmöglichkeiten. Zu einer Verbesserung des Programmablaufplanes führt oft eine ganz einfache Umorganisation des Blockdiagramms.

## 3.4. ANWENDUNG DES SCHALTERS

Wir haben die fragwürdige Stelle eben ausgebessert. Gleich nach dem Beginn schalten wir den Schalter ein ①. Der erste Bewegungssatz wird eingelesen. Wir müssen jetzt direkt zum Block L übergehen, da wir noch keine Nummer im BSA haben. Wir überspringen also die Blöcke H und M mit Hilfe der Abfrage im Block Q, d.h. mit der Frage, ob der Schalter ein- oder ausgeschaltet ist. ②
Er ist aber eingeschaltet, das haben wir im Block P veranlasst.

Beim zweiten und bei den weiteren Bewegungssätzen dürfen wir aber die Blöcke H und M nicht mehr überspringen. Der zweite Datensatz oder irgendeiner der weiteren Datensätze kann doch der Schlussatz sein. Ausserdem brauchen wir schon beim zweiten Bewegungssatz den Block M zum Feststellen, ob der Schlüssel noch immer der gleiche ist, oder ob er sich nicht verändert hat. Deswegen müssen wir auf dem Zweig Ja vom Block Q den Schalter ausschalten ③.

Der Arbeitsablauf kommt nie wieder zum Block P und der Schalter bleibt also immer aus. Folglich werden die Blöcke H und M - mit Ausnahme des ersten Bewegungssatzes - nie wieder übersprungen.

## 3.5. ZUSAMMENFUEHRUNG DER ABLAUFLINIEN

Betrachten Sie bitte noch die Ablauflinie vom Block R zum Block L. Bis jetzt haben wir an der Stelle der Zusammenführung von zwei oder mehreren Ablauflinien einen Konnektor gezeichnet. Es ist jedoch auch möglich, die Ablaufslinien ohne Konnektor zusammenzuführen ④.

NOTIZEN

Heft 3 Seite 152 und 153

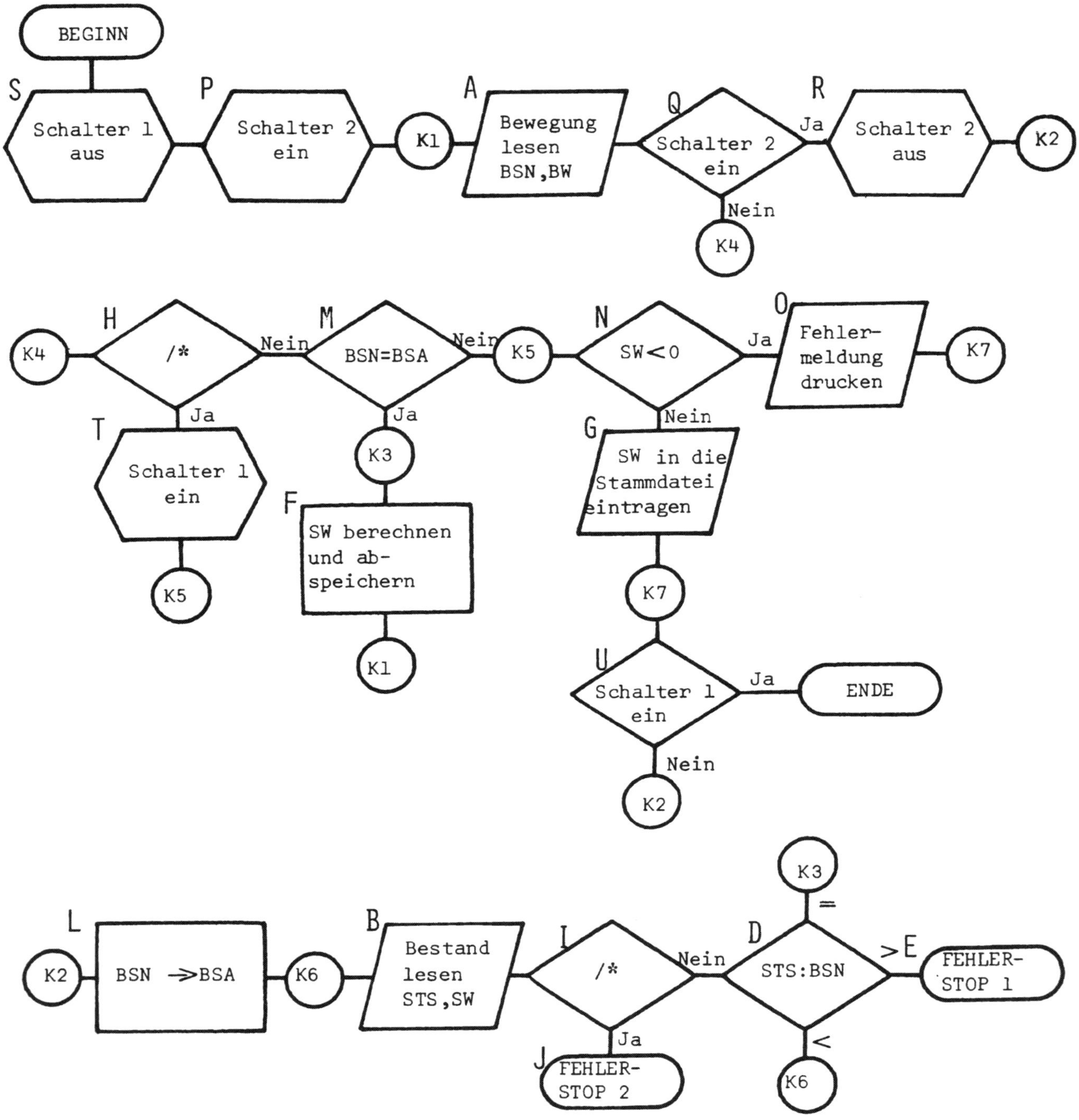
BEGINN
S
Schalter 1 aus
P
Schalter 2 ein
K1
A
Bewegung lesen BSN,BW
Q
Schalter 2 ein
Ja
Nein
K4
R
Schalter 2 aus
K2
K4
H
/*
Nein
Ja
T
Schalter 1 ein
K5
M
BSN=BSA
Nein
Ja
K3
F
SW berechnen und ab- speichern
K1
K5
N
SW<0
Ja
Nein
O
Fehler- meldung drucken
K7
G
SW in die Stammdatei eintragen
K7
U
Schalter 1 ein
Ja
ENDE
Nein
K2
L
K2
BSN →BSA
K6
B
Bestand lesen STS,SW
I
/*
Nein
Ja
J
FEHLER- STOP 2
K3
=
D
STS:BSN
>E
FEHLER- STOP 1
<
K6

## 3.6. OPTIMIERTE LOESUNG

Darf ich Sie auf unserem Spaziergang durch das Blockdiagramm begleiten? Danke! Also fangen wir beim BEGINN auf Seite 156 an:

1. Der programmierte Schalter 1 wird ausgeschaltet. Wir werden ihn erst später brauchen.
2. Der programmierte Schalter 2 wird eingeschaltet. Der Computer merkt sich also, dass er jetzt den ersten Bewegungssatz lesen wird.
3. Dies macht er im Block A.
4. Nun fragt er, ob Schalter 2 in der Position EIN ist. Er ist ein. Deswegen schalten wir ihn aus und der Computer wird sich jetzt merken: Der nächst eingelesene Bewegungssatz ist nicht mehr der erste. Nach dem Ausschalten des programmierten Schalters 2 im Block R springen wir anhand des Konnektors K2 direkt zum Block L.
5. Im Block L speichern wir den eingelesenen Schlüssel BSN auf dem Speicherplatz BSA, Bewegungs-Schlüssel alt.
6. Nun lesen wir den ersten Satz aus der Stammdatei. Die Schlussfrage im Block I wird offensichtlich mit NEIN beantwortet.
7. Block D: Wenn der Schlüssel der Stammdatei kleiner ist, als der Schlüssel der Bewegungsdatei, müssen wir mit dem Einlesen des neuen Satzes warten und so lange aus der Stammdatei lesen, bis wir die Gleichheit der Schlüssel erzielt haben. Das ist der Weg: Block D - Konnektor K6 - Blöcke B, I, D.
8. Wenn der Schlüssel der Stammdatei grösser ist als der Schlüssel der Bewegungsdatei, liegt ein Fehler vor.
9. Wenn beide Schlüssel übereinstimmen, fahren wir via Konnektor K3 nach Block F zur Berechnung des neuen Wertes für die Stammdatei und speichern den errechneten Wert ab.
10. Nun lesen wir im Block A den nächsten Bewegungssatz ein. Der Schalter 2 ist jetzt aus. Wir fahren also auf Zweig NEIN via Konnektor K4 zum Block H weiter. Wenn es kein Schlussatz war, fragen wir im Verzweigungsblock M ab, ob die neu eingelesene Schlüsselnummer die gleiche ist, wie die Vorherige. Bei Antwort JA ändern wir den Wert für die Stammdatei und speichern ihn wieder ab. Anschliessend lesen wir den nächsten Bewegungssatz ein. Siehe Anfang Punkt 10. Bei Antwort NEIN fragen wir den abgespeicherten neuen Wert für SW ab. Normalerweise ist er nicht negativ. In dem Falle tragen wir den Wert unter Block G in die Stammdatei ein.
11. Ist der neue Wert für die Stammdatei negativ, liegt sehr wahrscheinlich ein Fehler vor. Die Summe der Abgänge ist grösser als die Summe des Anfangsbestandes und aller Zugänge. Deswegen wollen wir Block G durch das Drucken eines Hinweises ersetzen, der besagt, dass etwas nicht stimmt.
12. Nun folgt der Entscheid, ob der Arbeitsablauf fortgesetzt werden soll oder nicht. Diesem Zweck dient der Block T auf dem Zweig JA vom Block H. Der Schalter 1 im Block U ist nur in dem Falle eingeschaltet, wenn schon alle Bewegungskarten eingelesen worden sind. Nur dann wird Block T durchlaufen. Beachten Sie bitte auch Block S, der für das Ausschalten des Schalters 1 am Anfang des Arbeitsablaufes sorgt.

# 4. UEBUNGSTEIL

## Aufgabenstellung

Es steht uns ein Lochkartenstapel zur Verfügung. In diesen Lochkarten sind unter anderem

- die Artikelnummer
- der Ist-Bestand
- der Soll-Bestand.

Alle jene Artikel müssen gedruckt werden, bei denen der Ist-Bestand um mehr als 20 % niedriger ist als der Soll-Bestand. Auf der Ausgabeliste sollen ausser der Artikelnummer auch der Ist-Bestand, der Soll-Bestand und die Abweichung erscheinen.

## Analyse

Bezeichnen wir die Artikelnummer mit N, den Ist-Bestand mit IB, den Soll-Bestand mit SB und die Abweichung mit A.

Der Wert A wird durch die Formel

A = SB - IB

berechnet.

Der Kern der Aufgabe liegt beim Entscheid, ob die Abweichung grösser ist als 20 % des Soll-Bestandes. Wenn also

A durch SB grösser ist als 0,2

werden wir drucken. Wenn die obige Bedingung nicht erfüllt ist, wird die Karte abgelegt.

## Blockdiagramm

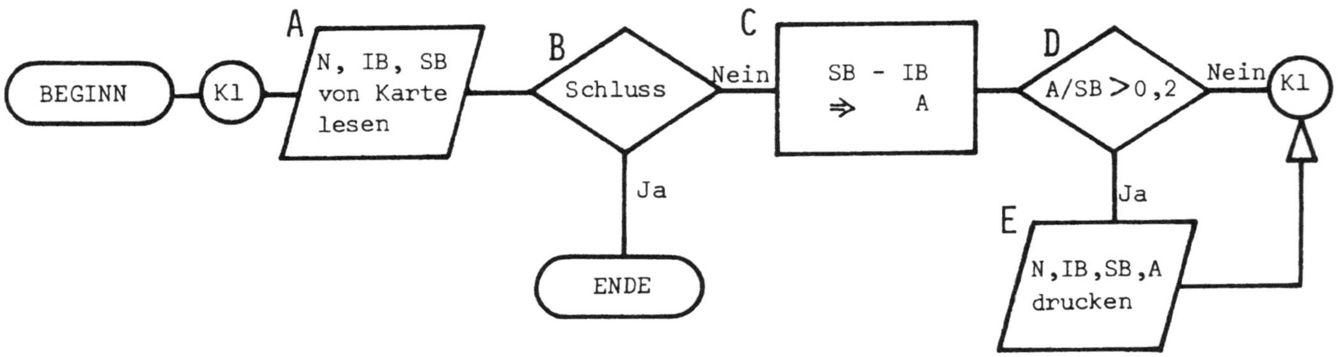

## UEBUNGSBEISPIEL

Auf der nächsten Doppelseite finden Sie drei Aufgabestellungen. Versuchen Sie immer zuerst, das Blockdiagramm zu erarbeiten und erst dann die Lösung anzusehen. Widmen Sie dem Suchen der Lösung genügend Zeit. Es ist in Ihrem Interesse. Sie wollen doch Programmierer werden oder mindestens die Programmierung gut verstehen!

Zuerst aber noch ein Uebungsbeispiel. Verfolgen Sie bitte aufmerksam die Entwicklung der Lösung. Die Aufgabestellung finden Sie auf Seite 160.

x x x x x x x

Beschreibung der Lösung unseres Uebungsbeispiels:

Zuerst wird Block D gezeichnet. Hier entscheiden wir uns, ob eine Zeile gedruckt werden soll oder nicht. Wenn nicht, fahren wir via Konnektor K1 beim Lesen weiter. Das Ablegen der Karte erfolgt automatisch.

Wir zeichnen jetzt also Block E und den Ausgang zum Konnektor K1.

Um die Bedingung A durch SB grösser als 0,2 bewerten zu können, müssten wir die Abweichung A berechnen. Wir zeichnen also Block C.

Jetzt sollten wir Eingabeblock A und Konnektor K1 aufzeichnen. Ueberlegen wir uns aber, dass wir nach dem Lesen den Arbeitsabschluss überprüfen müssen. So kommt zuerst Block B, dann Block A und Konnektor K1. Mit Ausnahme von BEGINN und ENDE sind wir mit dem Blockdiagramm fertig.

Bemerkung:

Das Einlesen und Verarbeiten der letzten Karte kann für uns oft der Computer selbst übernehmen.

## AUFGABESTELLUNG A

Karteneinteilung:

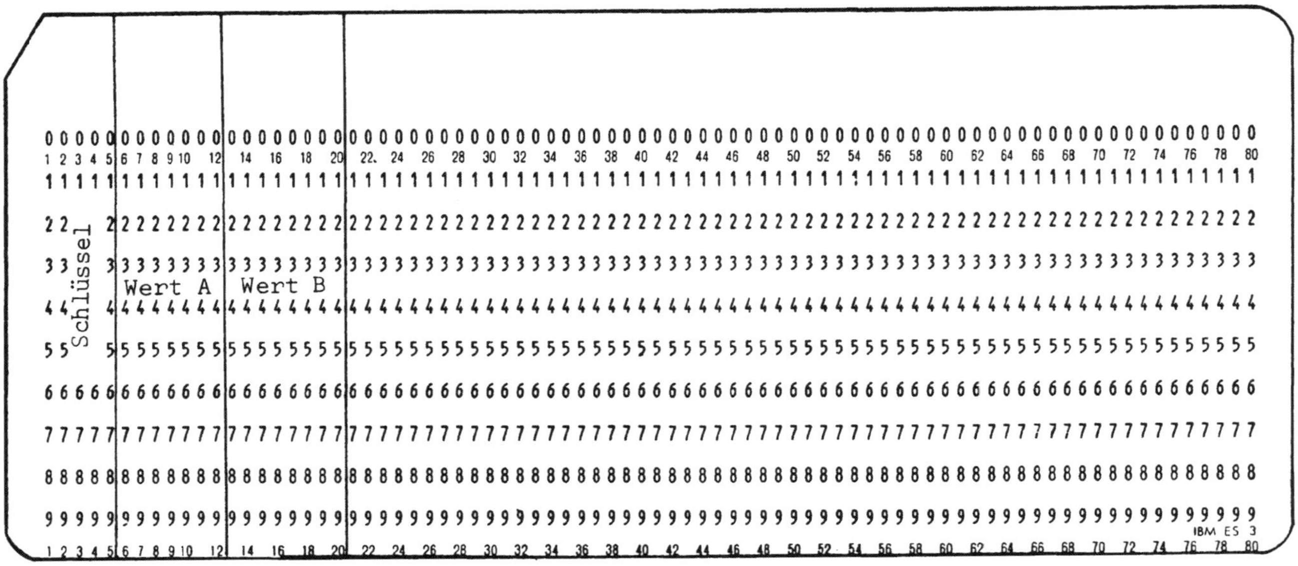


Von jedem Schlüssel ist nur eine Lochkarte im Stapel. Die Anzahl der Lochkarten ist uns nicht bekannt. Das Beenden des Verarbeitungsablaufes nach der letzten Karte besorgt der Computer.

Von allen Karten ist der Schlüssel und der Wert A zu drucken. Wert B wird nur in dem Falle gedruckt, wenn er kleiner ist als Wert A.

Ausserdem soll man die Summe aller Werte A und der gedruckten Werte B berechnen und am Ende der Ausgabeliste drucken.

## AUFGABESTELLUNG B

In einem Lochkartenstapel befindet sich eine im voraus unbekannte Anzahl von Lochkarten mit folgender Karteneinteilung:

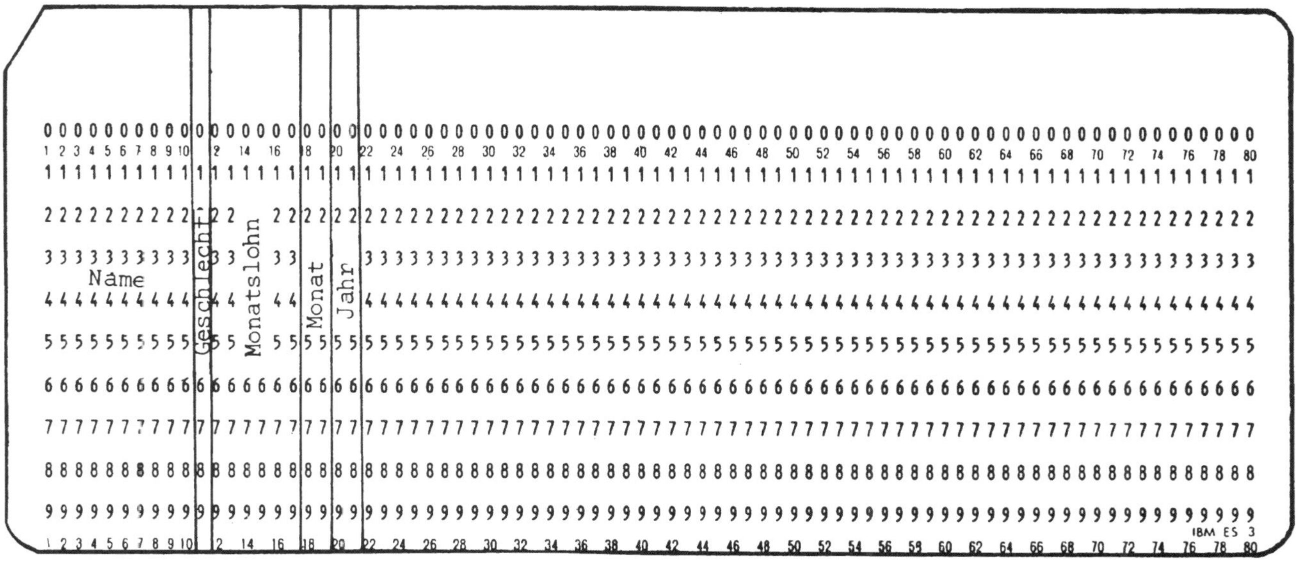


Schlüssel 1 in Kolonne 11 steht für Männer, Schlüssel 2 für Frauen. Wir müssen den durchschnittlichen Lohn der Männer, der Frauen und der beiden Gruppen zusammen berechnen und drucken.

Für jeden Angestellten ist immer nur eine Lochkarte im Lochkartenstapel vorhanden.

## AUFGABESTELLUNG C

Alle Lochkarten im einen gegebenen Lochkartenstapel sind fortlaufend und aufsteigend nummeriert. Diese Ordnungsnummern sind in einem Lochfeld abgelocht. In der ersten Karte ist 1 gelocht, in der zweiten Karte 2 usw. Die Anzahl der Karten ist unbekannt.

Erstellen Sie ein Blockdiagramm für die Kontrolle der aufsteigenden Reihenfolge der Ordnungsnummern. Bei jedem festgestellten Fehler müssen Sie eine Fehlermeldung schreiben. Der Ablauf ist dann frühzeitig abzubrechen, wenn mehr als drei Fehler festgestellt werden.

## LOESUNG DER AUFGABE A VON SEITE 162

### ANALYSE

| | | | | |
|---|---|---|---|---|
| Bezeichnungen: | M... | Schlüssel | | |
| | A... | Wert A | SA... | Summe der Werte A |
| | B... | Wert B | SB... | Summe der gedruckten Werte B |

Verzweigungen: Die Karten, bei welchen B kleiner ist als A, müssen gesondert behandelt werden. Es ist also ein Verzweigungsblock "B kleiner als A?" einzubauen. Auf dem Wege "JA" muss ausser M und A auch der Wert B gedruckt und aufsummiert werden. Auf dem Zweig "NEIN" ist bloss der Schlüssel und der Wert A zu drucken.

Vorsicht: Der Wert A ist immer zu summieren. Der Block "SA + A nach SA" muss also auf dem gemeinsamen Wege liegen.

Kern: Verzweigung, Drucken und Aufsummieren.

### BLOCKDIAGRAMM

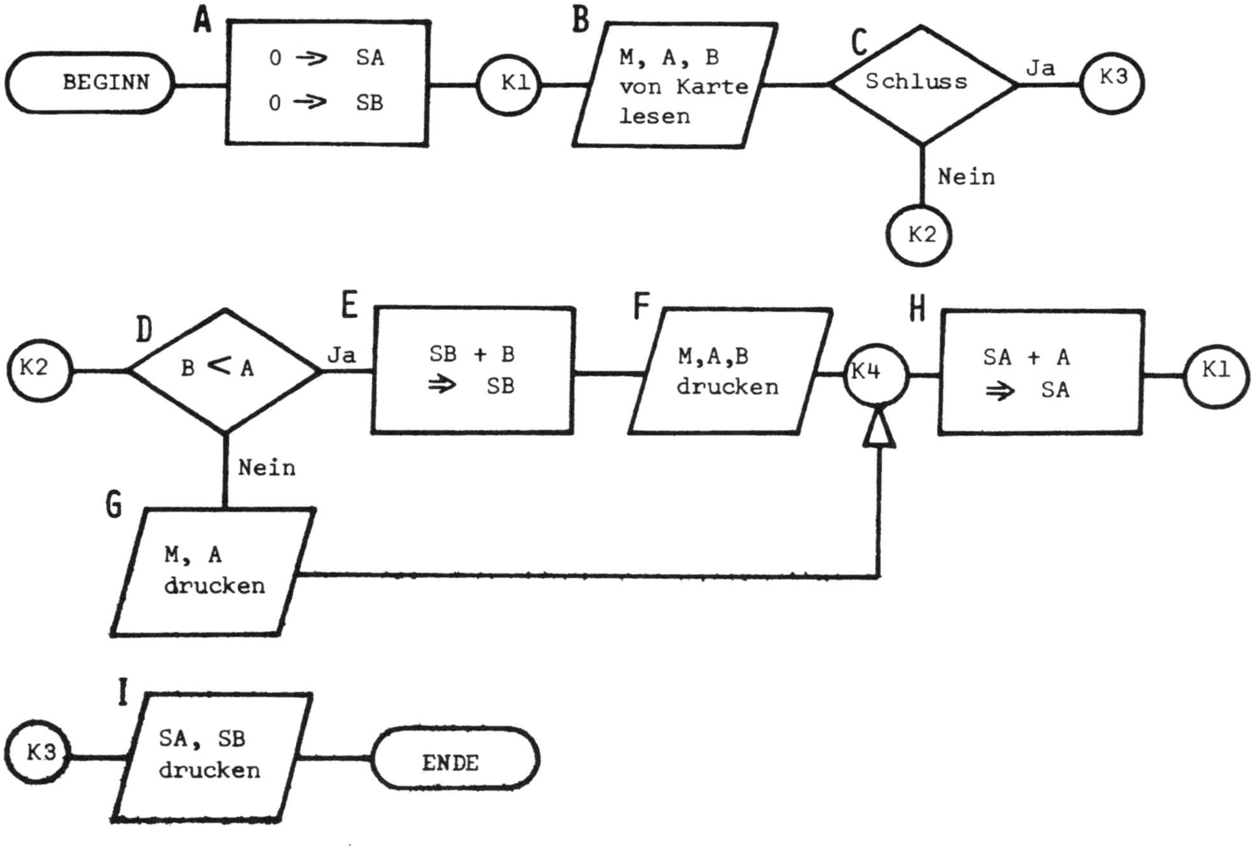

## SIMULATIONSTABELLE

Testeingabe: 1. Karte: M = 1, A = 10, B = 15
2. Karte: M = 2, A = 20, B = 5
3. Karte: Schlusskarte

| Testausgabe: | M | A | B |
|---|---|---|---|
| | 1 | 10 | |
| | 2 | 20 | 5 |
| Summen: | | 30 | 5 |

| Schritt | SA | SB | M | A | B | Entscheide und Ausgabe | Bemerkungen |
|---|---|---|---|---|---|---|---|
| 1. | 0 | 0 | | | | | Block A |
| 2. | | | 1 | 10 | 15 | | Block B |
| 3. | | | | | | Schluss ? ... NEIN | Block C, Konnektor K2 |
| 4. | | | | | | 15 < 10 ? ... NEIN | Block D, folgt Block G |
| 5. | | | | | | 1 und 10 drucken | Block G, Inhalt von M + A wird gedruckt |
| 6. | 10 | | | | | | Block H: 0 + 10 = 10 |
| 7. | | | 2 | 20 | 5 | | Block B, 2. Karte |
| 8. | | | | | | Schluss ? ... NEIN | Block C, Konnektor K2 |
| 9. | | | | | | 5 < 20 ? ... JA | Block D, folgt Block E |
| 10. | | 5 | | | | | Block E: 0 + 5 = 5 |
| 11. | | | | | | 2, 20 und 5 drucken | Block F, Inhalte von M, A und B wird gedruckt |
| 12. | 30 | | | | | | Block H: 10 + 20 = 30 |
| 13. | Schlusskarte eingelesen | | | | | | Block B, Schlusskarte |
| 14. | | | | | | Schluss ? ... JA | Block C, Konnektor K3 |
| 15. | | | | | | 30 und 5 drucken | Block I, Inhalt von SA und SB wird gedruckt |

Wenn die Verarbeitung zum ersten Male zu Block E gelangt, wäre der Inhalt von SB nicht bekannt. Wir brauchen dort eine Null.

Den Block H könnte man auch zwischen Konnektor K2 und Block D plazieren.

## LOESUNG DER AUFGABE B VON SEITE 163

### ANALYSE

Bezeichnungen:

G... Geschlecht (nur 1 oder 2 darf vorkommen)
L... Lohn
L1... Summe der Löhne für Männer (G = 1)
N1... Anzahl der Männer
D1... Durchschnittlicher Monatslohn der Männer:
D1 = L1/N1, also L1 durch N1 dividiert
L2... Summe der Löhne für Frauen (G = 2)
N2... Anzahl der Frauen
D2... Durchschnittlicher Monatslohn der Frauen
D2 = L2/N2
LS... Summe aller Löhne, LS = L1 + L2
NS... Anzahl aller Angestellten, NS = N1 + N2
DS... Durchschnittlicher Monatslohn für die Gesamtheit aller Angestellten
DS = LS/NS

Verzweigungen: Man muss je nachdem G = 1 oder G = 2 ist verzweigen zum Aufsummieren von L1 und N1 bzw. L2 und N2.

Kern: Verzweigungen und Aufsummieren.

Abschluss: Wir setzen voraus, dass der Arbeitsablauf nach dem Einlesen und Verarbeiten der letzten Lochkarte automatisch zum Abschluss übergeht.

## BLOCKDIAGRAMM UND BESCHREIBUNG

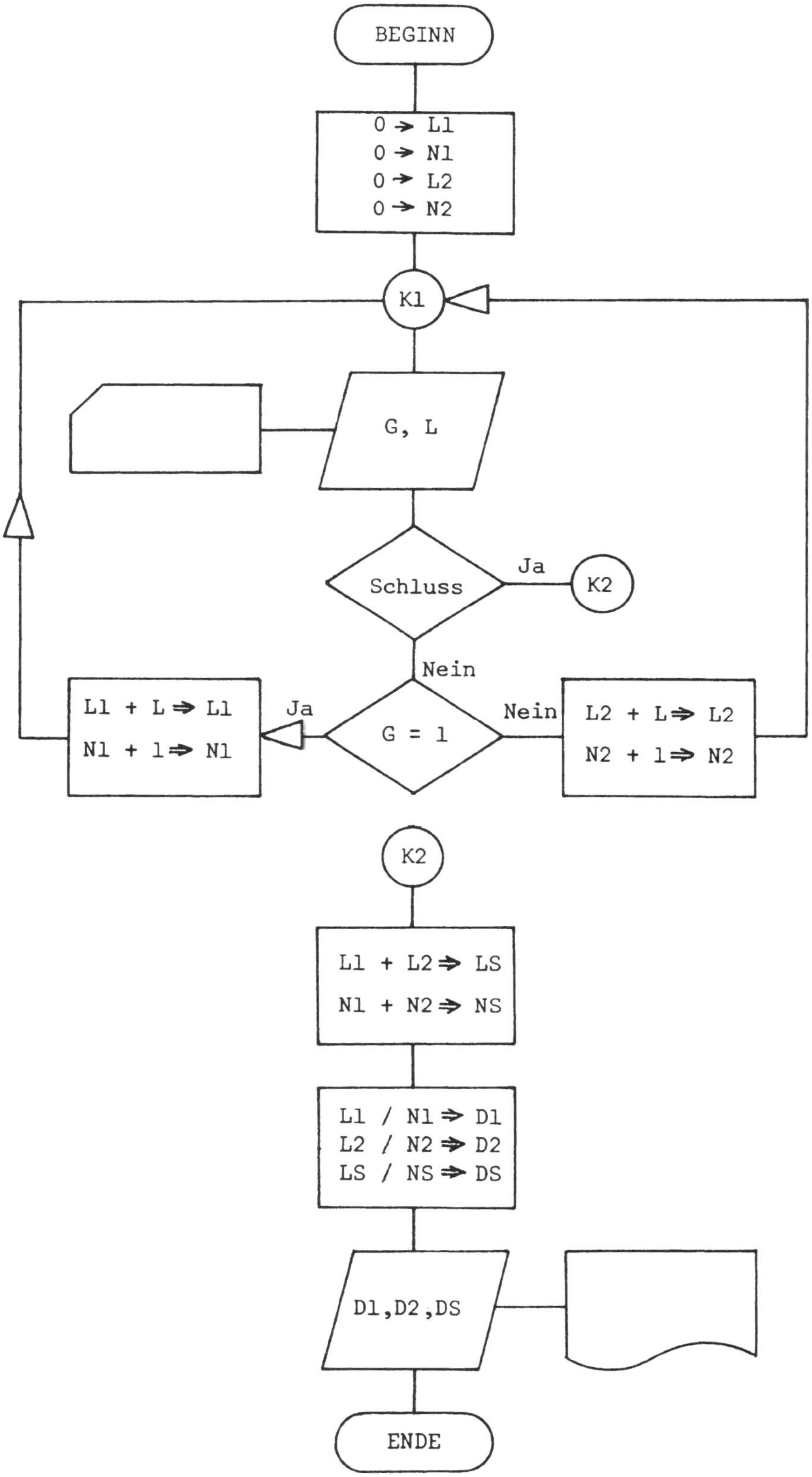


Speicherplätze fürs schrittweise Aufsummieren löschen.

Karte eines Angestellten wird eingelesen. Der Name und das Datum werden <u>nicht</u> gespeichert. Wir brauchen diese Angaben für die vorliegende Verarbeitung nicht.

Nach Geschlecht verzweigen. Wenn G ≠ 1, muss es gleich 2 sein, wenn keine Fehler in der Kolonne "Geschlecht" vorhanden sind. Löhne und Anzahl der Männer und Frauen aufsummieren.

Summen der Löhne und Anzahl der Frauen und Männer werden addiert.

Durchschnitte werden berechnet.

Resultate werden gedruckt.

## Loesung der Aufgabe C von Seite 163

von Seite 163

### Analyse

<u>Bezeichnungen:</u>

N... Ordnungsnummer, welche die Werte 1,2,3 ... annehmen soll.

I... Zähler der eingelesenen Lochkarten, der die Werte 1,2,3 ... fortlaufend annehmen wird.

J... Zähler der festgestellten Fehler

<u>Kern der Aufgabe:</u> Vergleich, ob die eingelesene Ordnungsnummer N mit dem Inhalt des Zählers I übereinstimmt.
Wenn ja, muss weiter gelesen werden.
Wenn nein, muss eine Fehlermeldung gedruckt werden und die Anzahl der Fehler um 1 erhöht werden.

<u>Löschen:</u> Die Speicherplätze für I und J müssen am Anfang des Blockdiagrammes auf Null gesetzt werden.

### Blockdiagramm

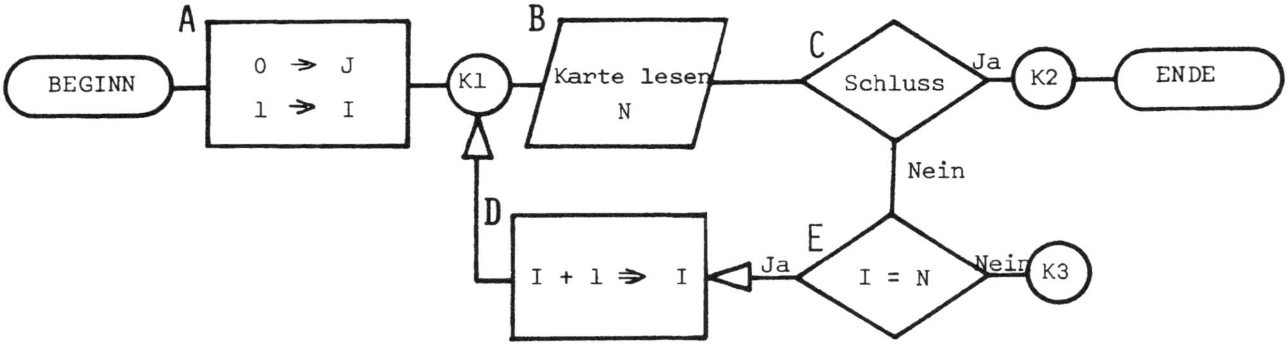


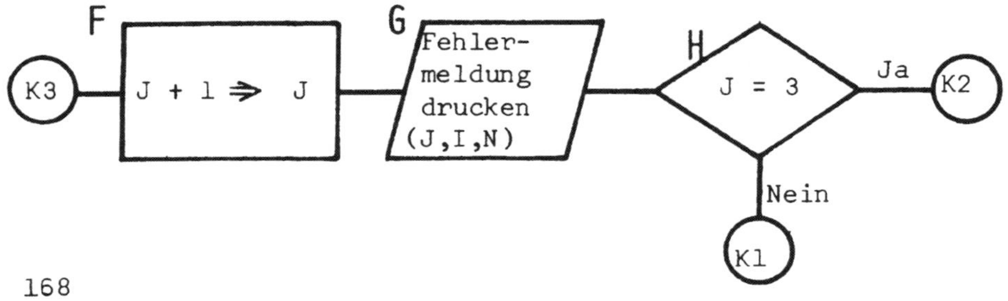

## SIMULATIONSTABELLE

Testeingabe:
1. Karte N = 1
2. Karte N = 2
3. Karte N = 5 (falsch eingereihte Karte)
4. Karte N = 3
5. Karte N = 4
6. Karte = Schlusskarte

| Schritt | J | I | N | Entscheide, Ausgabe |
|---|---|---|---|---|
| 1. | 0 | 1 | | |
| 2. | | | 1 | |
| 3. | | | | Schluss ? ... NEIN |
| 4. | | | | 1 = 1 ... JA |
| 5. | | 2 | | |
| 6. | | | 2 | |
| 7. | | | | Schluss ? ... NEIN |
| 8. | | | | 2 = 2 ... JA |
| 9. | | 3 | | |
| 10. | | | 5 | |
| 11. | | | | Schluss ? ... NEIN |
| 12. | | | | 3 = 5 ... NEIN |
| 13. | 1 | | | |
| 14. | | | | Fehlermeldung: 1,3,5 |
| 15. | | | | 1 = 3 ... NEIN |
| 16. | | | 3 | |
| 17. | | | | Schluss ? ... NEIN |
| 18. | | | | 3 = 3 ... JA |
| 19. | | 4 | | |
| 20. | | | 4 | |
| 21. | | | | Schluss ? ... NEIN |
| 22. | | | | 4 = 4 ... JA |
| 23. | | 5 | | |
| 24. | | | | Schlusskarte gelesen |
| 25. | | | | Schluss ? ... JA |
| 26. | | | | ENDE |

## Beschreibung der Loesung

Den Block D könnten wir auch zwischen die Blöcke C und E stellen. Allerdings müssten wir dann im Block A eine Null in den Speicherplatz I hineinbringen.

In der Fehlermeldung im Block G drucken wir die bisher festgestellte Anzahl der Fehler J, die erwartete Ordnungsnummer I und die tatsächlich eingelesene Ordnungsnummer N. Nur die tatsächliche Ordnungsnummer zu drucken genügt nicht. Die falsch eingereihte Lochkarte muss gefunden werden, um sie an der richtigen Stelle einzureihen. Dazu ist die Angabe I nützlich. Sie zeigt uns die letzte noch richtig eingereihte Karte.

Wie funktioniert das Blockdiagramm für folgende zwei Testeingaben:

a) N = 1, N = 2, N = 4, N = 5. Die dritte Karte ging verloren, nicht wahr?

b) N = 1, N = 2, N = 4, N = 5, N = 3. Eine Gruppe von Karten wurde falsch eingereiht.

Haben Sie dazu die Simulationstabellen erstellt? Was haben Sie gefunden? Sie konnten gewiss feststellen, dass die Fehlerbehandlung keine einfache Angelegenheit ist. Es wäre zu schwierig für Sie, dieses Problem im Einführungskurs detailliert zu bearbeiten. Erst später bei der Programmierung werden Sie die notwendigen Kenntnisse haben, um auch diese äusserst wichtige Aufgabe zu bewältigen.

Bevor Sie dieses Heft schliessen, erlaube ich mir die folgenden Fragen :

| FRAGE | ANTWORT |
|---|---|
| 1. Können Sie jetzt einfache Blockdiagramme selbstständig erstellen ? | A. Ja<br>B. Nein |
| 2. Können Sie ohne Schwierigkeiten Blockdiagramme lesen ? | A. Ja<br>B. Noch nicht ganz<br>C. Nein |
| 3. Haben Sie einen allgemeinen Ueberblick über die Blockdiagrammtechnik gewonnen ? | A. Ja<br>B. Nein |

## IHRE LOESUNG

1. ◯ 2. ◯ 3. ◯

## VON MIR ERWARTETE LOESUNG

1. (B) 2. (B) 3. (A)

## SCHLUESSEL ZU DIESER SEITE

AAA Sie sind einfach ein Wunderkind. Gratuliere!

BAA Mein aufrichtiges Kompliment! Unser Ziel war ja das Wichtigste über die Blockdiagrammtechnik zu erfahren. Blockdiagramme erstellen, das braucht viel Uebung und Zeit.

BBA Sie können zufrieden sein. Das Ziel wurde erreicht.

BCA Es ist nicht schlimm. Trotzdem möchte ich Ihnen eine Repetition ab Seite 141 empfehlen.

BCB Sie dürfen nicht so bescheiden sein. Vergleichen Sie Ihr Wissen über die Blockdiagramme jetzt und vor vierzehn Tagen!
Stimmt aber Ihre Antwort wirklich, dann bin ich wahrscheinlich schuld. Meine Darstellung des Stoffes dürfte Ihnen nicht zusagen. Bemühen Sie sich jedoch bitte nochmals ab Seite 124.

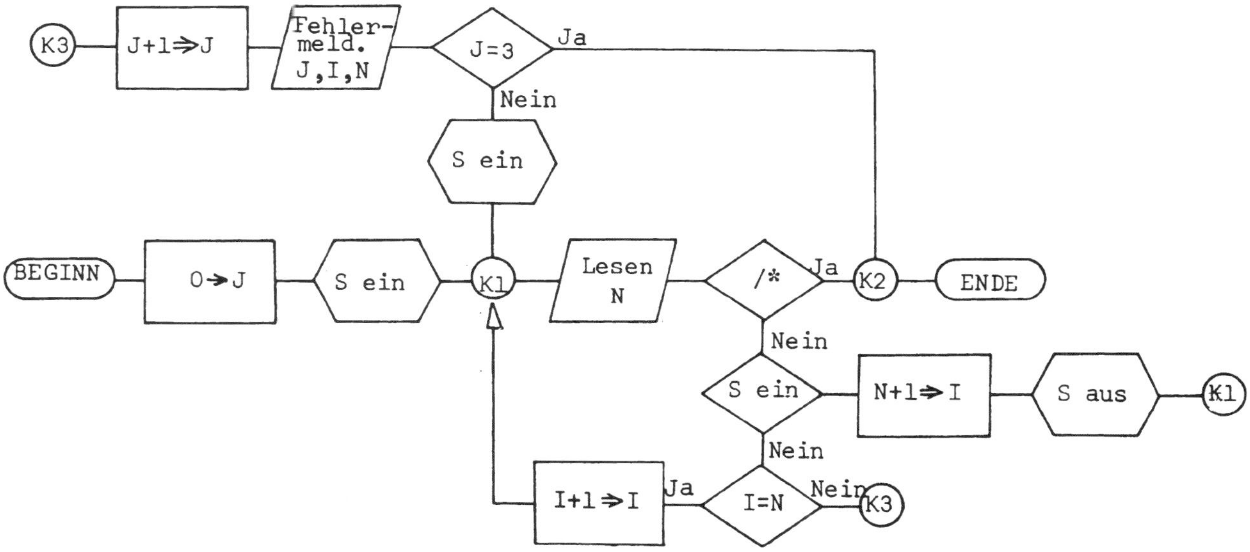

## SCHLUESSELVERZEICHNIS ZU HEFT 3

AUSFUEHRLICHE ANTWORTEN AB SEITE 279

| SEITE | SCHLUESSEL |
|---|---|
| 124 | BBA |
| 126 | |
| 128 | ABA |
| 130 | VLL(= Zweig fehlt)V |
| 132 | 1. Entscheidet automatisch über das Bestellwesen.<br>2. 1101 (Schlusskarte nicht vergessen!)<br>3. 2001 (Schlusskarte nicht vergessen!)<br>4. 100 (10% aller Artikel sind bestellreif) |
| 134, 135 | Siehe Seite 174 und 175 |
| 136 | ABB |
| 140 | CA |
| 142 | 190, 60, 70, 600, 20 BB |
| 144 | BA |
| 146 | AB 2, 9, 13 (Siehe Seite 150) |
| 152 | ABBA |

## Antworten auf die Fragen von Seiten 134 und 135

1. a) Nein

   b) Wenn sich keine Lochkarte mehr im Eingabemagazin des Kartenlesers befindet. Die Maschine muss laut Blockdiagramm nach dem Drucken einer Zeile immer zum Befehl "Kartenlesen" zurückkehren. Findet sie keine Karte mehr, stoppt sie und ruft die Bedienung zu Hilfe. Der Operator muss feststellen, aus welchem Grunde die Maschine anhält. Das kostet Zeit und viel Geld, da die Maschinenzeit teuer ist.

   c)

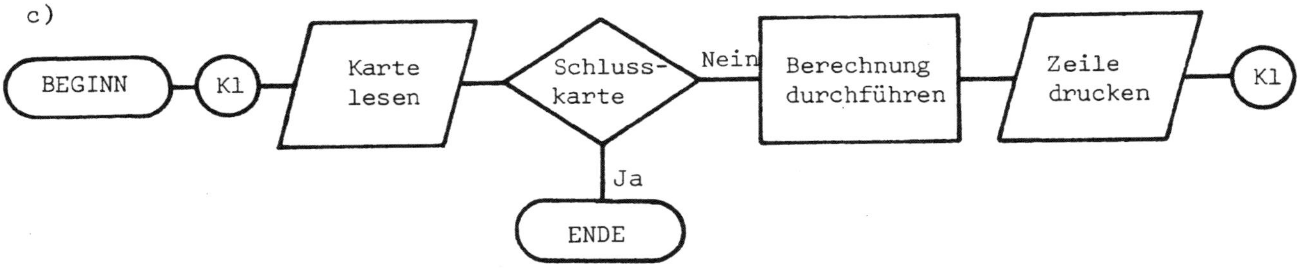


2. Nein. Bei B = 0 stoppt die Maschine und der Operator muss die Ursache ausfindig machen. Wir sollten die Verarbeitung gegen allfällige Störungen und Fehler sichern. In unserem Fall z.B. auf diese Weise:

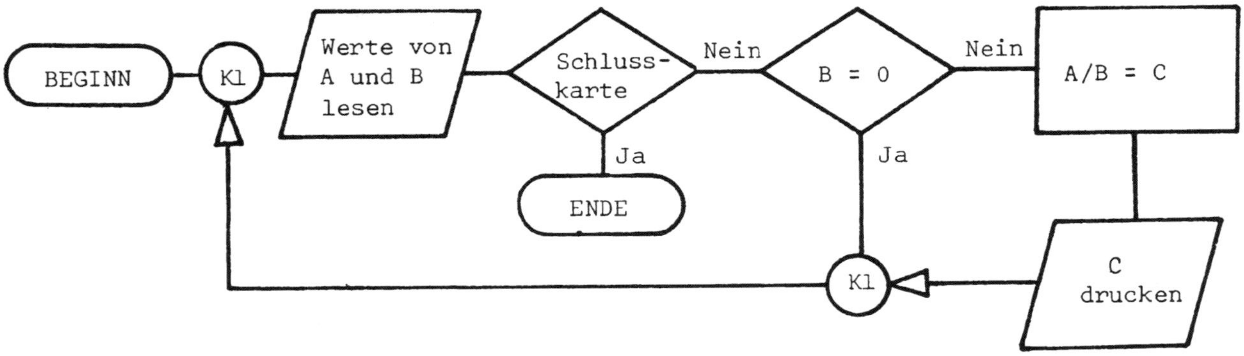


Durch die Verzweigung B = 0, JA oder NEIN, können wir bei B = 0 die Befehle zum Dividieren und Ergebnisdrucken überspringen, so dass der Computer nicht anhalten muss.

Wir könnten auch zwischen dem Verzweigungsblock B = 0 und dem Konnektor K1 einen Operationsblock einbauen, laut dem der Computer eine Nachricht drucken würde, z,B. "Berechnung unmöglich, B = 0". Dann sieht man sogleich, welche Divisionen aus diesem Grund nicht durchgeführt werden konnten. Das erleichtert das Lesen der Ausgabeinformationen. Darum sollte man sich schon beim Erstellen der Blockdiagramme kümmern.

3.

I : Falsch, ein Operationsblock darf nie mehrere Ausgänge haben, Verzweigung darf man nur anhand einer Frage, also durch einen Verzweigungsblock angeben.

J : Falsch, über den Ein- und Ausgabeblock gilt dasgleiche wie über den Operationsblock - siehe I.

M : Falsch, ein Verzweigungsblock muss mindestens zwei Ausgänge haben, sonst gäbe es keine Entscheidung.

N : Falsch, die Eingänge von J und M sollten über einen gemeinsamen Konnektor angegeben werden

Als Ergänzung seien hier auch die richtigen Blöcke erwähnt:

A : Richtig

B : Richtig, ein Operationsblock muss immer einen Eingang und einen Ausgang haben

C : Richtig

D : Richtig, ein Ein- und Ausgabeblock muss immer einen Eingang und einen Ausgang haben. Zu diesem Block D kommt man zwar von zwei verschiedenen Blöcken (B und E), aber die Verbindungslinien gehen über den Konnektor Kl.

E : Richtig, ein Verzweigungsblock muss immer einen Eingang und mindestens zwei Ausgänge haben.

F : Richtig, es ist nur ein formeller Konnektor, den wir aus Platzgründen benutzt haben. Hingegen Konnektor Kl ist sachlich begründet. Er deutet woher und wohin man im Programm springen muss.

G : Richtig, siehe D und F

H : Richtig, siehe F

K : Richtig

L : Richtig

O : Richtig

Zu allen drei Fragen gibt es 3 + 1 + 4 = 8 Antworten

Mehr als 3 Antworten falsch? Macht nichts! Lesen Sie die Seiten 124 bis 131 (aber erst übermorgen) durch und versuchen Sie dann die Aufgaben auf den Seiten 134 und 135 nochmals!

Richtig?

Gratuliere!

# 1. Hardware und Software

## ① HARDWARE

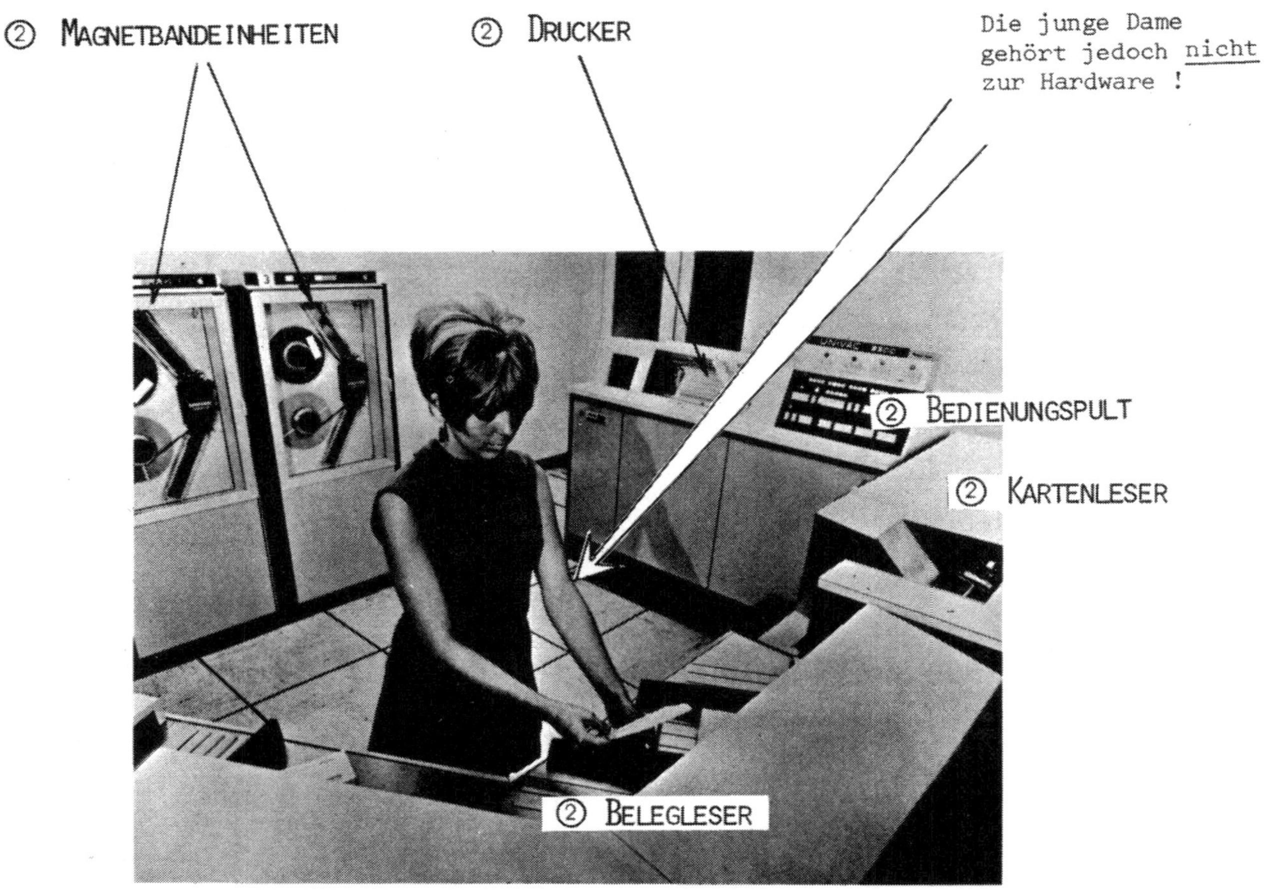


| FRAGE | ANTWORT | IHRE LOESUNG |
|---|---|---|
| 1. Ein Locher gehört zur | A. Hardware<br>B. Software | ○ |
| 2. Eine Sortiermaschine ist ein Teil | A. Der Zusatzgeräte<br>B. Des Computers<br>C. Der Software | ○ |
| 3. In welcher Grössenordnung steht das Preisverhältnis der Hardware zu der Software ? | A. Ca. 5 : 1<br>B. Ca. 1 : 1<br>C. Ca. 1 : 5 | ○ |

## 1.1. VERKAUFSGUT DER COMPUTERHERSTELLER

In der Datentechnik unterscheidet man zwei Arten von Warenleistungen der Hersteller von Datenverarbeitungsanlagen:
a) die Hardware, auch materielle Ware genannt und
b) die Software, auch immaterielle Ware genannt.

## 1.2. HARDWARE

Unter der materiellen Ware versteht man die gesamten technischen Einrichtungen einer Datenverarbeitungsanlage oder eines Datenverarbeitungssystems.

Die Hardware ist der physikalische Teil der elektronischen Datenverarbeitung. Kurz alles, was man mit den Fingern berühren und betasten kann.

Vor allem gehört zur Hardware der Computer selbst. ①
Alle seine Teile, seine Drähte, Transistoren, Schaltkreise, Bedienungstasten, Zahnräder usw. ②

Zu der Hardware gehören weiter alle Zusatzgeräte. Diese sind zwar mit dem Computer nicht direkt verbunden, sie sind jedoch für die Datenverarbeitung sehr wichtig. Erinnern Sie sich bitte an das dritte Kapitel des zweiten Heftes. Alle dort beschriebenen Lochkartengeräte gehören zu den Randmaschinen des Computers.

ZUSATZINFORMATION

Der Computer belegt mit seinen Einheiten und Geräten oft mehrere Räumlichkeiten. Sein Eigengewicht übersteigt vielfach eine Tonne. Die Software als Seele des Computers ist räumlich und in Gewichtseinheiten nicht messbar. Und trotzdem beläuft sich schon heute der Kostenanteil der Software auf ca. 50 % des Kaufpreises für das gesamte Datenverarbeitungssystem. Man schätzt, dass in den Achtziger-Jahren die Software bis zu 90 % des Gesamtkauf- oder Mietpreises ausmachen wird.

NOTIZEN

→ Heft 1 Seiten 46 bis 53
Heft 2 Seiten 100 bis 111

## DATENVERARBEITUNGSVORGANG

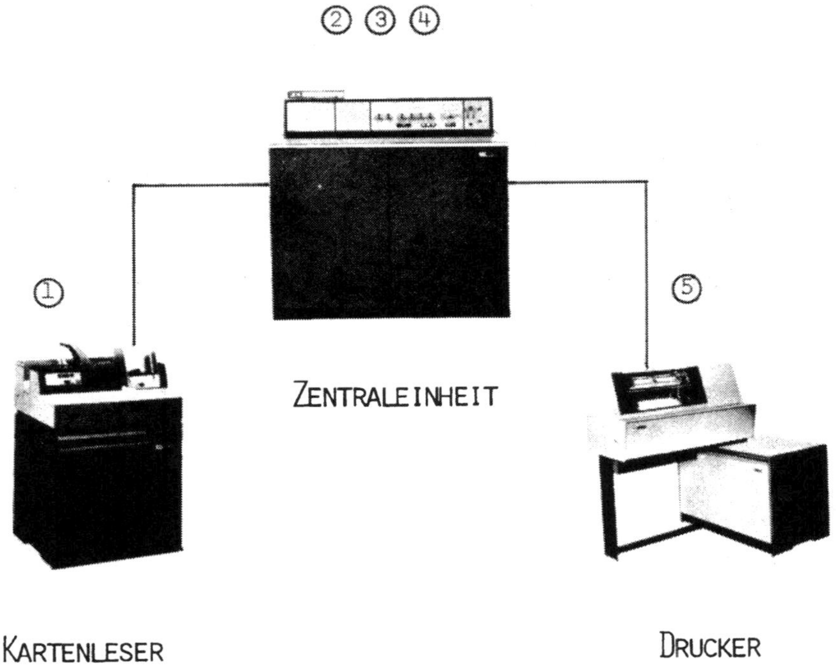


| FRAGE | ANTWORT | IHRE LOESUNG |
|---|---|---|
| 1. Der Begriff Instruktion gehört zur | A. Hardware<br>B. Software | ◯ |
| 2. Die arithmetischen Operationen werden durchgeführt | A. Im Kartenlesen<br>B. Im Drucker<br>C. In der Zentraleinheit | ◯ |
| 3. Das Programm für die Berechnung der Löhne ist ein Bestandteil | A. Der Anwendungsprogramme<br>B. Der Hardware<br>C. Der Software | ◯ |

## 1.3. DATENVERARBEITUNGSVORGANG

Daten verarbeiten bedeutet:

a) Eingabedaten lesen. ①
b) Daten speichern. ②
c) Erforderliche Rechenoperationen durchführen. ③
d) Die Verarbeitung der Daten auf dem Computer muss gesteuert werden. Das besorgt die Zentraleinheit des Computers. ④
e) Fertige Resultate ausgeben. ⑤

## 1.4. SOFTWARE

Die Hardware ist die tote Materie. Sie muss durch Programme belebt werden.

Ein Computerprogramm ist eine Reihenfolge von Instruktionen, nach denen der Computer seine Arbeit steuern und durchführen kann.

Wir unterscheiden grundsätzlich zwei Gruppen von Computerprogrammen:

a) Vom Hersteller des Computers gelieferte Programme. Diese Gruppe von Programmen heisst Software oder Herstellerprogramme. Einen der wichtigsten Bestandteile bildet dabei das Betriebssystem.

b) Vom Benützer des Computers geschriebene Programme. Diese Gruppe der Programme bezeichnen wir als Arbeitsprogramme oder Anwendungsprogramme. Im weiteren Text wird unter dem Begriff Programm immer Anwendungsprogramm verstanden.

### ZUSATZINFORMATION

Softwareprogramme steuern verschiedene oft vorkommende Funktionen des Computers wie etwa das Einlesen von Eingabedaten, das Zusammenspiel der einzelnen Teile des Computers, das Sortieren von Daten, die Durchführung von arithmetischen Operationen usw. Die Arbeitsprogramme geben dem Computer die notwendigen Befehle für die Verarbeitung von konkreten Aufgaben, wie etwa der Buchhaltung, der Fakturierung, der Lohnlisten, der technischen Berechnungen usw.

### NOTIZEN

→ Heft 1 Seite 48 und Seiten 56 bis 65

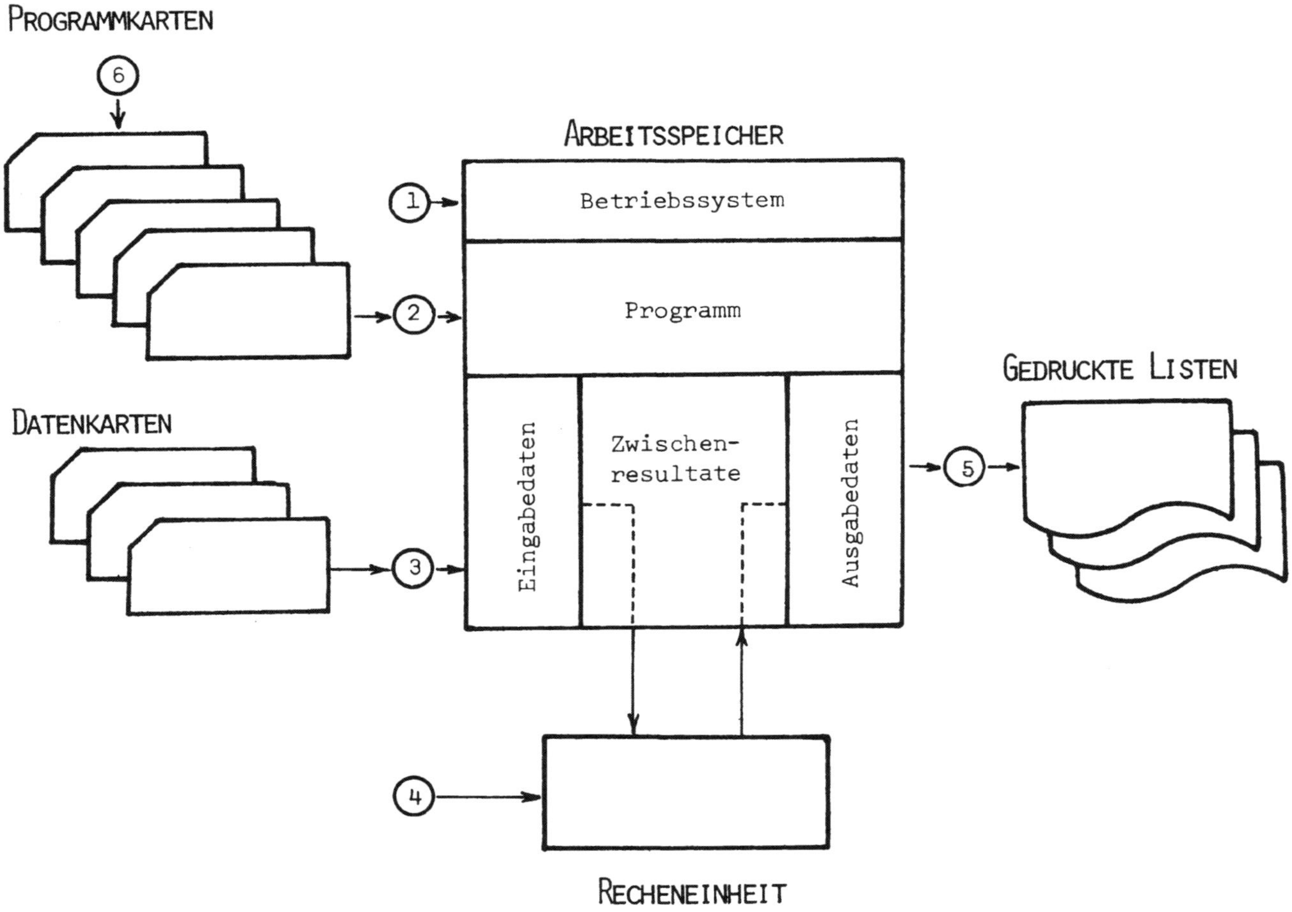


| FRAGE | ANTWORT | IHRE LOESUNG |
|---|---|---|
| 1. Bevor man die Programmkarten eingibt, müssen sich schon im Speicher befinden ? | A. Die Eingabedaten<br>B. Das Betriebssystem<br>C. Die Zwischenresultate | ○ |
| 2. Am Anfang wird die Verarbeitung gesteuert durch | A. Das Betriebssystem<br>B. Das Programm | ○ |
| 3. Die Instruktionen sind enthalten in | A. Den Datenkarten<br>B. Den Programmkarten<br>C. Der Hardware | ○ |

## .5. ARBEITSABLAUF IM COMPUTER

Ik die Verarbeitung einer bestimmten Anwendungsaufgabe im Computer sind folgende Schritte erforderlich:

a) Unter der Leitung des Betriebssystems wird das Programm in den Speicher des Computers eingelesen. Diesen Vorgang bezeichnen wir als das Laden des Programms. ① ②
b) Nachdem das Programm geladen ist, übernimmt es die weitere Leitung der Verarbeitung.
c) Den Instruktionen des Programms entsprechend werden die Eingabedaten in den Speicher des Computers eingelesen, in der Recheneinheit verarbeitet und die Resultate herausgegeben. ③ ④⑤

Im dritten Heft haben wir gemeinsam Programmablaufdiagramme erstellt. Jedes dieser Blockdiagramme war eine Folge von Befehlen und Entscheidungen. Diese Folge wird vom Programmierer in Instruktionen umgeschrieben. Es entsteht das Programm.

Die einzelnen Instruktionen werden in Lochkarten abgelocht und dem Computer zugeführt. Der Bediener des Computers legt diese Programmkarten in das Eingabemagazin und drückt die Starttaste. Das Betriebssystem sorgt nun für das Einlesen der Programmkarten. Jetzt weiss der Computer, was und wie er etwas zu tun hat. Die eigentliche Verarbeitung der Eingabedaten kann beginnen. ⑥ ②

ZUSATZINFORMATION

Das Programm muss nicht unbedingt mit Lochkarten eingegeben werden. Der Computer kann es auch von andern Datenträgern, z.B. vom Lochstreifen, vom Magnetband, von der Magnetplatte usw. einlesen. Das gleiche gilt auch von den Eingabedaten. Wir werden diese Datenträger im zweiten Teil dieses Heftes kennenlernen.

NOTIZEN

← Heft 3 Seiten 125 und 127

# 2. Aufbau des Computers

## DEZIMALSYSTEM

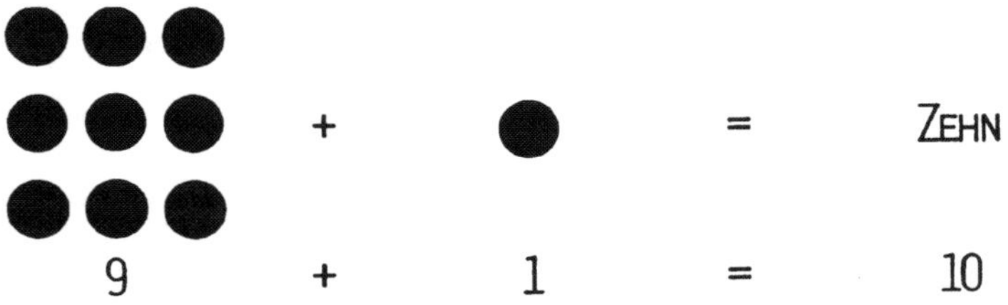


Im Dezimalsystem haben wir kein eigenes Zeichen für die Zahl <u>Zehn</u>. Deswegen benützen wir die Ziffernkombination: 10 = 1 <u>Zehner</u> + 0 Einer.

## BINAERSYSTEM

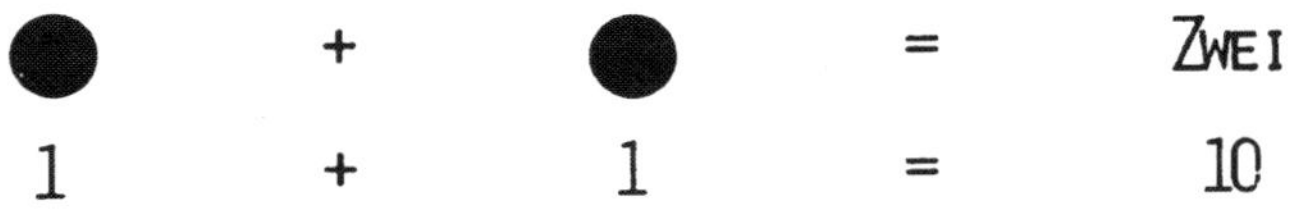


Im binären System haben wir kein eigenes Zeichen für die Zahl <u>Zwei</u>.Deswegen benützen wir die Ziffernkombination: 10 = 1 <u>Zweier</u> + 0 Einer.

## VERGLEICH VON DEZIMAL- UND BINAERSYSTEM

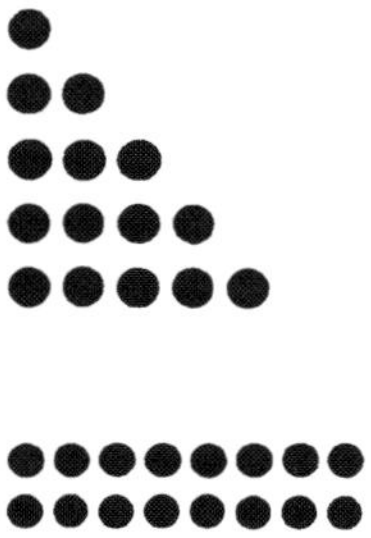

| | |
|---|---|
| 1 | 1 |
| 2 | 10 |
| 3 | 11 |
| 4 | 100 |
| 5 | 101 |
| 16 | 10000 |

---

| FRAGE | ANTWORT | IHRE LOESUNG |
|---|---|---|
| 1. Entspricht der programmierte Schalter, Heft 3 Seite 153, dem binären System ? | A. Ja, er kann nur zwei verschiedene Zustände aufweisen.<br>B. Nein, es ist weder eine Null noch eine Eins. | ○ |
| 2. Entspricht eine Glühbirne dem binären System ? | A. Ja, entweder brennt sie oder nicht.<br>B. Nein, man kann doch mehrere Glühbirnen auf einmal einschalten. | ○ |

## 2.1. BINAERES ZAHLENSYSTEM

Die Lageschrift der Lochkarten beruht auf dem Prinzip des Vorhandenseins oder Nicht-Vorhandenseins einer Lochung in einer Lochstelle. Die Lageschrift des Computers beruht auf einem ähnlichen binären System. Es sind auch nur zwei Zustände möglich: magnetisiert und nicht magnetisiert oder magnetisiert im Uhrzeigersinn und magnetisiert in der Gegenrichtung.

Um zwei Zustände darzustellen, brauchen wir nur zwei Ziffern:

0 und 1.

Unglücklicherweise haben wir 10 Finger, was die Araber vor tausend Jahren als Basis unseres heutigen Zahlensystems benützt haben. Deswegen gibt es im dezimalen System zehn Ziffern:

0, 1, 2, 3, 4, 5, 6, 7, 8, 9.

Wir müssen uns jetzt also umstellen. Eine dezimale Sechs z.B. wird für uns eine binäre Zahl 110. Finden Sie das schwierig? Oh, nein! Es ist nicht schwierig. Es ist nur ungewöhnlich. Betrachten Sie jetzt bitte Seite 186.

Vorläufig begnügen wir uns mit der Kenntnis der ersten 16 binären Zahlen:

| Dezimal | Binär | (Bedeutung) | Dezimal | Binär | (Bedeutung) |
|---|---|---|---|---|---|
| 0 | 0000 | (0+0+0+0) | 8 | 1000 | (8+0+0+0) |
| 1 | 0001 | (0+0+0+1) | 9 | 1001 | (8+0+0+1) |
| 2 | 0010 | (0+0+2+0) | 10 | 1010 | (8+0+2+0) |
| 3 | 0011 | (0+0+2+1) | 11 | 1011 | (8+0+2+1) |
| 4 | 0100 | (0+4+0+0) | 12 | 1100 | (8+4+0+0) |
| 5 | 0101 | (0+4+0+1) | 13 | 1101 | (8+4+0+1) |
| 6 | 0110 | (0+4+2+0) | 14 | 1110 | (8+4+2+0) |
| 7 | 0111 | (0+4+2+1) | 15 | 1111 | (8+4+2+1) |

**ZUSATZINFORMATION**

1. Die führenden Nullen in der obigen Darstellung der binären Zahlen sind für den Zahlenwert bedeutungslos. Sie werden aber bald sehen, dass in der EDV diesen Vierergruppen eine besondere Bedeutung beigemessen wird.
2. Das binäre System lässt sich bequem und verschiedenartig realisieren. Einige Beispiele: Lochstelle, Glühbirne, elektrische Klingel, Zahlen 0 und 1, Antworten Ja und Nein.

**NOTIZEN**

← Heft 2 Seiten 82 und 85

① BCD-Code

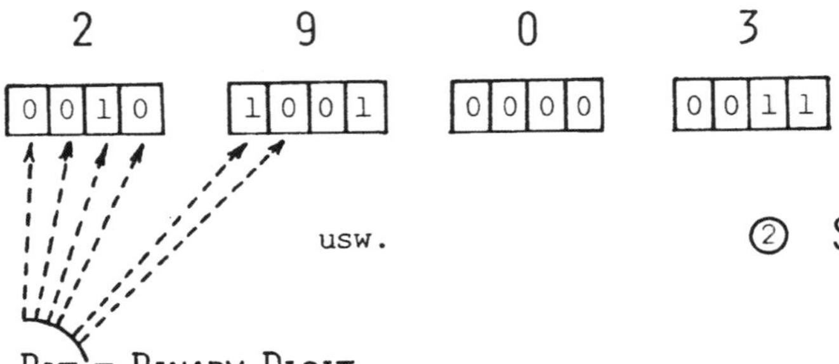


② Speicherelement

③ Bit = Binary Digit
Binaere Ziffer 0 oder 1

④ 16 Bitkombinationen im BCD-Code

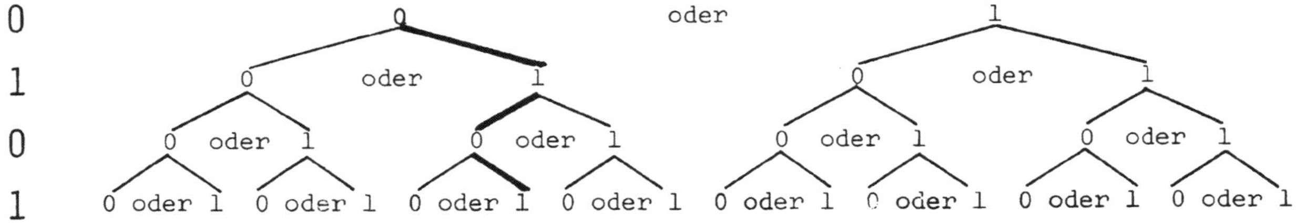


Durch die dicken Linien ist die Bitkombination 0101 angegeben. Der BCD-Code verfügt über insgesamt 16 Bitkombinationen (2 hoch 4).

⑤ EBCDI-Code (Beispiele):

| | | | | | |
|---|---|---|---|---|---|
| 1 | 1 1 1 1 0 0 0 1 | A | 1 1 0 0 0 0 0 1 | & | 0 1 0 1 0 0 0 0 |
| 2 | 1 1 1 1 0 0 1 0 | B | 1 1 0 0 0 0 1 0 | . | 0 1 0 0 1 0 1 1 |
| 5 | 1 1 1 1 0 1 0 1 | N | 1 1 0 1 0 1 0 1 | / | 0 1 1 0 0 0 0 1 |
| 9 | 1 1 1 1 1 0 0 1 | Z | 1 1 1 0 1 0 0 1 | * | 0 1 0 1 1 1 0 0 |

Ein Achtbitcode umfasst 256 Bitkombinationen (2 hoch 8).

---

| FRAGE | ANTWORT | IHRE LOESUNG |
|---|---|---|
| 1. Die Vierbitkombination 0111 stellt welche dezimale Zahl dar ? | A. 3<br>B. 7 | ○ |
| 2. Die dezimale Zahl 834 wird im BCD-Code folgendermassen dargestellt : | A. 1000 0011 0100<br>B. 1-11-1 | ○ |
| 3. Alle Ziffern im EBCDI-Code haben in den vier linken Bits eine 1. | A. Richtig<br>B. Falsch | ○ |
| 4. Eine Ziffer unterscheidet sich im EBCDI-Code von einem Buchstaben durch die vier linken Bits. | A. Ja<br>B. Nein | ○ |

## 2.2. BCD-CODE

Der BCD-Code ist eine binär verschlüsselte dezimale Darstellung unserer Zeichen.

Ich bin fest davon überzeugt, dass Sie sich die Vergleichstabelle der dezimalen und binären Zahlen von Seite 187 abgeschrieben haben. Noch nicht?

Mit Hilfe dieser Tabelle haben wir die dezimale Zahl 2903 im BCD-Code geschrieben ①. Jedes Feldchen stellt ein magnetisierbares Element ② im Arbeitsspeicher des Computers dar. Wir nennen ein solches Element Bit ③.

Der BCD-Code schliesst je vier Bits pro Speicherplatz zusammen. In einem solchen Speicherplatz können wir jede beliebige der sechzehn verschiedenen Bitkombinationen ④ und folglich sechzehn verschiedene Zeichen darstellen.

## 2.3. EBCDI-CODE

Der EBCDI-Code ist ein erweiterter Code für binär verschlüsselte Zeichen. Warum brauchen wir den erweiterten Code?

Der BCD-Code erlaubt nur sechzehn verschiedene Zeichen darzustellen. Das reicht für die zehn Ziffern und eventuell noch für sechs weitere Zeichen. Das Alphabet enthält aber 26 Buchstaben, dazu kommen noch die 10 dezimalen Ziffern und die Sonderzeichen. Um alle diese Zeichen darstellen zu können, brauchen wir mehr als vier Bits in jeder Bitgruppe.

Im EBCDI-Code werden zur Darstellung der Zeichen Achtbitgruppen benützt ⑤.

**ZUSATZINFORMATION**

Im zweiten Heft haben Sie den Lochcode kennengelernt. Der BCD-Code und der EBCDI-Code sehen äusserlich anders aus. Sie sind dem physikalischen Aufbau der elektronischen Bauelemente angepasst. Diese Elemente können nur zwei Zustände annehmen und deswegen sind sie für ein binäres System am besten geeignet.

**NOTIZEN**

→ Heft 1 Seiten 45 und 46
Heft 2 Seiten 82 bis 85

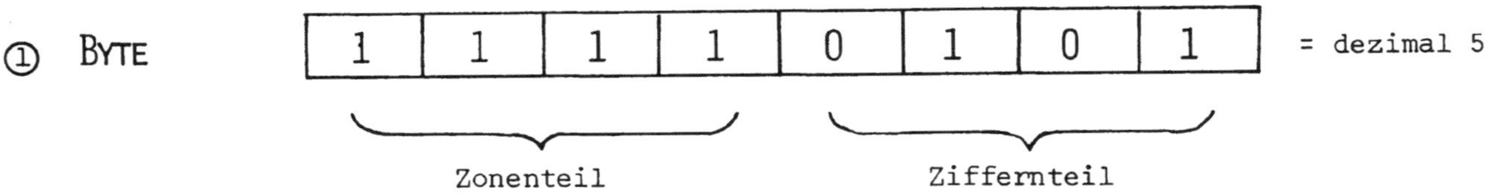


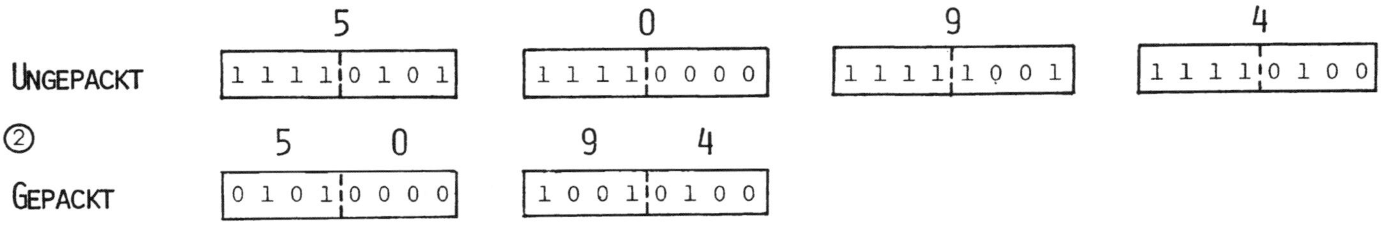


Der Vorteil der gepackten Form ist anschaulich: bis zu 50% Speicherkapazität wird erspart. Bei Zahlen mit ungerader Ziffernanzahl und bei negativen Zahlen liegt die Ersparnis etwas unter 50%.

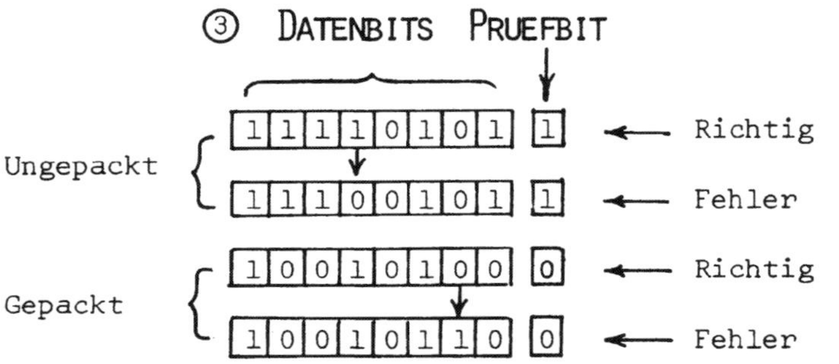


Die Fehler sind zum Beispiel bei einer Uebertragungsoperation

entstanden.

---

| FRAGE | ANTWORT | IHRE LOESUNG |
|---|---|---|
| 1. Wieviele Datenbits sind in einem Byte enthalten ? | A. 9<br>B. 8 | ○ |
| 2. In einem Byte kann man zwei Ziffern speichern. | A. Richtig<br>B. Falsch | ○ |
| 3. Folgende Bitfolge bildet ein Byte samt Prüfbit: 111010011 | | |
| a) Ist diese Bitfolge möglich ? | A. Ja<br>B. Nein | ○ |
| b) Ist diese Bitfolge richtig ? | A. Ja<br>B. Nein | ○ |

## 2.4. BYTE

Mit dem Namen Byte (lies bait) wird eine Achtbitgruppe bezeichnet. Aehnlich der Spalte einer Lochkarte wird ein Byte in den Zonenteil und den Ziffernteil aufgeteilt ①.

Wir wissen schon, dass im EBCDI-Code alle dezimalen Ziffern im Zonenteil nur binäre Einer haben. Es ist also denkbar, dass man bei den numerischen Daten auf den Zonenteil verzichtet und ihn durch einen zweiten Ziffernteil ersetzt. So ist es möglich, zwei dezimale Ziffern in einem Byte unterzubringen. Dies nennt man Packen. Die Ziffern stehen im Arbeitsspeicher des Computers in gepackter Form ②.

Die alphanumerischen Daten werden immer ungepackt gespeichert. Die numerischen Daten hingegen können gepackt gespeichert werden. Das führt zur Ersparnis an Speicherkapazität.

## 2.5. PRUEFBIT

Die acht Bits in einem Byte nennt man Datenbits. Für jedes Byte ist zusätzlich ein sogenanntes Prüfbit vorhanden. Dieses kontrolliert die korrekte Speicherung und Uebertragung der Daten.

Der Prüfvorgang ist sehr einfach. Das Prüfbit enthält eine Null oder eine Eins je nach der Anzahl der Einer in den acht Datenbits. Alle neun Bits müssen zusammen immer eine ungerade Anzahl von binären Einern aufweisen, andernfalls liegt ein Fehler vor ③.

ZUSATZINFORMATION

Vorläufig müssen wir uns mit der Kenntnis über die Möglichkeit des Packens begnügen. Sie machen sich später mit den Instruktionen und mit der Software vertraut. Erst dann werden Sie verstehen können, wie man darüber entscheiden kann, ob die numerischen Daten gepackt oder ungepackt gespeichert werden müssen.

NOTIZEN

→ Heft 1 Seite 29 , Heft 2 Seite 82 ,
Heft 4 Seite 189

① COMPUTERSCHEMA

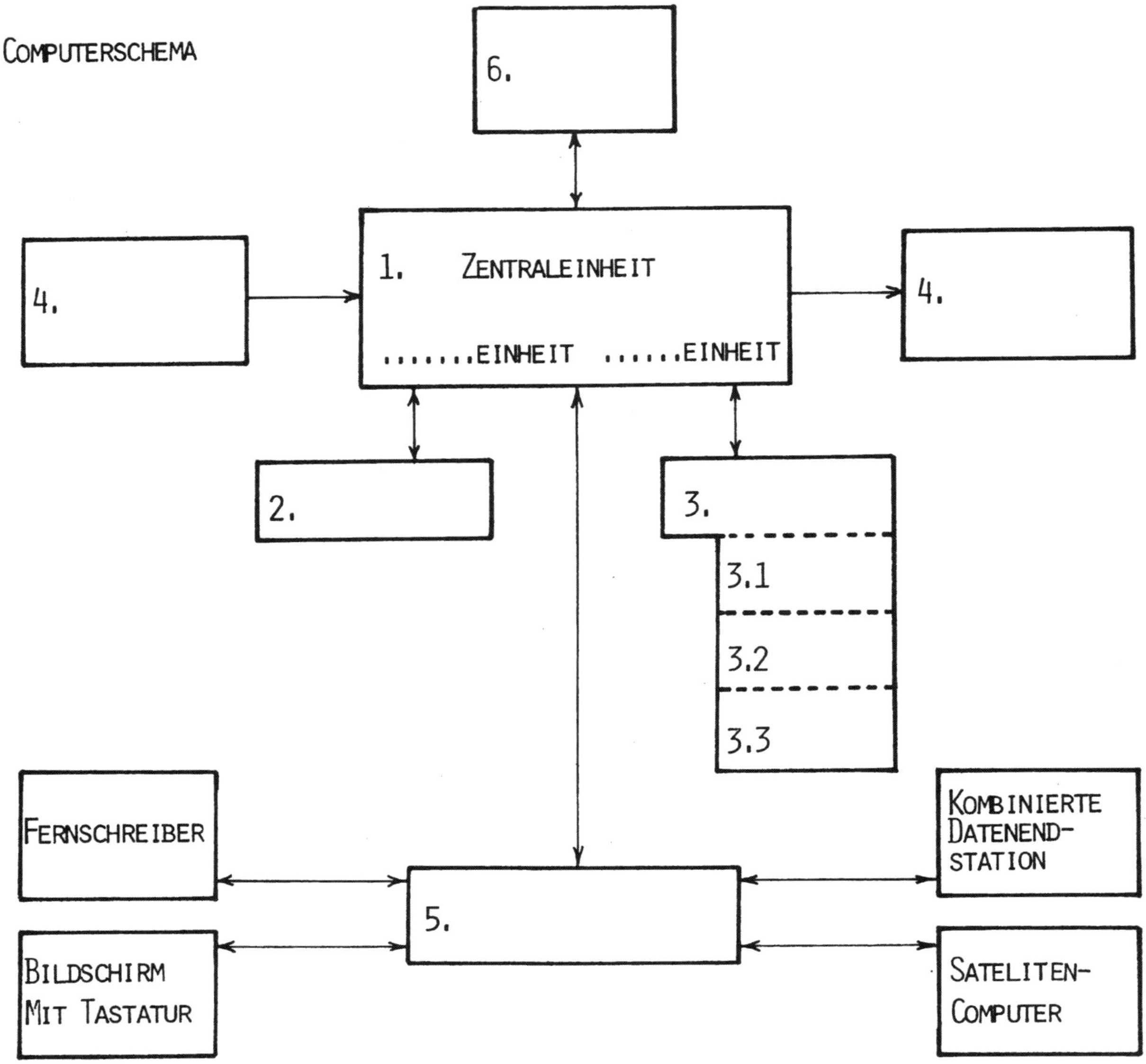


| FRAGE | ANTWORT | IHRE LOESUNG |
|---|---|---|
| 1. Die Recheneinheit ist ein Bestandteil | A. Des Leitwerks<br>B. Der Zentraleinheit<br>C. Des Betriebssystems | ○ |
| 2. Die Recheneinheit führt aus | A. Kostenberechnungen<br>B. Arithmetische Operationen<br>C. Programme | ○ |
| 3. Kann die Steuereinheit ohne Betriebssystem seine Aufgaben erfüllen ? | A. Ja<br>B. Nein<br>C. Je nach dem | ○ |

## 2.6. ZENTRALEINHEIT

Zeichnen Sie sich bitte das linksstehende Schema des Computers auf ein Blatt Papier. Wir werden schrittweise die Namen der einzelnen Teile des Computers eintragen und dabei ihre Eigenschaften kennenlernen. ①

Die Zentraleinheit des Computers erfüllt zwei wichtige Funktionen:

a) Sie leitet die Arbeit des ganzen Computers.
Dazu ist sie mit der Steuereinheit ausgestattet. Die Steuereinheit besteht aus elektronischen Schaltkreisen. Durch diese Schaltkreise werden die im Programm und im Betriebssystem enthaltenen Instruktionen entziffert und ihre Durchführung mittels Signalen im entsprechenden Computerteil ausgelöst.

b) Ebenfalls durch Schaltkreise führt die Zentraleinheit sämtliche arithmetischen und logischen Operationen durch. Zu diesem Zweck verfügt sie über die Recheneinheit, auch Verarbeitungseinheit genannt. Die logischen Operationen beruhen in Entscheidungen, ob eine Aussage richtig oder falsch ist. So ist z.B. die Aussage "A ist grösser als B" falsch, wenn A gleich 3 und B gleich 4 ist.

### ZUSATZINFORMATION

Der Computer kann alle arithmetischen Rechenoperationen durchführen: Addieren, Subtrahieren, Multiplizieren, Dividieren, Potenzieren, Wurzelziehen. Er arbeitet auch mit komplexen Zahlen, Logarithmen, trigonometrischen Funktionen usw. Dabei ist er eigentlich nur in der Lage zu unterscheiden, ob durch einen bestimmten Schaltkreis Strom fliesst oder nicht. Die ganze Rechenarbeit besorgt ein kompliziertes System von Schaltkreisen mit Unterstützung des Betriebssystems.

### NOTIZEN

→ Heft 1 Seiten 50 und 51
Heft 4 Seite 191

① ARBEITSSPEICHER

(Ausschnitt, stark vergrössert)

② MAGNETBAENDER

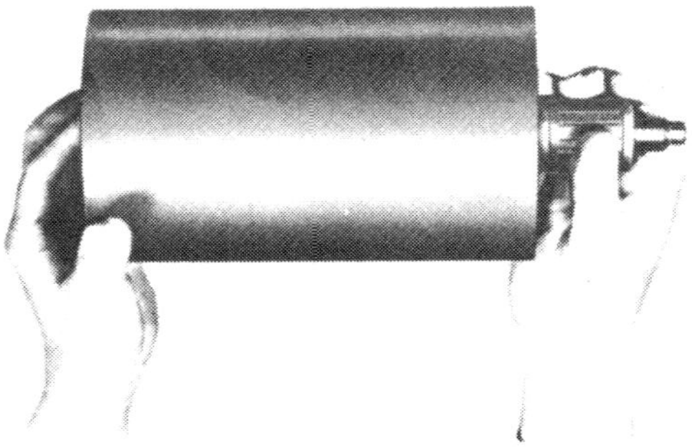

③ MAGNETPLATTE

④ MAGNETTROMMEL

---

| FRAGE | ANTWORT | IHRE LOESUNG |
| --- | --- | --- |
| 1. Der Arbeitsspeicher ist zwar | A. Schnell aber klein<br>B. Langsam aber gross | ○ |
| 2. Die Magnetplatte ist ein | A. Interner Speicher<br>B. Externer Speicher<br>C. Arbeitsspeicher | ○ |
| 3. Die Magnetbandeinheit kann gleichzeitig enthalten | A. Nur 1 Magnetband<br>B. Höchstens 2 Magnetbänder<br>C. Mehrere Magnetbänder | ○ |

## 2.7. SPEICHEREINHEITEN

Sie haben gewiss ein Notizbuch, wo Sie die Telephonnummern und Adressen Ihrer Freunde, Bekannten und Geschäftspartner aufbewahren - abspeichern. Der Computer benützt zu diesem Zweck magnetisierbare Elemente. Eine Folge von magnetisierten und nichtmagnetisierten Stellen bedeutet für ihn Zahlen, Namen, Texte und Nummern, die er für die Verarbeitung benötigt.

Sie finden eine bestimmte Telephonnummer in Ihrem Notizbuch viel schneller als im Telephonbuch. Auf der andern Seite enthält das Telephonbuch viele Nummern, Ihr Notizbuch aber nur eine viel geringere Anzahl. Eben nur diejenigen, die Sie oft brauchen. Das gleiche trifft auch beim Computer zu.

Der Arbeitsspeicher, auch interner Speicher genannt, ist sehr schnell aber ziemlich klein. Er ist meistens in der Zentraleinheit untergebracht. (In unserem Schema Nummer 2 ausfüllen.) ①

Die externen Speicher sind zwar meistens langsamer, aber umfangreich. (Nummer 3 ausfüllen.)

Ein Computer hat normalerweise einen Arbeitsspeicher und mehrere externe Speicher. Nur die kleinsten Computer haben lediglich den Arbeitsspeicher. Die externen Speicher werden durch Lochkarten ersetzt.

Zu den gebräuchlichsten externen Speichern gehören
a) die Magnetbänder (Nummer 3.1 ausfüllen). ②
b) die Magnetplatten (Nummer 3.2 ausfüllen). ③
c) die Magnettrommeln (Nummer 3.3 ausfüllen). ④

ZUSATZINFORMATION

Man muss die Magnetbandeinheit vom Magnetband unterscheiden. Die Magnetbandeinheit ist ein Gerät, in das man das Magnetband einspannen kann. Die Magnetbandeinheit enthält die Schreib-, Lösch- und Leseköpfe. Mit ihrer Hilfe werden die Informationen auf ein Band aufgezeichnet, das Band gelöscht oder vom Band gelesen. Die Magnetbänder sind auswechselbar. Aehnlich verhält es sich mit der Magnetplatte und der Magnetplatteneinheit. Die Trommel hingegen ist nicht auswechselbar. Sie bildet mit der Trommeleinheit ein festes Gerät.

NOTIZEN

← Heft 1 Seite 51 , Heft 4 Seite 189

## ① ZUGRIFFSZEIT

Nehmen wir an, dass in der Steuereinheit folgende Instruktion erscheint:

"Uebertrage den Inhalt des Speicherplatzes 2277 in die Recheneinheit".

Bezeichnen wir die Zeit des Erscheinens dieser Instruktion in der Steuereinheit mit $T_1$ und die Zeit, in der die Uebertragung beginnen kann, mit $T_2$.

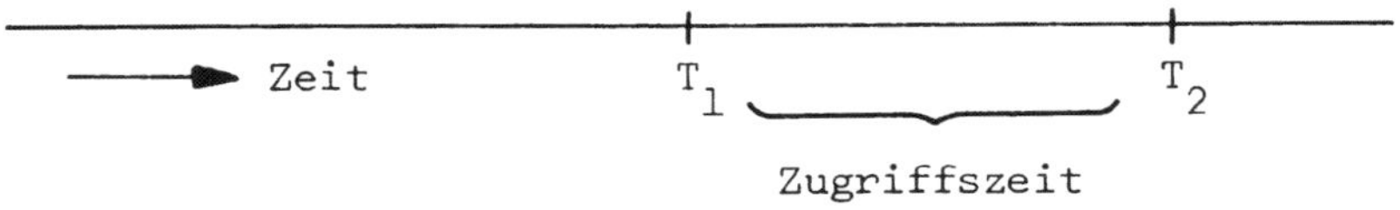


## ② MITTLERE ZUGRIFFSZEIT DER MAGNETPLATTE

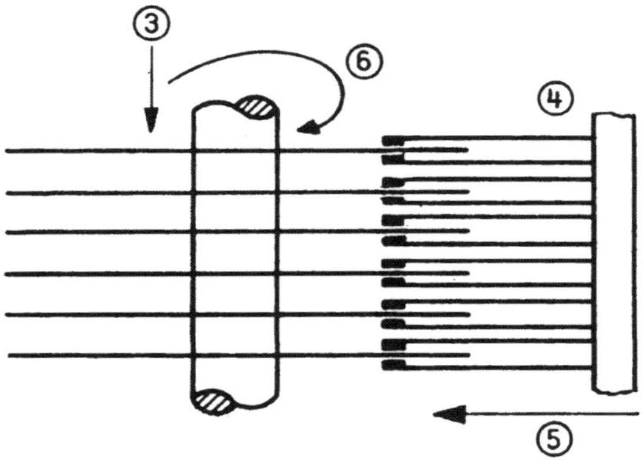


Bevor der Inhalt eines bestimmten Speicherbereiches ③ auf der Platte gelesen werden kann, muss zunächst der Zugriffskamm ④ mit den Schreib/Leseköpfen nach links rücken ⑤ und durch die ständige Rotation der Platte ⑥ der gewünschte Speicherbereich unter die Schreib/Leseköpfe gelangen. Deswegen spricht man von der durchschnittlichen oder mittleren Zugriffszeit.
Aehnlich ist es bei der Trommel.

---

| FRAGE | ANTWORT | IHRE LOESUNG |
|---|---|---|
| 1. Eine Millisekunde ist | A. 0,001 Sekunde<br>B. 0,000 000 001 Sekunde<br>C. 0,000 001 Sekunde | ○ |
| 2. Der Arbeitsspeicher hat die kleinste Zugriffszeit | A. Ja<br>B. Nein | ○ |
| 3. Alle beweglichen Speicher haben einen direkten Zugriff zu den abgespeicherten Daten | A. Nein<br>B. Ja | ○ |

## 2.8. ZUGRIFFSZEIT

Was bedeutet eigentlich das Wort schnell bei einem Speicher? Versuchen Sie einmal die Telephonnummer Ihres Bahnhofes zu ermitteln. Schauen Sie dabei auf die Uhr! - Haben Sie es? Wie lange dauerte es, bis Sie diese Nummer gefunden hatten? Zwei Minuten? Eine ziemlich lange Zugriffszeit im Vergleich zum Computer.

Mit der Zugriffszeit bezeichnet man den Zeitabstand zwischen zwei Ereignissen:
a) Dem Bedürfnis nach einer bestimmten Information,
b) Dem Auffinden dieser Information und dem Bereitstellen im Speicher. ①

Die Zugriffszeit liegt bei den Arbeitsspeichern oft unter einer Mikrosekunde (Millionstelsekunde). Bei den Platten- und Trommelspeichern beträgt die mittlere Zugriffszeit einige Hundertstelsekunden. ②

Bei den Magnetbändern ist die Zugriffszeit sehr unterschiedlich. Wenn wir Glück haben, befindet sich die gesuchte Information genau vor den Leseköpfen. Dann beläuft sich die Zugriffszeit auf einige Mikrosekunden oder sogar weniger. Haben wir Pech, müssen wir fast das ganze Band abspulen. Das dauert einige Minuten.

Der Arbeitsspeicher, der Plattenspeicher und die Trommel gehören hingegen zu den Speichern mit direkter Zugriffsmöglichkeit. Bei diesen Speichern kommt es sehr wenig oder überhaupt nicht auf die Position der gesuchten Information an.

ZUSATZINFORMATION

Der Arbeitsspeicher hat keine beweglichen Teile. Deswegen ist die Zugriffszeit zu allen Speicherplätzen die gleiche. Er hat also den echten direkten Zugriff zu den Daten.
Die Magnetbandspeicher, Plattenspeicher und Trommelspeicher sind beweglich. Der gesuchte Speicherplatz muss zuerst unter den Schreib-/Lese-Köpfen erscheinen und erst dann kann man die Information aufzeichnen oder lesen. Bei der Platte und Trommel sind aber die Unterschiede in der Zugriffszeit klein und deshalb werden auch diese zwei Speichermedien zu den Speichern mit direkter Zugriffsmöglichkeit gezählt.

← Heft 4 Seite 194

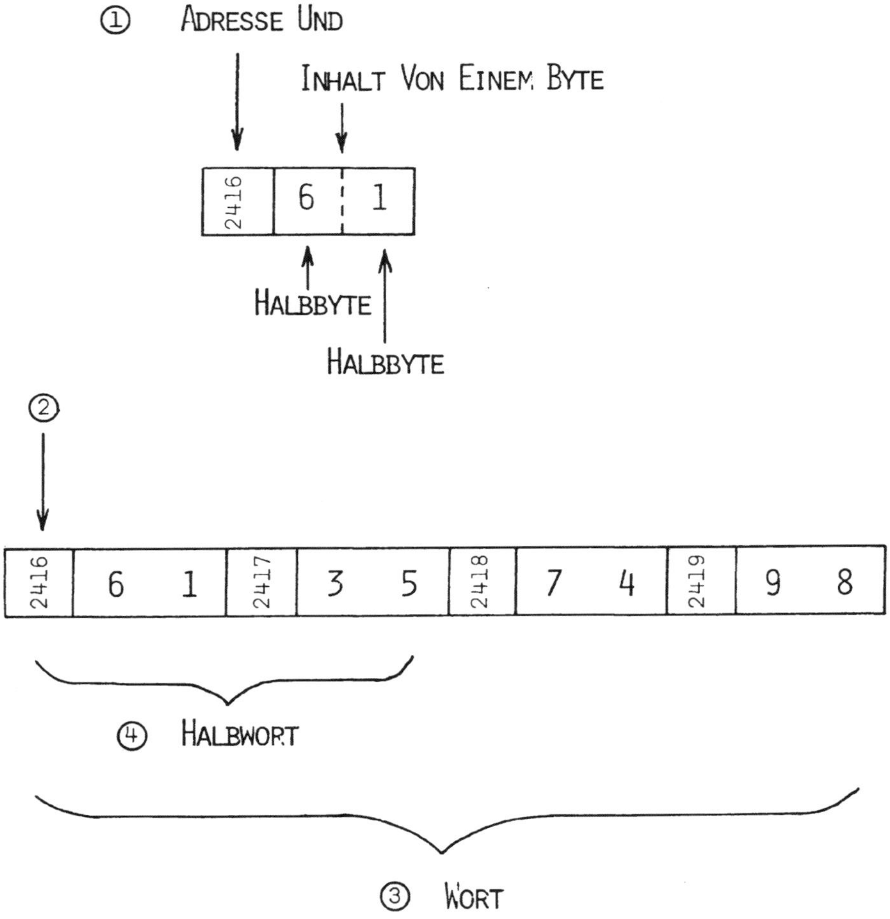


| FRAGE | ANTWORT | IHRE LOESUNG |
|---|---|---|
| 1. Wieviele Speicherplätze hat es in einem 8K-Bytes Arbeitsspeicher ? | A. 8<br>B. 8000<br>C. 8192 | ○ |
| 2. In welcher Form sind die Daten im obigen Wort gespeichert ? | A. Gepackter<br>B. Ungepackter | ○ |
| 3. Sind die Speicherplätze auf einem Magnetband mit fest eingebauten, also hardwaremässigen Adresse versehen ? | A. Ja<br>B. Nein | ○ |

## 2.9. SPEICHERKAPAZITAET

Für das Messen der Speicherkapazität brauchen wir eine Einheit. Oft wird zu diesem Zweck das Zeichen verwendet. Ein Zeichen ist entweder eine Ziffer oder ein Buchstabe oder ein Sonderzeichen. Das hat aber einen Hacken. Auf Seite 191 haben Sie den Begriff Packen kennengelernt. Sie wissen also, dass man in gepackter Form doppelt so viele Zeichen, nämlich Ziffern, speichern kann, als in der ungepackten Form. Deswegen wird die Speicherkapazität mit Vorteil in Bytes gemessen.

In vielen Computern ist ein Byte zugleich der kleinste adressierbare Speicherplatz. Jedes Byte ist hardwaremässig mit einer Adresse (1) versehen. Durch diese Adresse kann man zum Inhalt des Speicherplatzes zugreifen, das heisst ein Zeichen oder zwei Ziffern dort ablegen oder von dort ablesen. Man kann aber durch bestimmte Programminstruktionen zu mehreren benachbarten Bytes auf einmal greifen und zwar durch die niedrigste Adresse einer solchen Bytegruppe (2). Ueblicherweise werden vier Bytes zu einem Wort zusammengefasst (3) oder zwei Bytes zu einem Halbwort (4)

Ueber hardwaremässig adressierte Speicherplätze verfügen nur die Speicher mit direkter Zugriffsmöglichkeit, wie z.B. der Arbeitsspeicher oder der Plattenspeicher.

Die höhere Masseinheit der Speicherkapazität ist ein K, was für Kilo = Tausend steht.

Der binäre Aufbau des Arbeitsspeichers führt jedoch zur Anordnung der Speicherplätze gemäss Potenzen von zwei, nicht von zehn. Deswegen ist die einem K entsprechende wirkliche Anzahl der Speicherplätze nicht genau 1000, sondern 2 hoch 10 und das sind 1024. Wir sprechen also z.B. über einen 32K-Bytes Arbeitsspeicher und meinen damit einen Arbeitsspeicher mit 32768 einzeln adressierbaren Bytes.

### ZUSATZINFORMATION

Hardwaremässig bedeutet fest in den Computer eingebaut. Die Adressen der Speicherplätze in den Speichern mit direkter Zugriffsmöglichkeit sind den Adressen der Briefempfänger ähnlich. Ist die Adresse auf dem Umschlag (oder im Programm) falsch geschrieben, wird der Brief (oder die Angabe) an einen falschen Ort (oder an einen falschen Speicherplatz) geliefert (oder eingetragen).

### NOTIZEN

Heft 4 Seiten 191 und 194

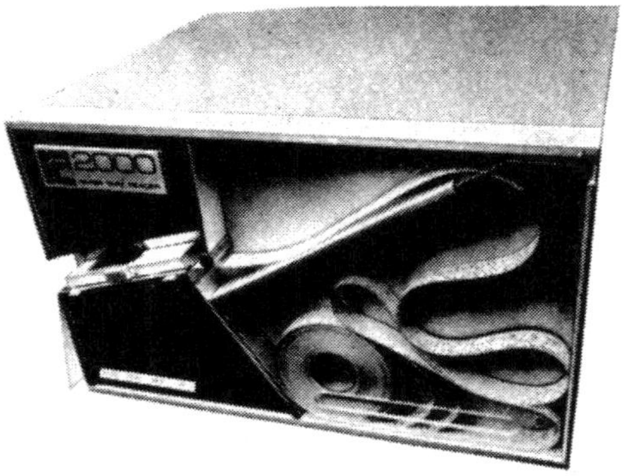

① LOCHSTREIFENLESER

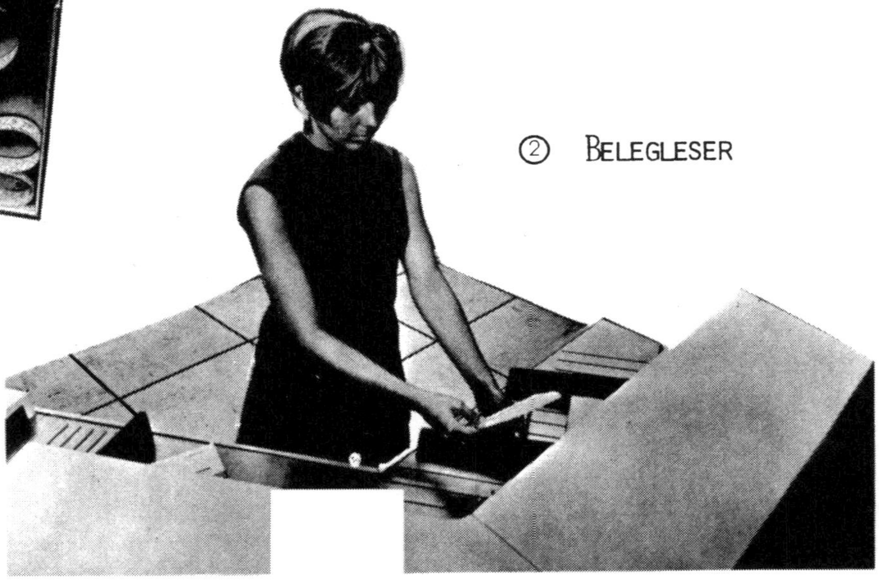

② BELEGLESER

③ ZEICHENGERAET

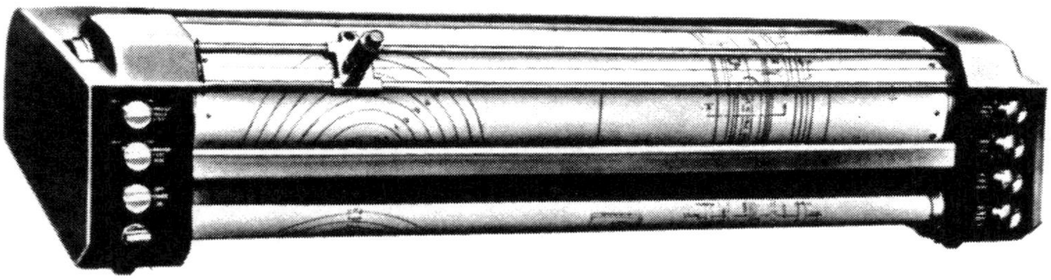

---

| FRAGE | ANTWORT | IHRE LOESUNG |
|---|---|---|
| 1. Kann man mehrere verschiedene Eingabegeräte an <u>eine</u> Zentraleinheit anschliessen ? | A. Ja<br>B. Nein | ○ |
| 2. Ein Kartenleser kann rund wieviel Lochkarten pro Minute lesen ? | A. 100<br>B. 1000<br>C. 10'000 | ○ |

## 2.10. EIN- UND AUSGABEGERAETE

Wir tragen jetzt den Namen Eingabegeräte in das linksstehende Viereck mit Nummer 4 und Ausgabegeräte in das rechtsstehende Viereck mit Nummer 4 ein.

Zu den häufigsten Eingabegeräten gehört der Kartenleser. Er liest die abgelochten Daten aus den Lochkarten und legt die gelesenen Angaben in den Eingabezwischenspeicher der Zentraleinheit ab. Von dort werden die Daten auf Befehl der Steuereinheit anhand der Programminstruktionen in die entsprechenden Speicherplätze des internen Speichers übertragen.

Als Eingabegeräte benützt man auch Lochstreifenleser ①, Belegleser ② und einige weitere Einrichtungen, die auf der nächsten Doppelseite beschrieben werden.

Das üblichste Ausgabegerät ist der Drucker. Ausserdem kann man die Ausgabedaten durch Lochkartenstanzer, Lochstreifenstanzer, Zeichengeräte ③ und einige weitere Geräte ausgeben lassen.

Zur Ein- und Ausgabe werden häufig die externen Speicher benützt.

Aehnlich wie der Kartenleser haben auch alle andern Ein- und Ausgabeeinheiten reservierte Zwischenspeicher in der Zentraleinheit. Diese Zwischenspeicher sind entweder den einzelnen Ein- und Ausgabegeräten fest zugeordnet oder die Steuereinheit sorgt über die Zuordnung je nach den Bedürfnissen der vorliegenden Verarbeitung.

### ZUSATZINFORMATION

Die Leistungen der Ein-Ausgabegeräte sind von Typ zu Typ sehr verschieden. Deshalb betrachten Sie bitte die folgenden Angaben nur als Beispiele:

| | |
|---|---|
| Lochkartenleser | : rund 1000 Karten p/Min. |
| Lochstreifenleser | : rund 1500 Zeichen p/Sek. |
| Lochkartenstanzer | : rund 200 Karten p/Min. |
| Drucker | : rund 1000 Zeilen p/Min. |

### NOTIZEN

→ Heft 1 Seiten 52 und 53
Heft 4 Seiten 182 und 194

① DATENFERNUEBERTRAGUNG

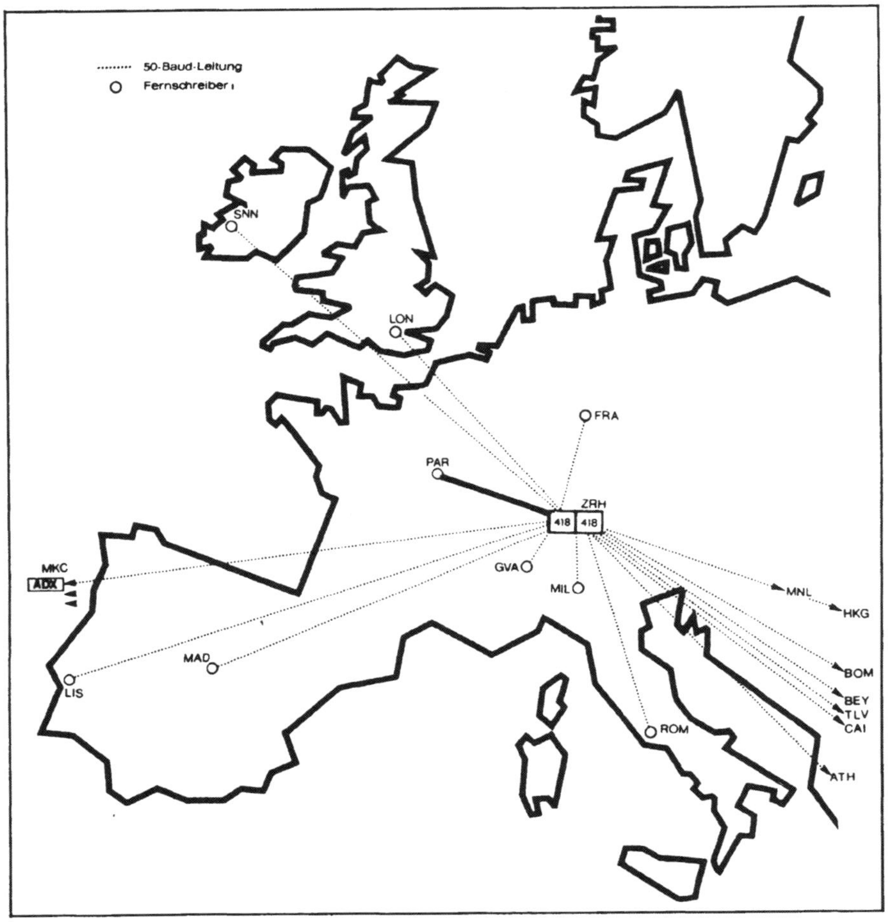


② BILDSCHIRMGERAET

③ KOMBINIERTE DATENENDSTATION

---

| FRAGE | ANTWORT | IHRE LOESUNG |
|---|---|---|
| 1. Kann ein Computer als Datenendstation arbeiten ? | A. Ja<br>B. Nein | ○ |
| 2. Eine kombinierte Datenendstation besteht <u>meistens</u> aus | A. Magnetbandeinheiten<br>B. Einem Kartenleser und einem Drucker<br>C. Einem hübschen Fräulein und einem Gerät (in Prospekten ist es so, nicht wahr?) | ○ |

## 2.11. DATENFERNUEBERTRAGUNG

Die Ein- und Ausgabegeräte kann man entweder direkt oder durch eine Fernleitung an die Zentraleinheit anschliessen. Schreiben Sie jetzt bitte in das Kästchen 5 unseres Computerschemas den Namen Datenfernverarbeitung. So kann man z.B. die Eingabedaten mit einem Fernschreiber in Paris über das Fernschreibernetz zur Zentraleinheit nach Zürich senden, die Resultate wieder zurück nach Paris übermitteln und am Fernschreiber automatisch schreiben lassen. (1)

Man kann zu diesem Zweck auch eine Telephonlinie entweder dauernd oder nur für bestimmte Zeitspannen mieten.

Als Ein- und Ausgabegeräte verwendet man bei der Datenfernverarbeitung ausser Fernschreiber auch Bildschirme mit Eingabetastatur (2), kombinierte Ein- und Ausgabe-Einheiten (3) oder sogar Computer.

Die Aussenstationen für Datenfernverarbeitung bezeichnet man allgemein mit dem Namen Datenendstationen.

Ein mittelgrosses Unternehmen besitzt z.B. einen kleineren Computer. Für bestimmte Aufgaben ist er zu klein. Es ist möglich, für die zu komplizierten Aufgaben diesen Computer mit einer Grossanlage durch eine Telephonleitung zu verbinden. Der kleinere Bruder sendet seine Eingabedaten dem grossen Bruder. Der errechnet die Resultate und sendet sie seinem kleineren Partner zurück. Hier werden die Ausgabeinformationen gedruckt.

NOTIZEN

→ Heft 2 Seiten 118 und 119

## ① Ausbau einer EDV-Anlage (Beispiel)

### I. Stufe

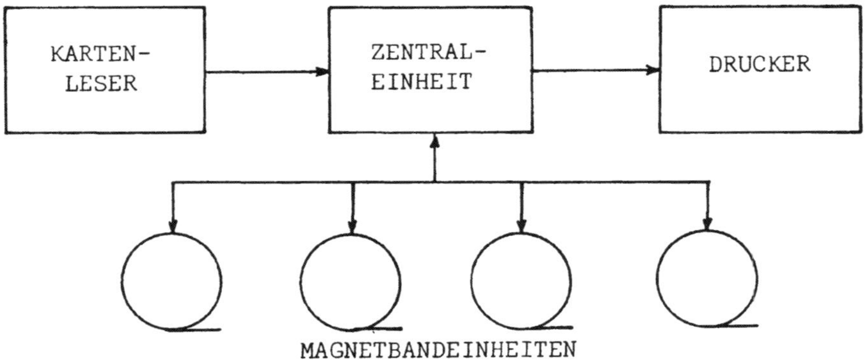


### II. Stufe

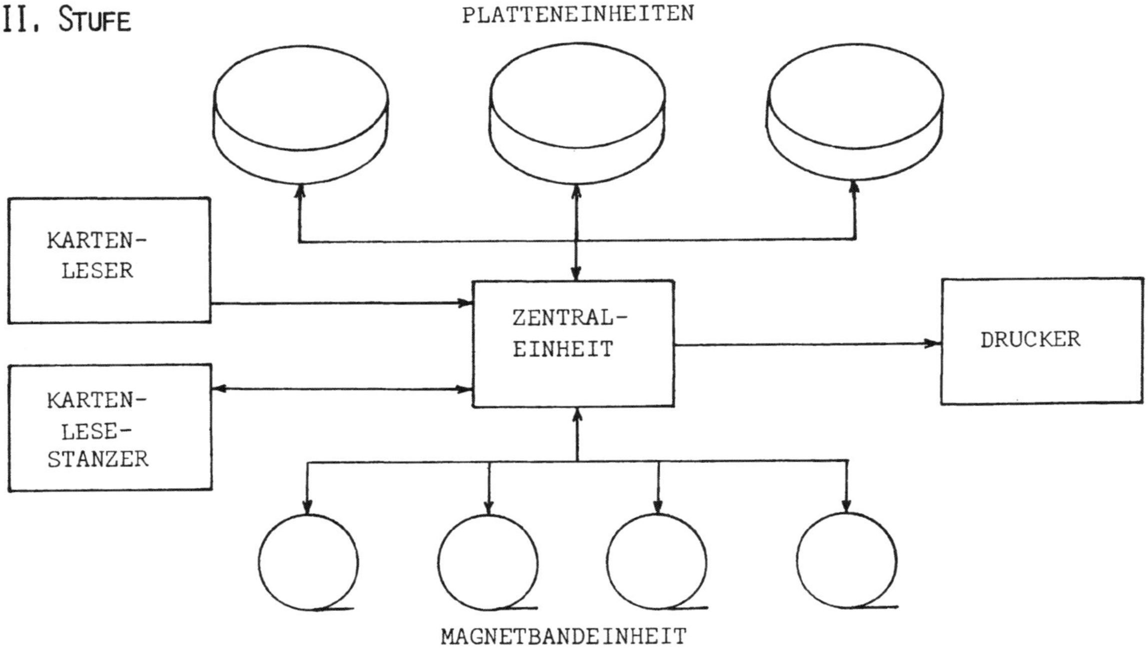


---

| FRAGE | ANTWORT | IHRE LOESUNG |
|---|---|---|
| 1. Bezieht sich das Baukastenprinzip auch auf den Ausbau des Arbeitsspeichers ? | A. Nein<br>B. Ja<br>C. Ich weiss es nicht | ○ |
| 2. Kann man die Anzahl der Ein- und Ausgabegeräte beliebig erweitern ? | A. Ja<br>B. Nein<br>C. Nur auf grössten Computern | ○ |
| 3. Ist die Ausbaumöglichkeit des Arbeitsspeichers unbegrenzt ? | A. Ja<br>B. Nein | ○ |

## 2.12. BAUKASTENPRINZIP

Ich möchte Ihnen jetzt eine schnelle Wiederholung ab Seite 193 empfehlen. - Gemacht?

Nun, Sie haben bestimmt selbst festgestellt, dass ein Computer eine äusserst flexible Einrichtung ist. Fast für jeden Betrieb kann man die richtig zugeschnittene Konfiguration finden.

Eine Computerkonfiguration ist die Zusammenstellung von:

a) Zentraleinheit
b) Arbeitsspeicher mit angemessener Kapazität
c) Externen Speichern mit notwendiger Zugriffszeit und Speicherkapazität
d) Ein- und Ausgabeeinheiten je nach gewünschter Art und Anzahl.

Im Verlauf der Zeit kann man je nach Bedarf die Speicherkapazitäten ausbauen, weitere Ein- und Ausgabegeräte anschliessen und die Datenfernverarbeitung einführen oder erweitern. Die Konfiguration des Computers kann sich also den Bedürfnissen des Benützers anpassen und mit seiner Entwicklung Schritt halten. Dies nennt man Baukastenprinzip. ① ②

**ZUSATZINFORMATION**

1. Der Ausbau des Arbeitsspeichers ist üblich. Wachsende Aufgaben brauchen oft ein umfassenderes Betriebssystem und dieses braucht mehr Speicherkapazität.
2. Die Anzahl der Ein- und Ausgabegeräte und der externen Speicher ist immer begrenzt. Je nach Typ des Computers kann man z.B. bis zu acht, sechzehn oder vierundsechzig solcher Geräte anschliessen.

**NOTIZEN**

⟵ Heft 4 Seiten 193 bis 203

## Die Bedienung des Computers

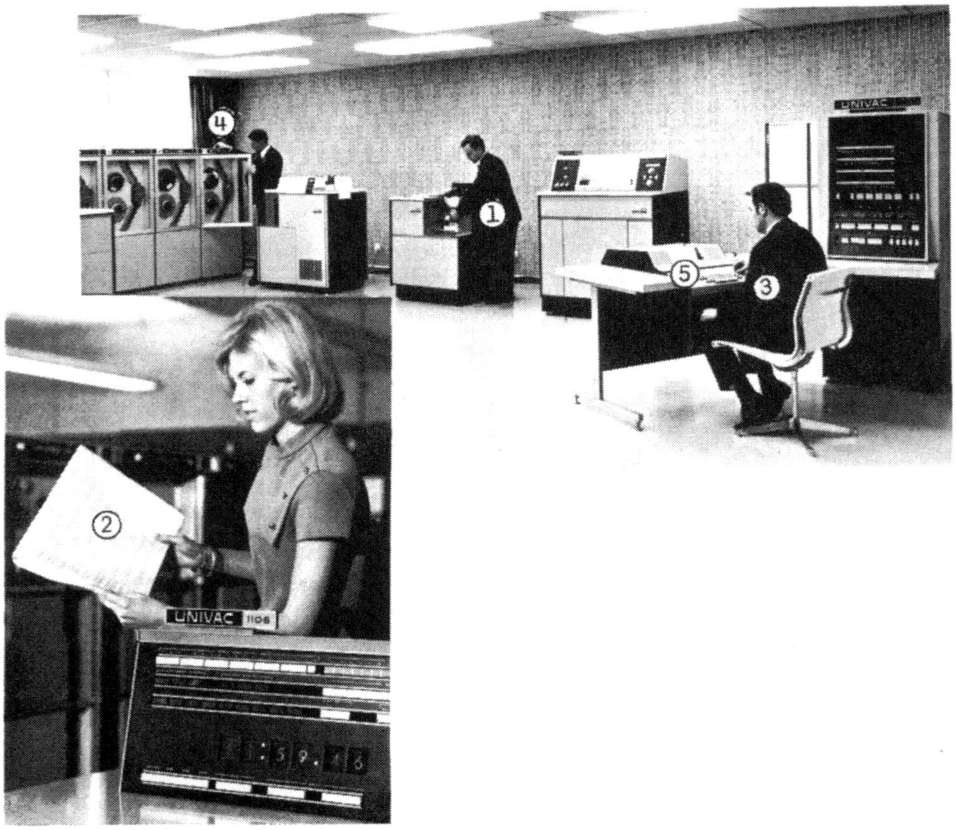


| FRAGE | ANTWORT | IHRE LOESUNG |
|---|---|---|
| 1. Die Menschen erstellen die | A. Software<br>B. Arbeitsprogramme<br>C. Beides | ○ |
| 2. Was meinen Sie, wie viele Operators arbeiten an einer mittleren EDV-Anlage (mit Bändern und Platten) ? | A. 1<br>B. 2 - 3<br>C. Mehr als 3 | ○ |
| 3. Sind Sie müde ? | A. Das kann man wohl sagen !<br>B. Nein, es macht mir Spass ! | ○ |

## 2.13. BEDIENUNGSEINRICHTUNGEN

Der Computer wird vom Menschen auf drei Stufen gesteuert:
- a) Die Menschen entwickeln die Software.
- b) Die Menschen schreiben die Programme.
- c) Die Menschen bedienen den Computer.

Die Software und die Programme dienen der automatischen Steuerung des Computers. Ausserdem ist auch die menschliche Bedienung zum Betrieb des Computers notwendig.

Was gehört zur Bedienung des Computers?
- a) Laden der Programme und Zuführen der Eingabedaten in den Computer. ①
- b) Entnahme der erstellten Ergebnisse. ②
- c) Auslösen der Computertätigkeit. ③
- d) Uebernahme der Steuerung bei Ausnahmesituationen.
- e) Einspannen von Magnetbändern und des Papiers im Drucker, Einlegen von leeren Karten in den Kartenstanzer, Auswechseln von Magnetplatten und ähnliches. ④
- f) Ueberwachen der Tätigkeit des Computers.

Der Bediener oder Operator muss also die Möglichkeit haben, mit dem Computer Informationen auszutauschen. Dazu dient das Bedienungspult (bitte diesen Namen in Kästchen 6 eintragen).

Das Bedienungspult besteht aus einer elektrischen Schreibmaschine, Funktionstasten und Anzeigen. Durch die Tastatur der Schreibmaschine und die Funktionstasten gibt der Bediener dem Computer Anweisungen. Mittels der Schreibmaschine und den Anzeigen informiert der Computer seinen Bediener über den Ablauf der Arbeit und verlangt auf diese Weise vom Bediener Anweisungen, falls die automatische Steuerung selbst die Situation nicht bewältigen kann. ⑤

### ZUSATZINFORMATION

Eine kleine EDV-Anlage, wie etwa auf Seite 180, wird nur von einem Operator bedient. Eine Grossanalge, wie z.B. die von Seite 212, beansprucht oft mehr als drei Operators, wenn keine grösseren Wartezeiten entstehen sollen.
Bei Schichtarbeit verstehen sich die oben genannten Zahlen pro Schicht.

### NOTIZEN

→ Heft 4 Seiten 181 und 183

# 3. ARBEITSWEISE DES COMPUTERS

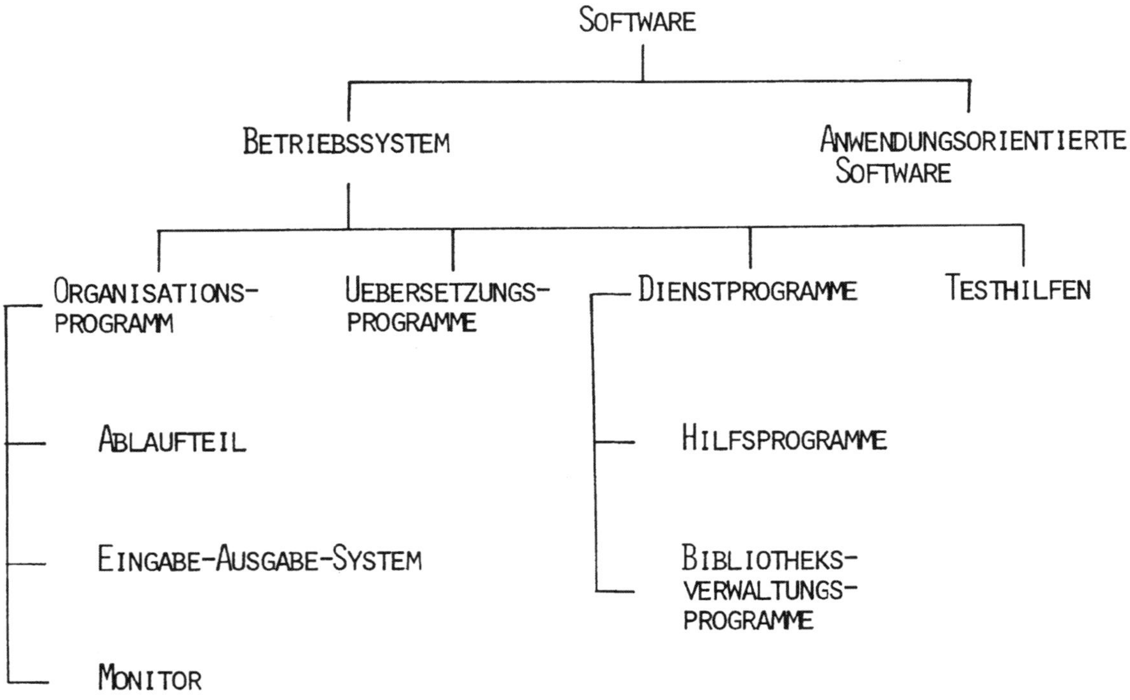


| FRAGE | ANTWORT | IHRE LOESUNG |
|---|---|---|
| 1. Muss das ganze Betriebssystem dauernd im Arbeitsspeicher liegen ? | A. Ja<br>B. Nein | ○ |
| 2. Muss während der Verarbeitung das Arbeitsprogramm im Arbeits-speicher liegen ? | A. Ja<br>B. Nein | ○ |
| 3. Wo treten die Zwischenresultate während der Verarbeitung ganz gewiss auf ? | A. Auf dem Magnetband<br>B. Im Arbeitsspeicher<br>C. In irgendeinem Speicher | ○ |

## 3.1. SOFTWARE-UEBERSICHT

Links finden Sie eine grobe Uebersicht über die Software. Die einzelnen Teile sind hierarchisch mit Linien verbunden. Notieren Sie sich bitte den Ueberblick über die Software auf ein Blatt Papier und rahmen Sie die einzelnen Teile der Software erst dann ein, wenn Sie ihre Funktion kennenlernen.

## 3.2. BETRIEBSSYSTEM

Sie wissen schon, dass die ganze Software aus Programmen besteht, die

a) vom Hersteller des Computers mit der Anlage geliefert werden und
b) die Tätigkeit des Computers ermöglichen und mitsteuern.

Das Betriebssystem ist also auch aus Programmen aufgebaut.

Der Computer kann unmittelbar nur von den im Arbeitsspeicher liegenden Programmen gesteuert werden. Daraus ergibt sich der folgende Inhalt für den Arbeitsspeicher:

a) die notwendigen Teile des Betriebssystems. Bei einer bestimmten Verarbeitung braucht man nicht unbedingt das ganze Betriebssystem. (Für die Fakturaberechnung braucht die Fakturistin auch keine Kenntnisse über das Potenzieren.)
b) das Programm für die eigentliche Verarbeitung.
c) die Ein- und Ausgabedaten und die Zwischenresultate, wenn auch meistens nur ganz kurzfristig.

Sie sehen also, dass die Kapazität des Arbeitsspeichers sehr wichtig ist. Je grösser er ist, desto raffiniertere Programme können wir unterbringen und desto bequemer kann man auf dem Computer komplizierte Aufgaben lösen.

## ZUSATZINFORMATION

Die Zwischenresultate sind verschieden: Manche braucht der Computer fast unmittelbar für weitere Berechnungen, andere wieder erst nach einer Zeitspanne. Letztere kann er vorläufig auf ein anderes Speichermedium ablegen, um die Speicherkapazität des Arbeitsspeichers zu entlasten. Die Zeitspanne kann uns lächerlich gering erscheinen, es sind z.B. nur Bruchteile einer Sekunde. Für einen Computer mit einer Leistung von hunderttausenden von Operationen pro Sekunde kann es eine wahre Ewigkeit sein.
Die Zwischenresultate können für eine sehr kurze Zeit auch in der Recheneinheit auf die weitere Verarbeitung warten.

Heft 4 Seiten 181, 182 und 199

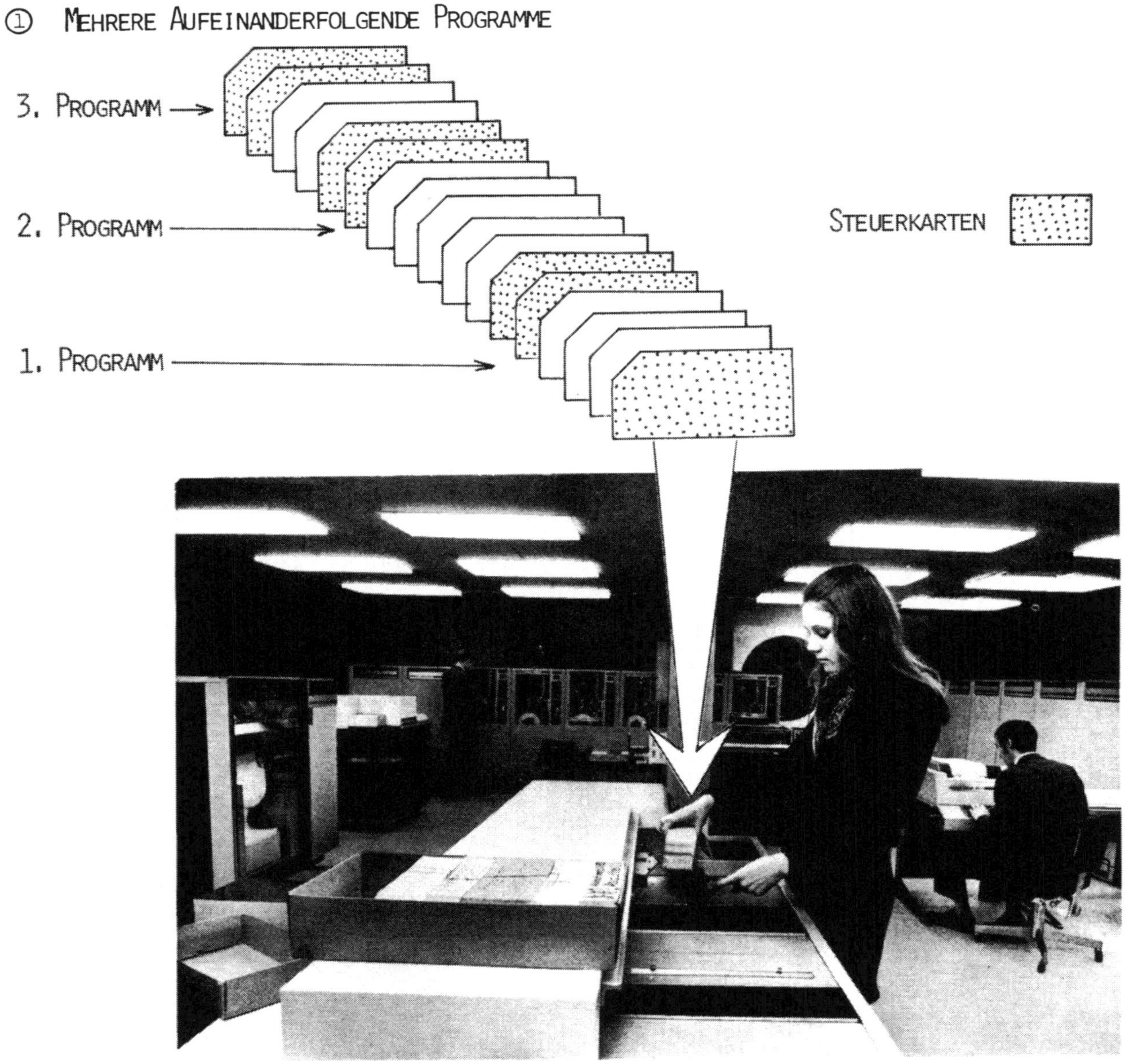


| FRAGE | ANTWORT | IHRE LOESUNG |
|---|---|---|
| 1. Kann ein Computer gleichzeitig mehr als ein Programm verarbeiten ? | A. Ja<br>B. Nein | ○ |
| 2. Ein E/A-System ist | A. Ein Einkaufsprogramm<br>B. Eine Extra-Anweisung<br>C. Ein Eingabe/Ausgabe-System | ○ |
| 3. Welcher Teil der Software steuert die automatische Durchführung mehrerer aufeinanderfolgender Programme ? | A. Ablaufteil<br>B. Monitor<br>C. E/A-System | ○ |

## 3.3. ORGANISATIONSPROGRAMM

Das Crganisationsprogramm stellt den wesentlichen Bestandteil eines Betriebssystems dar. Es ist für die Steuerung der gesamten Zentraleinheit, des Arbeitsspeichers und sämtlicher angeschlossener Geräte verantwortlich.

## 3.4. ABLAUFTEIL DES ORGANISATIONSPROGRAMMS

Die Hauptaufgaben des Ablaufteiles sind:

a) Laden von Programmen
b) Zuteilen von Anschlussgeräten und Speicherplätzen zu den vom Programmierer geschriebenen Programmen
c) Fehlerbehandlung bei Ein- und Ausgabeoperationen
d) Vermittlung der ausgetauschten Signale zwischen dem Bedienungspult und den einzelnen Teilen des Computers.

Für den Ablaufteil des Organisationsprogramms ist der englische Name Supervisor eher geläufig.

## 3.5. EINGABE-AUSGABE-SYSTEM

Dieser Teil des Organisationsprogramms dient zur Steuerung der Ein- und Ausgabeoperationen. Der Supervisor stützt sich bei seiner Tätigkeit auf die Instruktionen des E/A-Systems.

## 3.6. MONITOR

Der Monitor ermöglicht den aufeinanderfolgenden Ablauf mehrerer Programme, ohne dass dazwischen manuelle Eingriffe oder Bedienungsmassnahmen erforderlich sind. ①

**ZUSATZINFORMATION**

Grössere Computer sind für die gleichzeitige Verarbeitung mehrerer Programme ausgerüstet. Die Zuteilung der einzelnen Computerteile zu den gleichzeitig laufenden Programmen muss während Mikrosekunden geschehen. Das ist natürlich für die menschliche Bedienung eine unlösbare Aufgabe. Hier treten der Supervisor und der Monitor des Computers in Tätigkeit.

**NOTIZEN**

Heft 4 Seiten 193 bis 207

① PROGRAMM IN DER SYMBOLISCHEN SPRACHE COBOL (AUSSCHNITT) — DAS UEBERSETZTE PROGRAMM IN DER MASCHINENSPRACHE

```
.                                          .
.                                          .
.                                          F2 24 3 010 A 018
MOVE WOCHEN-LOHN TO WOCHE                  D2 06 3 018 A 1AC
ADD WOCHEN-LOHN TO SUMME                   DE 06 3 038 3 010
.                                          D2 05 A 076 3 039
.                                          F2 F7 3 168 A 000
.                                          F2 F4 3 000 A 018
                                           FA FF 3 168 3 000
                                           F3 7F A 000 3 168
                                           96 F0 A 007
                                           .
                                           .
```

Aus einem Befehl in der symbolischen Sprache ergeben sich mehrere Maschinenbefehle.

② PARALLELER ABLAUF MEHRERER PROGRAMME (SCHEMATISCHE DARSTELLUNG)

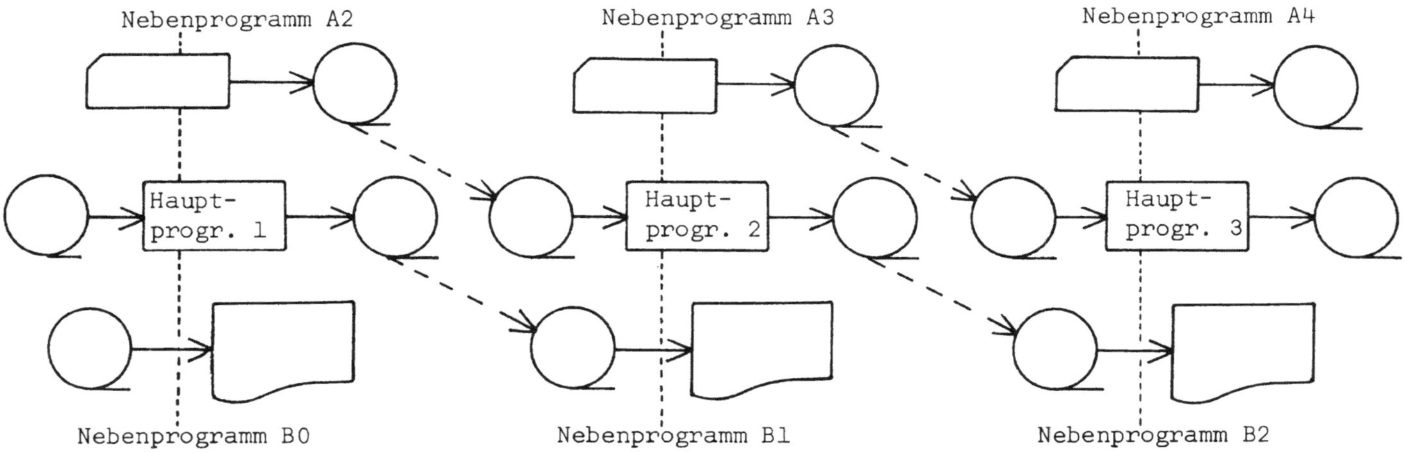


---

| FRAGE | ANTWORT | IHRE LOESUNG |
|---|---|---|
| 1. Wieviele Programme arbeiten gleichzeitig im Schema ② oben ? | A. 1<br>B. 2<br>C. 3<br>D. Mehr als 3 | ○ |
| 2. Die Hilfsprogramme steuern besonders die Uebertragung der Daten | A. Von Karten aufs Band<br>B. Vom Band zum Drucker<br>C. Beides | ○ |

## 3.7. UEBERSETZUNGSPROGRAMME

Der Computer kann nur nach Programmen arbeiten, die in seiner Sprache geschrieben wurden. Diese Sprache ist aber für den Programmierer umständlich und zeitraubend. Deswegen schreibt der Programmierer seine Programme in einer symbolischen Sprache und ein Teil der Software - die Uebersetzungsprogramme - sorgen für die Umwandlung der symbolischen Programme in die Maschinensprache. Darüber hören wir mehr im nächsten Heft. ①

## 3.8. DIENSTPROGRAMME

Zu den Dienstprogrammen gehören vor allem die
a) Hilfsprogramme und die
b) Bibliotheksverwaltungsprogramme.

Im allgemeinen sollen die Dienstprogramme Zeitersparnisse an Maschinenzeitverbrauch und Programmierzeitaufwand bringen.

## 3.9. HILFSPROGRAMME

Die Zentraleinheit arbeitet im Vergleich zu den meisten Ein- und Ausgabegeräten viel schneller. Deshalb sind viele Computer in der Lage, gleichzeitig mehrere Programme parallel zu verarbeiten.

Die Zentraleinheit verarbeitet im Zusammenspiel mit dem Arbeitsspeicher und weiteren schnellen externen Speichern das sogenannte Hauptprogramm. Gleichzeitig arbeiten aber ein oder mehrere Hilfsprogramme als Nebenprogramme. ②

ZUSATZINFORMATION

Die oft verwendeten Hilfsprogramme übertragen:
a) Eingabedaten aus Lochkarten auf einen externen Speicher
b) Daten aus der Zentraleinheit auf einen externen Speicher
c) Daten vom Magnetband auf den Drucker.
Die Datenübertragung vom Band zum Kartenstanzer, oder vom Lochstreifen aufs Band usw. ist auch möglich. Dies ist jedoch nicht allgemein üblich.

NOTIZEN

Heft 4 Seite 195

## ① PROGRAMMBIBLIOTHEK

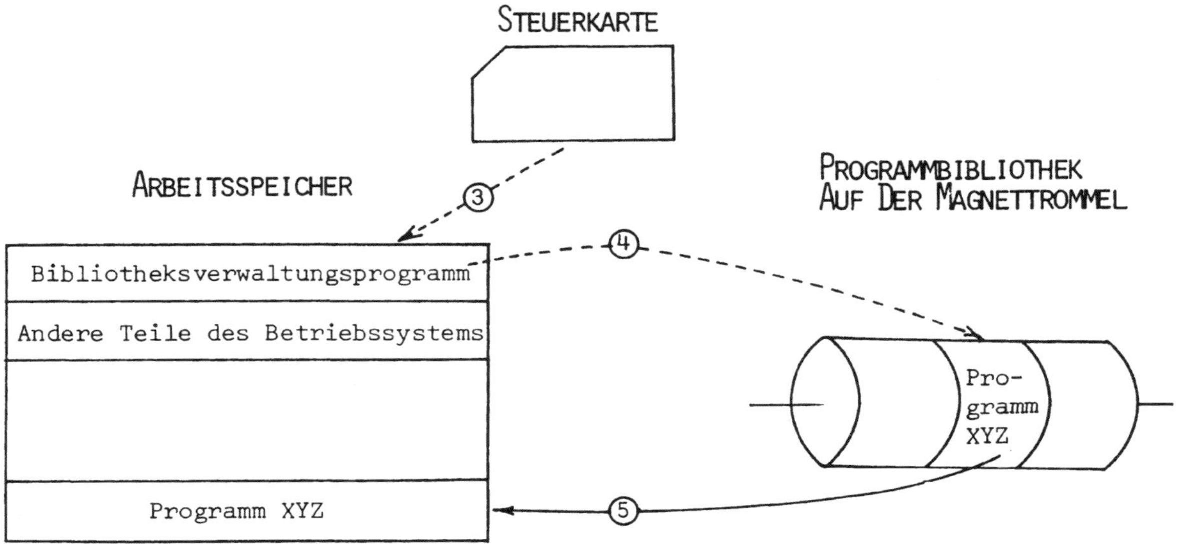


Die Steuerkarte ③ wird mit Programmkarten eingelesen und bewirkt eine Aktion des Bibliotheksverwaltungsprogramms ④ , welches den Uebertrag des gewünschten Programms oder Programmteils aus der Programmbibliothek in den Arbeitsspeicher ⑤ steuert.

## ② AUSZUG AUS DEM ARBEITSSPEICHER (AUSSCHNITT)

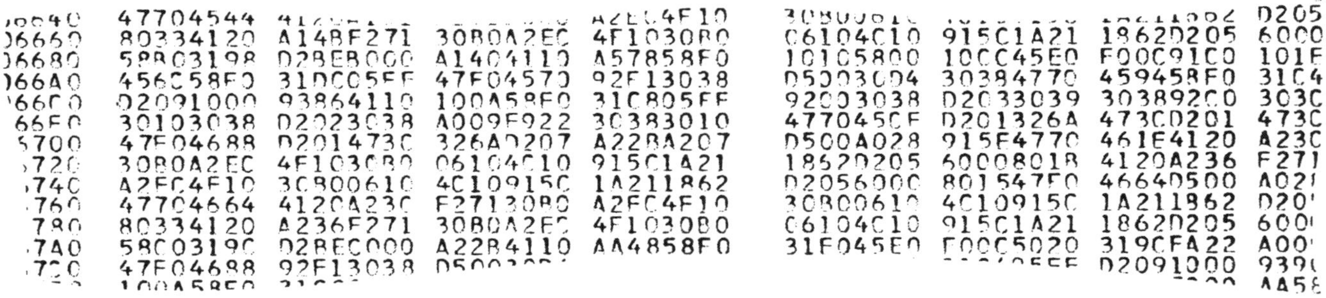

| | | | | | | | | |
|---|---|---|---|---|---|---|---|---|
| [illegible] | 47704544 | [illegible] | [illegible] | [illegible] | [illegible] | [illegible] | [illegible] | D205 |
| 06660 | 80334120 | A14BF271 | 30B0A2EC | 4F1030B0 | C6104C10 | 915C1A21 | 1862D205 | 6000 |
| 06680 | 58B03198 | D2BEB000 | A1404110 | A57858F0 | 10105800 | 10CC45E0 | F00C91C0 | 101F |
| 066A0 | 456C58F0 | 31DC05FF | 47F04570 | 92F13038 | D5003C04 | 30384770 | 459458F0 | 31C4 |
| 66C0 | 02091000 | 93864110 | 100A58F0 | 31C805FF | 92003038 | D2033039 | 303892C0 | 303C |
| 66E0 | 30103038 | D2023038 | A009F922 | 30383010 | 477045CF | D201326A | 473CD201 | 473C |
| 6700 | 47F04688 | D201473C | 326AD207 | A22BA207 | D500A028 | 915F4770 | 461E4120 | A23C |
| 720 | 30B0A2EC | 4F1030B0 | 06104C10 | 915C1A21 | 1862D205 | 6000801B | 4120A236 | F271 |
| 740 | A2FC4F10 | 3C800610 | 4C10915C | 1A211862 | D2056000 | 801547F0 | 4664D500 | A02 |
| 760 | 47704664 | 4120A23C | F27130B0 | A2FC4F10 | 30B00610 | 4C10915C | 1A211862 | D20 |
| 780 | 80334120 | A236F271 | 30B0A2EC | 4F1030B0 | C6104C10 | 915C1A21 | 1862D205 | 600 |
| 7A0 | 58C0319C | D2BEC000 | A22B4110 | AA4858F0 | 31F045E0 | F00C5020 | 319CFA22 | A00 |
| 7C0 | 47F04688 | 92F13038 | [illegible] | | | [illegible] | D2091000 | 939 |
| [illegible] | 100A58F0 | [illegible] | | | | | [illegible] | AA58 |

---

| FRAGE | ANTWORT | IHRE LOESUNG |
|---|---|---|
| 1. Die Programmbibliothek enthält | A. Software<br>B. Arbeitsprogramme<br>C. Beides<br>D. Nur Eingabedaten | ○ |
| 2. Ein Programm testen bedeutet das Programm | A. Aufs Magnetband übertragen<br>B. Auf Richtigkeit überprüfen | ○ |
| 3. Die Testhilfen dienen | A. Dem Programmierer<br>B. Dem Bediener<br>C. Dem Computer | ○ |

## 3.10. BIBLIOTHEKSVERWALTUNGSPROGRAMME

Programme aller Art können für den zukünftigen Gebrauch in einer Programmbibliothek aufbewahrt werden. Die Programmbibliothek befindet sich auf einem oder mehreren externen Speichern, z.B. auf Magnetbändern oder auf Magnetplatten oder Trommeln.

Die für eine bestimmte Verarbeitung benötigten Programme oder Programmteile müssen in der Programmbibliothek ausgesucht und von der Bibliothek in den internen Speicher übertragen werden. Die neu geschriebenen Programme müssen in die Bibliothek eingetragen werden. Damit sind eine Menge Sorgen und Programmierarbeit verbunden. Diese Sorgen und Programmierarbeiten übernimmt ein Teil der Software - die Bibliotheksverwaltungsprogramme. ①

## 3.11. TESTHILFEN

Es ist kaum möglich, ein umfangreiches Programm ohne Fehler zu schreiben. Deshalb muss das Programm ausgetestet werden. Beim Auftreten eines Fehlers im Programm ist es wünschenswert, den Inhalt der beteiligten Speicherplätze und der Recheneinheit zu kennen. Das Ausdrucken dieser Inhalte müsste der Programmierer selbst programmieren, was nicht sehr einfach und schnell zu erledigen ist. Aber ein Teil der Software - die Testhilfen - sorgen dafür, dass dies automatisch und ohne Zeitaufwand ermöglicht wird. ②

ZUSATZINFORMATION

Jedes Programm oder jeder selbständige Programmteil muss mit einem Namen versehen werden. Unter diesem Namen wird das Programm in die Bibliothek eingereiht und bei Bedarf wieder aufgerufen. Das Bibliotheksverwaltungsprogramm ist also ein automatischer Bibliothekar.

NOTIZEN

Heft 3 Seite 137, Heft 4 Seite 182

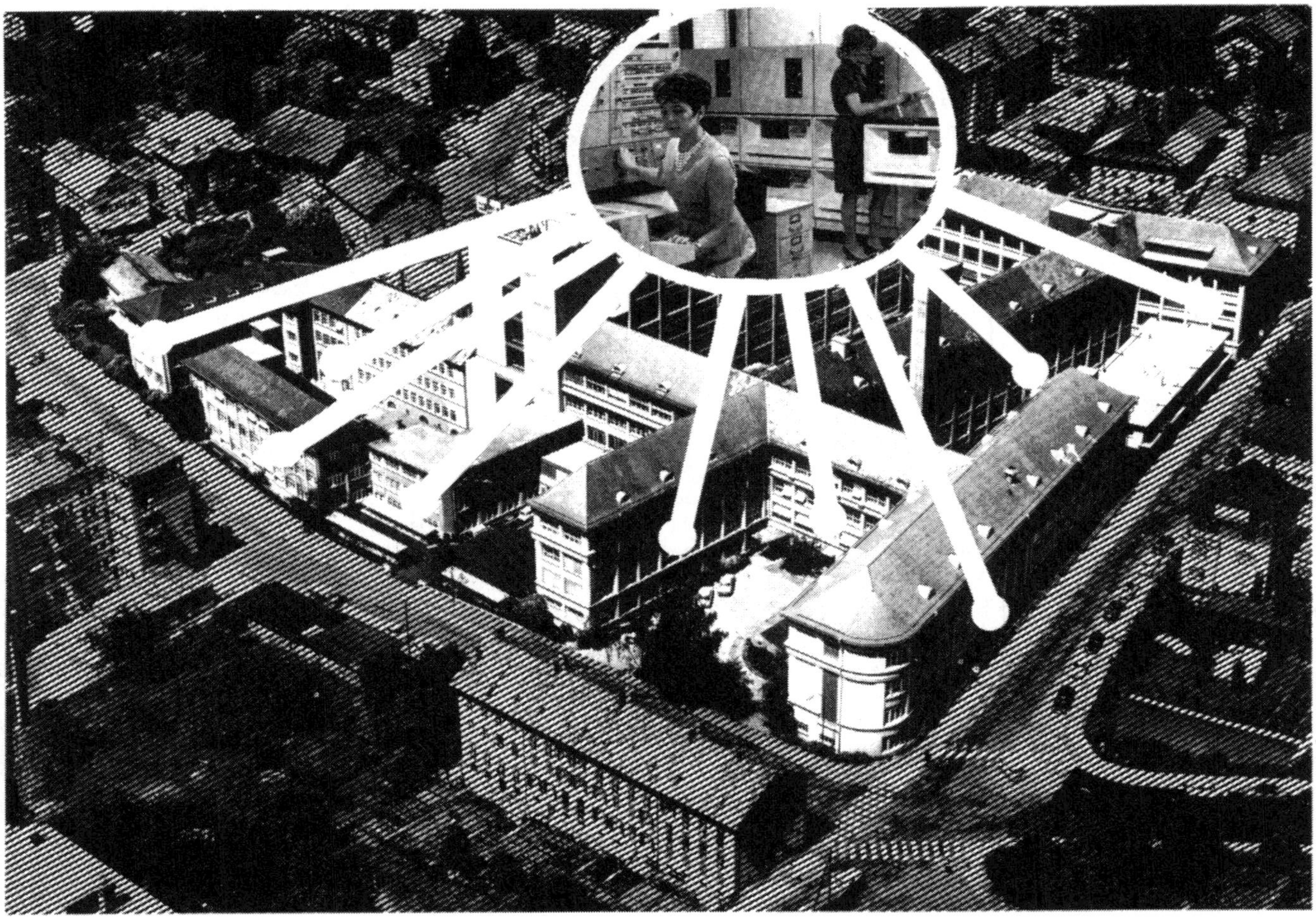

| FRAGE | ANTWORT | IHRE LOESUNG |
|---|---|---|
| 1. Ein Bruttolohnprogramm ist in keinem Fall | A. Ein Anwendungsprogramm<br>B. Ein Arbeitsprogramm<br>C. Ein Betriebssystem | ○ |
| 2. Die richtige Reihenfolge der Tätigkeiten (a) Systemanalyse (b) Organisation (c) Programmieren ist | A. (b) - (a) - (c)<br>B. (a) - (b) - (c)<br>C. (c) - (b) - (a) | ○ |

## 3.12. ANWENDUNGSORIENTIERTE SOFTWARE

Bis jetzt haben wir nur über die maschinenorientierte Software gesprochen. Es waren immer nur Programme zur automatischen Steuerung der allgemeinen Maschinenfunktionen. Der Hersteller kann aber auch manche Programme liefern, die bestimmte, oft vorkommende Arbeiten durchführen, so z.B. die optimale Lagerüberwachung, die Berechnung von verschiedenen statistischen und mathematischen Grössen, die Nettolöhne usw.

Die Aufgabe des Programmierers ist es, diese vorfabrizierten Programme an die individuellen Bedingungen des Benützers anzupassen. Darüber aber mehr im nächsten Heft.

Das vierte Heft ist damit zu Ende. Es war ein schwieriges Heft. Sie haben auf einmal den Aufbau und die Arbeitsweise des Computers in groben Zügen kennengelernt. Ich kann kaum verlangen, dass Sie alles Neue gleich behalten konnten. Gehen Sie die Lektion noch einmal sorgfältig durch. Es hilft Ihnen bei der weiteren Arbeit. Und vergessen Sie nicht, auch später zu dieser Lektion zurückzugreifen!

ZUSATZINFORMATION

Der Weg vom Problem zum Programm ist weit und manchmal recht schwierig. Das Problem muss zuerst erkannt werden. Dann erfolgt eine gründliche Analyse. Erst dann kann die Lösung entworfen werden. Die Programmablaufdiagramme helfen beim logischen Aufbau der zu lösenden Aufgabe. Dann kommt der Programmierer und schreibt das Arbeitsprogramm. Dabei nützt er die Hardware, Software und besonders die anwendungsorientierte Software umfangreich aus.

← Heft 1 Seiten 57 und 59

NOTIZEN

## SCHLUESSELVERZEICHNIS ZU HEFT 4

AUSFUEHRLICHE ANTWORTEN AB SEITE 283

| SEITE | SCHLUESSEL |
|---|---|
| 178 | AAB |
| 180 | BCA |
| 182 | BAB |
| 186 | AA |
| 188 | BAAA |
| 190 | BAAB |
| 192 | BBB |
| 194 | ABA |
| 196 | AAA |
| 198 | CAB |
| 200 | AB |
| 202 | AB |
| 204 | BBB |
| 206 | CB |
| 210 | BAB |
| 212 | ACB |
| 214 | CC |
| 216 | CBA |
| 218 | CB |

HEFT 5

PROGRAMMIERUNG

# 1. Vom Problem zum Programm

## ① Computer hilft der Wissenschaft

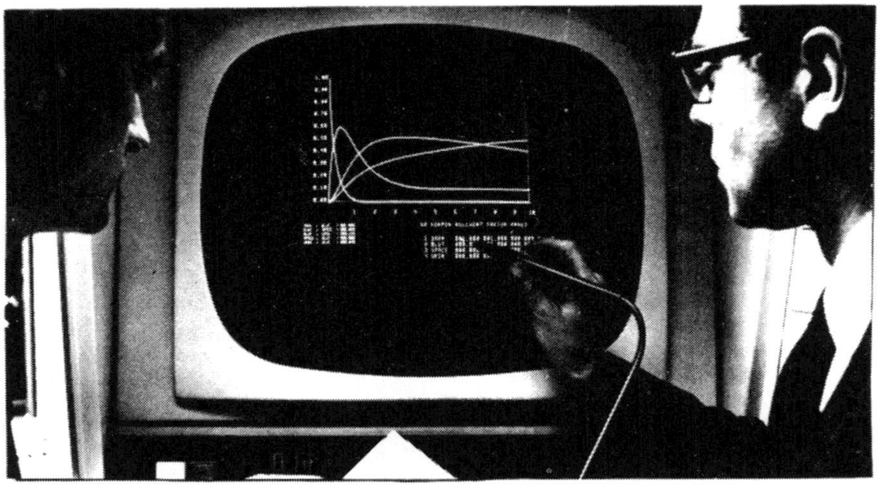

## ② Zwei Gesichter der Chemie

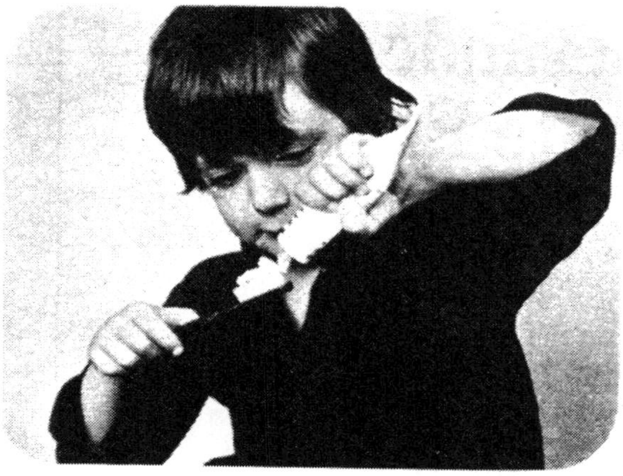

| FRAGE | ANTWORT | IHRE LOESUNG |
|---|---|---|
| 1. Anwendungsprogramme sind ein Teil des Betriebssystems. | A. Richtig<br>B. Falsch | ○ |
| 2. Der Computer wird nur dann zum nützlichen Instrument, wenn er vernünftig programmiert und eingesetzt wird. | A. Einverstanden<br>B. Diese Behauptung ist falsch | ○ |

## 1.1. MENSCH UND COMPUTER

Ein Computer steht in einem Rechenzentrum. Er druckt eine Lohnliste. Wer beteiligt sich an diesem Vorgang?

a) Die Wissenschaftler, Ingenieure und Facharbeiter, die den Computer entworfen und hergestellt haben.
b) Die Mathematiker und Spitzenprogrammierer, die das Betriebssystem des Computers erarbeitet haben, siehe Heft 4 Seiten 210 ff.
c) Die Systemanalytiker und Organisatoren, die das Arbeitsgebiet für den Computer vorbereitet haben. Ihre Aufgaben und Tätigkeiten behandelt Heft 7.
d) Die Programmierer, welche die Arbeitsanweisung für den Computer erstellen. Das ist das Thema dieses Heftes.
e) Die Bedienungskräfte, die dem Computer die Eingabedaten und die Programme zuführen und ihm die Ausgabedaten entnehmen, siehe Heft 4 Seiten 206 und 207.
f) Die Techniker, die durch sorgfältige Wartung den Computer in ständiger Einsatzbereitschaft halten.

Wenn richtig benützt, ist der Computer ein wirkunsvolles Hilfsmittel für den Menschen (1). Aber eben nur dann, wenn er vernünftig programmiert und eingesetzt wird. Die Parallele zur Chemie ist anschaulich (2).

ZUSATZINFORMATION

Der Computer kann in absehbarer Zukunft noch nicht ohne den Menschen entstehen und funktionieren. Zwar wurden schon Computer mit Zusatzeinrichtungen theoretisch entworfen, die vollautomatisch neue und sogar bessere Computer herstellen könnten. Die praktische Realisierung ist jedoch noch lange nicht möglich. Aber auch hier steht der Mensch am Anfang mit seinen schöpferischen Leistungen.

NOTIZEN

Heft 4 Seite 181
Heft 1 Seiten 68 bis 75

①

## DER MENSCH IST FUER DIE RICHTIGE LOESUNG VERANTWORTLICH

Einmal sollte ein Computer die optimale Länge eines Schiffes berechnen, um den Bodensee in kürzester Zeit zu überqueren. Für die Strecke Romanshorn - Friedrichshafen ermittelte der Computer eine optimale Schiffslänge von 11,4 km.

Sie haben richtig gelesen: Das Schiff sollte dem Computer nach 11'400 m lang sein. Das wäre natürlich unsinnig. Der Computer konnte es aber nicht beurteilen. Er hat lediglich genau der Formel

$$\text{Zeit} = \frac{\text{Strecke}}{\text{Länge}} - 1$$

entsprochen. Diese Formel hat jedoch der Mensch durch sein Programm in den Computer hineingelegt. Der Programmierer hat zwar den Computer belehrt, dass die Zeit nicht negativ sein darf, die mögliche Schiffslänge hat er jedoch im Programm nicht begrenzt. Dann ist aber bei Länge = Strecke die Zeit gleich Null. Das ist jedenfalls die kürzeste mögliche Zeit, so dass der Comupter recht gehabt hat. Der Mensch hat hier versagt und den Fehler verursacht!

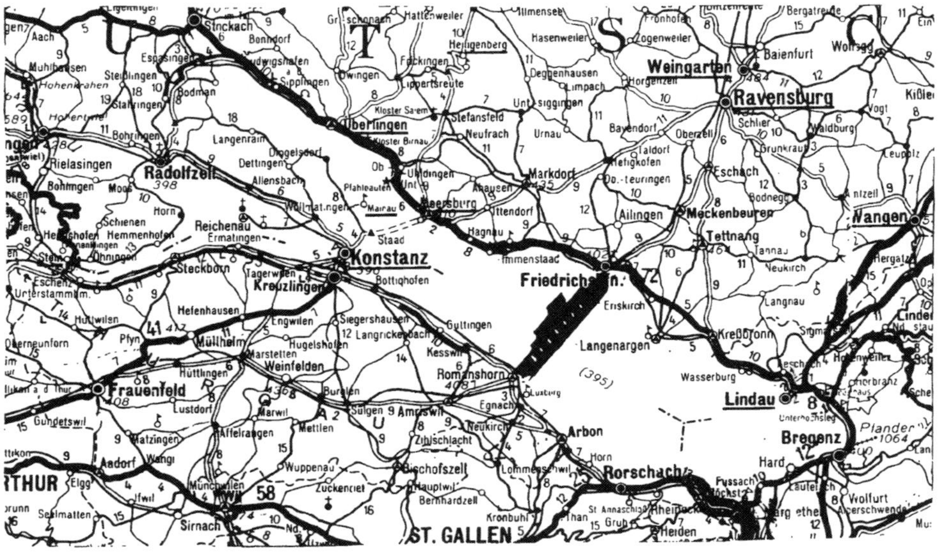


| FRAGE | ANTWORT | IHRE LOESUNG |
|---|---|---|
| 1. Die Vorbereitung eines Programms beginnt mit | A. Blockdiagrammen<br>B. Analyse<br>C. Sammeln der Eingabedaten | ○ |
| 2. Welche der folgenden zwei Uhren ist besser ? (Kriterium: Welche Uhr zeigt öfters die genaue Zeit an?) | A. Eine Uhr, die ständig um 2 Minuten vorangeht<br>B. Eine Uhr, die überhaupt nicht geht | ○ |
| 3. Unter der graphischen Darstellung der Logik einer Aufgabe verstehen wir die | A. Formulare<br>B. Graphen der zu berechnenden Kurven<br>C. Blockdiagramme | ○ |

## 1.2. WIE ENTSTEHT EIN PROGRAMM?

Der Computer ist kein Gehirn. Er kann nicht denken. Das Denken muss der Mensch für den Computer besorgen.

Der Computer ist aber sehr schnell, betriebssicher, genau und gehorsam. Er führt jede Aufgabe durch, die ihm der Mensch durch ein formell richtiges Programm anvertraut hat. Also auch jede unsinnige Aufgabe. Es genügt ihm, wenn die Vorschriften der Programmierung eingehalten wurden. ①

Man muss also dem Computer Schritt für Schritt genau sagen, was er zu tun hat. Einem neuen Mitarbeiter erklären Sie auch seine Arbeit. Sie verlassen sich dabei auf seine Fähigkeit nachzudenken. Das dürfen Sie bei der Programmierung nicht.

Wenn Sie selbst eine neue Aufgabe lösen, müssen Sie zuerst die Aufgabenstellung gründlich durchdenken. Dabei erstellen Sie den logischen Aufbau der Aufgabe. Erst nach dieser Analyse sind Sie imstande, die Lösung und den Ablauf der Aufgabe festzulegen. Die gleiche Reihenfolge ist auch beim Programmieren unerlässlich:

a) Analyse der Aufgabe
b) Graphische Darstellung der Logik
c) Schreiben des Programms für den Computer

ZUSATZINFORMATION

Der Mensch bestimmt, was der Computer macht. Er bedient sich dabei der Software. Das sind aber auch von Menschen geschriebene Programme. Die Software ermöglicht es, dem Computer allgemeine Hinweise zu geben. Vergessen wir aber nie: auch die Durchführung dieser allgemeinen Hinweise wird durch Programme gesteuert. Am Computer ist nicht dieser, sondern die Intelligenz der Menschen erstaunlich und faszinierend.

NOTIZEN

Heft 3 Seiten 127 und 143

①

Aufgabenstellung: "Berechnen Sie Den Durchschnittlichen Monatsbestand!"

Vorstellung Des Aufgabenstellers — Auffassung Des Programmierers

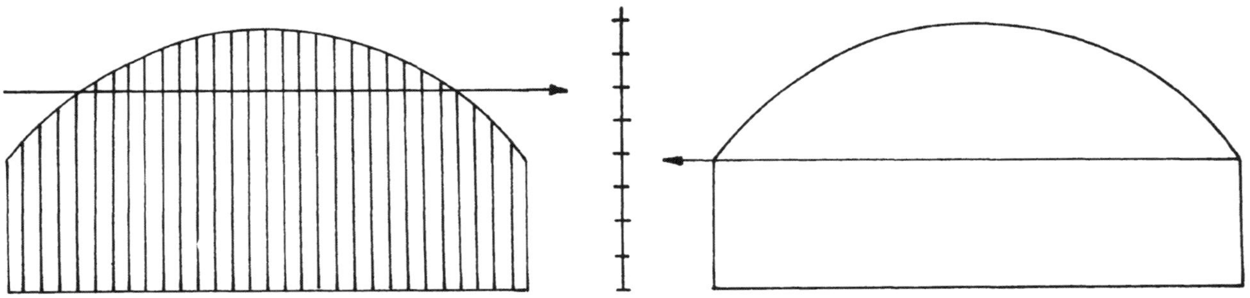

$$\text{Durchschnitt} = \frac{\text{Summe der Tagesbestände}}{\text{Anzahl der Tage}}$$

$$\text{Durchschnitt} = \frac{\text{Anfangsbestand + Endbestand}}{2}$$

Resultat Der Fehlinterpretation Der Aufgabenstellung :

Sachlich Unrichtige Resultate, Nach Denen Vielleicht Entscheidungen Von Grosser Tragweite Getroffen Werden !

---

| FRAGE | ANTWORT | IHRE LOESUNG |
| --- | --- | --- |
| 1. Ist die gründliche Analyse einer Aufgabe unerlässlich? | A. Nicht immer<br>B. Nein<br>C. Ja | ○ |
| 2. Die Gefahr der falschen Auslegung kann durch .......... vermindert werden. | A. Schriftliche Aufgabenstellung<br>B. Sorgfältige Analyse<br>C. Vergleich der Auffassungen des Aufgabenstellers und des Programmierers<br>D. Alle drei Massnahmen | ○ |

## 1.3. ANALYSE

Die Analyse der Aufgabe umfasst folgende Tätigkeiten:

a) Richtiges Verstehen der Aufgabenstellung. Die falschen Auslegungen bilden eine der grössten Gefahren bei der elektronischen Datenverarbeitung. ①

b) Feststellen der Form und Art der Eingabedaten. Der Programmierer kann die Form der Eingabedaten manchmal selbst bestimmen. Oft liegen aber die Eingabedaten in einer bestimmten Art und Weise vor und der Programmierer hat sich daran zu halten.

c) Festlegen der Art und Form der Ausgabedaten. Werden die Resultate auf dem Drucker herausgegeben? Werden sie in Lochkarten gestanzt? Wird man auf Formulare oder auf ein leeres Papierband ausdrucken?

d) Wieviele Daten sind zu verarbeiten? Wie oft? Wie erkennt man die letzte Eingabe? Wie gross sind die zu verarbeitenden Zahlen? Welche Werte dürfen nicht vorkommen?

e) Welche Fehler sind zu erwarten? Wie könnte man den Fehlern vorbeugen? Kann unser Programm bestimmte Fehler durch gezielte Massnahmen abfangen?

Wir haben hier nur die wichtigsten Aufgaben der Analyse erwähnt. Später werden Sie selbst weitere Bestandteile zufügen können.

**ZUSATZINFORMATION**

In Abbildung ① haben Sie eine der möglichen falschen Auslegungen gesehen. Sie haben sicherlich schon ähnliche Situationen erlebt. Man sagt z.B.: Gehen wir heute abend feiern! - und denkt dabei an ein Konzert. Der - oder die - andere freut sich aber auf Wein und Tanz. Je später ein solches Missverständnis erkannt wird, desto schlimmer. Auch beim Programmieren.

**NOTIZEN**

Heft 3 Seite 143

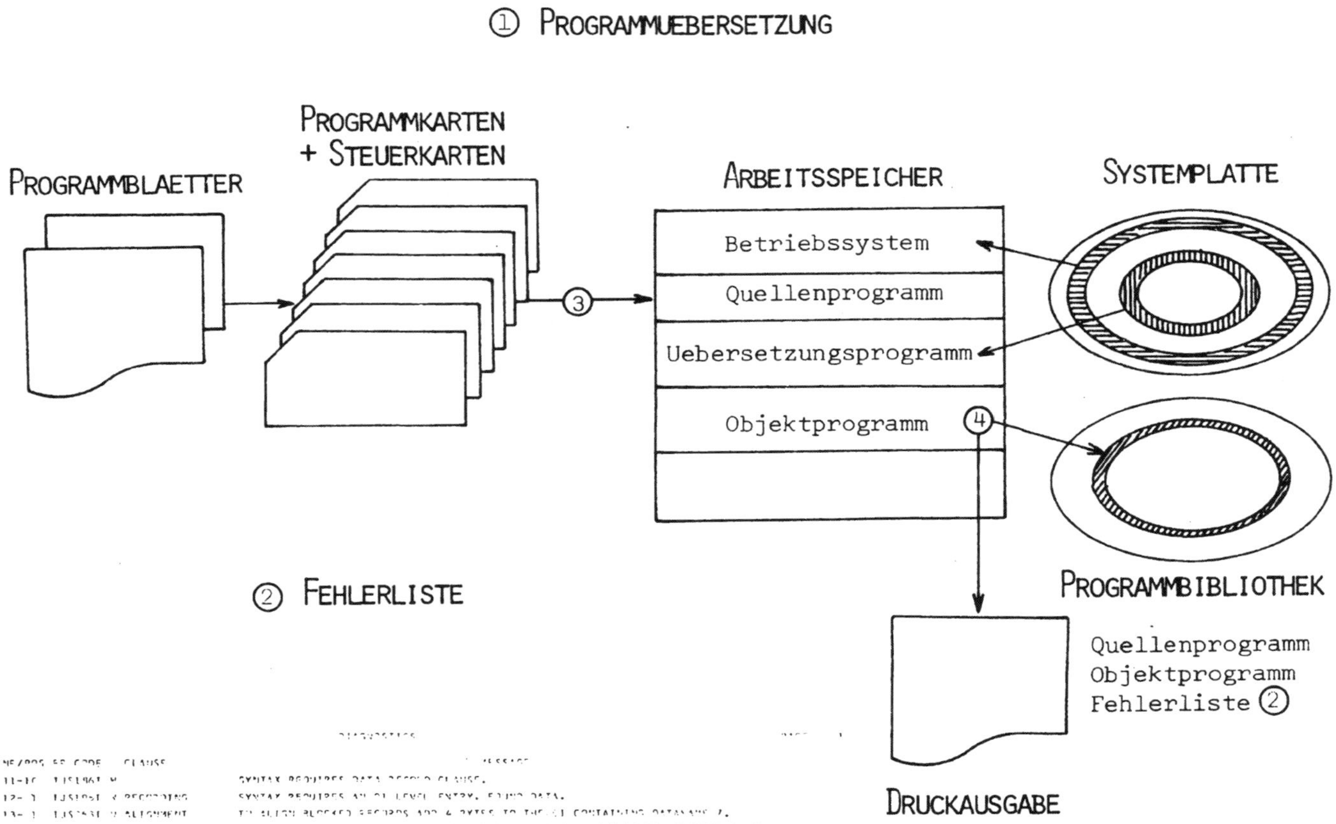


② FEHLERLISTE

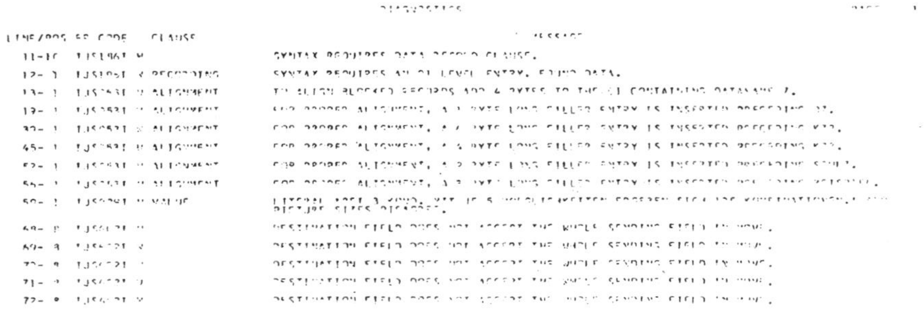

| FRAGE | ANTWORT | IHRE LOESUNG |
|---|---|---|
| 1. Das Objektprogramm wird vom | A. Programmierer geschrieben.<br>B. Computer erstellt. | ○ |
| 2. Zum Uebersetzen des Quellenprogramms in die Maschinensprache braucht man | A. Ein Wörterbuch<br>B. Ein Uebersetzungsprogramm<br>C. Ein Bibliotheksprogramm | ○ |
| 3. Das Quellenprogramm wird vom Programmierer in .... geschrieben. | A. Einer Programmiersprache<br>B. Der Maschinensprache<br>C. Der Software | ○ |

## 1.4. PROGRAMMIERUNG

Nach der Analyse und dem Erstellen der Programmablaufdiagramme wird das Programm geschrieben.

Begreiflicherweise muss das Programm für den Computer verständlich sein. Die Maschinensprache ist jedoch für den Programmierer völlig ungeeignet. Deshalb wurden verschiedene Programmiersprachen entwickelt. Sie erlauben, das Programm in einer dem Menschen naheliegenden Symbolik zu schreiben. Bitte betrachten Sie nochmals die Darstellung in Heft 4 Seite 214 oben.

Ein Teil der Software wird zum Uebersetzer, der die in einer symbolischen Programmiersprache geschriebenen Programme in die Maschinensprache über- ①
setzt.

Auch der beste Programmierer begeht Verstösse gegen die Regeln der angewandten Programmiersprache. Deshalb muss jedes Programm auf Formfehler geprüft werden. Dabei werden alle Verstösse gegen die Programmiersprache durch das Uebersetzungsprogramm entdeckt und beim Ausdrucken der Programmlisten vermerkt. ②

Das Programm in der symbolischen Programmiersprache bezeichnen wir als Quellenprogramm ③. Das in die Maschinensprache übersetzte Programm nennen wir Objektprogramm ④

Das Objektprogramm kann für den späteren Gebrauch in Lochkarten gestanzt oder in die Programmbibliothek auf Magnetband, Magnetplatte ④ oder Magnettrommel übernommen werden.

### ZUSATZINFORMATION

Das Objektprogramm wird automatisch vom Computer erstellt. Das Quellenprogramm wird in den Computer von Programmkarten eingelesen und dort mit Hilfe der Uebersetzungsprogramme automatisch übersetzt. Die gefundenen Programmfehler werden ausgedruckt. Bei schwerwiegenden oder vielen Fehlern im Quellenprogramm lehnt der Computer die Erstellung des Objektprogrammes ab. Zuerst müssen die Programmfehler vom Programmierer behoben werden.

### NOTIZEN

→ Heft 4 Seiten 214 bis 217

# 2. Aufbau der Instruktion

## ① Instruktion

| Instruktionen | Operationen |
|---|---|
| 78 2 1004 | Lade Inhalt des Speicherplatzes 1004 ins Register 2 |
| 7A 2 1008 | Addiere Inhalt des Speicherplatzes 1008 zum Inhalt des Registers 2 |
| 70 2 1012 | Speichere den Inhalt des Registers 2 auf dem Speicherplatz 1012 |

## ② Arbeitsspeicher

Arbeitsspeicher vor Durchführung der drei oben aufgeführten Instruktionen:

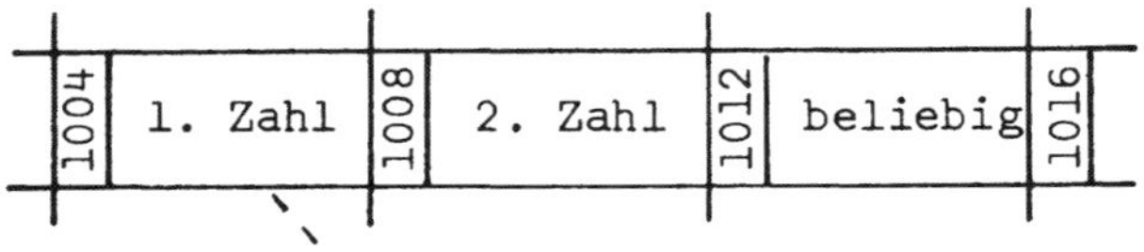


## ③ Register und Arbeitsspeicher

Register 2 nach Durchführung der ersten Instruktion:

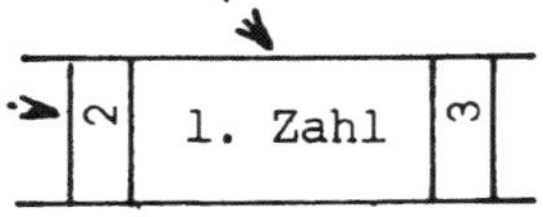


Register 2 nach Durchführung der zweiten Instruktion :

Arbeitsspeicher nach Durchführung der dritten Instruktion:

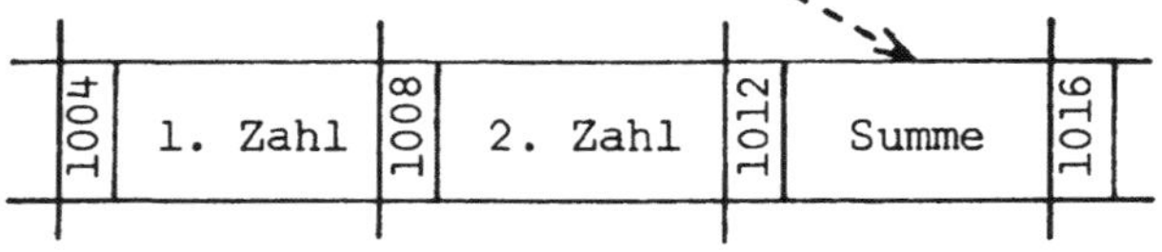


---

| FRAGE | ANTWORT | IHRE LOESUNG |
|---|---|---|
| 1. Die oben aufgeführten drei Instruktionen sind in .... geschrieben. | A. Einer Programmiersprache<br>B. Der Maschinensprache | ○ |
| 2. In ① ist ein Ausschnitt aus einem ..... ersichtlich. | A. Objektprogramm<br>B. Quellenprogramm<br>C. Uebersetzungsprogramm | ○ |
| 3. In jeder Instruktion in ① steht | A. Eine Adresse<br>B. Zwei Adressen<br>C. Eine Adresse und eine Registernummer | ○ |

## 2.1. INSTRUKTION

Die Instruktion ist die kleinste Funktionseinheit eines Programms. Sie beschreibt ganz eindeutig die durchzuführende Operation. Zum Addieren von zwei Zahlen muss die Maschine folgende drei Operationen durchführen:

a) Die erste Zahl aus dem Arbeitsspeicher in die Recheneinheit übertragen.
b) Die zweite Zahl zu dem Inhalt der Recheneinheit dazu addieren. ①
c) Das Resultat aus der Recheneinheit in den Arbeitsspeicher übertragen.

Dabei wird folgendes vorausgesetzt:

a) Die beiden Zahlen stehen schon im Arbeitsspeicher und zwar auf den Speicherplätzen 1004 und 1008. Die Nummern der Speicherplätze nennt man trefflich Adressen. ②
b) Die Rechenoperationen werden in Registern durchgeführt. Fast jeder Computer verfügt über mehrere Register für temporäre Datenaufbewahrung. In unserem Programm wurde z.B. für die Berechnung das Register 2 benützt. ③

Jede Instruktion besteht in unserem Beispiel aus drei Teilen:

a) Was der Computer zu tun hat (78, 7A, 70)
b) Mit welchem Register er arbeiten soll (2, 2, 2)
c) Woher er Zahlen nehmen oder wohin er Zahlen ablegen soll (1007, 1008, 1012)

**ZUSATZINFORMATION**

Das Objektprogramm muss während der Verarbeitung im Arbeitsspeicher stehen (Heft 4 Seite 216). Es nimmt also die teure Speicherkapazität in Anspruch. Deswegen verfügt die Maschinensprache über mehrere Befehlsformate. Diese sind verschieden lang und den einzelnen Instruktionsarten angepasst. So belegt das Objektprogramm den erforderlichen Speicherbereich. (Vergleichen Sie bitte die vorletzte und letzte Instruktion auf Seite 214 in Heft 4!

**NOTIZEN**

→ Heft 4 Seiten 198,214 und 216

## ② BEFEHLSLISTE (AUSSCHNITT)

SYMBOLISCHER SCHLUESSEL ④ — BEFEHLS-SCHLUESSEL ①

| Symb. Schlüssel | Instruktionen | Operations-schlüssel (hexadez.) | Instruktions-format |
|---|---|---|---|
| AH | Addieren Halbwort | 4A | RX |
| AP | Addieren Dezimal | FA | SS |
| AR | Addieren Register | 1A | RR |
| BAS | Verzweigen und Laden Folgeadresse | 4D | RX |
| BASR | Verzweig. über Register und Laden Folgeadresse | 0D | RR |
| BC | Bedingtes Verzweigen | 47 | RX |
| BCR | Bedingtes Verzweigen über Register | 07 | RR |
| * CIO | Steuern Ein/Ausgabe | 9B | SI |
| CH | Vergleichen Halbwort | 49 | RX |
| | | D5 | SS |
| MP | Multiplizieren dezimal | | |
| MVC | Übertragen Zeichen | D2 | SS |
| MVI | Übertragen direkt | 92 | SI |
| MVN | Übertragen Ziffern | D1 | SS |
| MVO | Umpacken | F1 | SS |
| MVZ | Übertragen Zone | D3 | SS |
| NI | Direkt-Und | 94 | SI |
| OI | Direkt-Oder | 96 | SI |
| PACK | Packen | F2 | SS |
| SH | Subtrahieren Halbwort | 48 | RX |
| SP | Subtrahieren dezimal | FB | SS |
| SPSW | Setzen PSW | 81 | SI |
| SR | Subtrahieren Register | 1B | RR |
| STH | Speichern Halbwort | 40 | RX |
| * TIOB | E/A-Test mit Verzweigen | 9A | SI |
| TM | Prüfen mit Maske | 91 | SI |
| TR | Code-Umwandlung | DC | SS |
| UNPK | Entpacken | F3 | SS |
| * XIO | Übertragen E/A-Daten | D0 | SS |
| ZAP | Löschen - Addieren | F8 | SS |

* Ein/Ausgabe-Instruktionen

Instruktionsformat: Siehe nächste Doppelseite

Bemerkung: Die Befehlsschlüssel auf Seite 234 oben sind einer anderen Befehlsliste entnommen.

## ③ HEXADEZIMALES ZAHLENSYSTEM

| Binär | Dezimal | Hexadezimal |
|---|---|---|
| 0000 | 0 | 0 |
| 0001 | 1 | 1 |
| 0010 | 2 | 2 |
| 0011 | 3 | 3 |
| 0100 | 4 | 4 |
| 0101 | 5 | 5 |
| 0110 | 6 | 6 |
| 0111 | 7 | 7 |
| 1000 | 8 | 8 |
| 1001 | 9 | 9 |
| 1010 | 10 | A |
| 1011 | 11 | B |
| 1100 | 12 | C |
| 1101 | 13 | D |
| 1110 | 14 | E |
| 1111 | 15 | F |

| Binär | Hexadezimal |
|---|---|
| 0001 0000 | 10 |
| 0001 0001 | 11 |
| . | . |
| . | . |
| 0010 0000 | 20 |
| . | . |
| . | . |
| 0010 1111 | 2F |
| 0011 0000 | 30 |
| 0011 0001 | 31 |
| . | . |
| . | . |
| 0100 1010 | 4A |
| . | . |
| . | . |
| 1111 1111 | FF |

Siehe Heft 4 Seite 235

Die hexadezimale Zahl 4A wird im Computer in einem Byte (in zwei Halbbytes) folgendermassen dargestellt:

| | |
|---|---|
| 0 1 0 0 | 1 0 1 0 |
| 4 | A |

---

| FRAGE | ANTWORT | IHRE LOESUNG |
|---|---|---|
| 1. Die Operation mit Befehlsschlüssel D1 von der obigen Tabelle gehört unter die | A. Arithmetischen Operationen<br>B. Sprungbefehle<br>C. Ein- und Ausgabeoperationen<br>D. Uebertragungsoperationen | ○ |
| 2. Die Operation mit Befehlsschlüssel 47 der obigen Tabelle gehört zu den | A. Arithmetischen Operationen<br>B. Sprungbefehlen<br>C. Ein- und Ausgabeoperationen<br>D. Uebertragungsoperationen | ○ |
| 3. Die Bitfolge 11110010 entspricht dem Befehlsschlüssel | A. 2<br>B. F2<br>C. 15- | ○ |

## 2.2. BEFEHLSSCHLUESSEL

Der erste Teil der Instruktion heisst Befehlsschlüssel oder Operationsschlüssel. Er gibt an, was der Computer zu tun hat. In Abbildung ① auf Seite 234 haben wir drei Beispiele von Befehlsschlüsseln:

78 bedeutet: Lade vom Speicherplatz ins Register
7A bedeutet: Addiere zum Register vom Speicherplatz
70 bedeutet: Speichere vom Register in Speicherplatz

Eine Empfehlung: Lesen Sie die Doppelseite 234 - 235 nochmals gründlich durch. Betrachten Sie dabei besonders die auftretenden Befehlsschlüssel! Gemacht? Verstanden? Sehr gut! Die Zusammenarbeit mit Ihnen ist eine wahre Freude.

Das Verzeichnis aller Befehlsschlüssel heisst Befehlsliste ②. Alle auf einem bestimmten Computer durchführbaren Operationen sind mit ihren Befehlsschlüsseln in der Befehlsliste zusammengefasst. Die Liste und die Schlüssel sind von Computertyp zu Computertyp verschieden. Alle enthalten jedoch bestimmte Befehlsgruppen, wie

a) Arithmetische Operationen (z.B. Befehlsschlüssel 4A)
b) Sprungbefehle für Programmschleifen und Verzweigungen (z.B. Befehlsschlüssel 47)
c) Uebertragungsoperationen (z.B. Befehlsschlüssel D2)
d) Ein- und Ausgabeoperationen (z.B. Befehlsschlüssel 9B)
e) Andere Operationen (z.B. Befehlsschlüssel F2)

Die erwähnten Befehlsschlüssel entsprechen der Maschinensprache ①. Die darin vorkommenden Buchstaben sind als Zeichen des hexadezimalen Zahlensystems zu verstehen ③. Für die Programmierung werden jedoch die symbolischen Schlüssel benützt ④, die man besser im Gedächtnis behalten kann. So z.B. AH = Addieren Halbwort. Mehr darüber auf Seite 243 dieses Heftes.

**ZUSATZINFORMATION**

Die Anzahl der verschiedenen Operationen variiert von Maschinentyp zu Maschinentyp. Die Befehlsliste eines durchschnittlichen Computers enthält rund 100 verschiedene Befehlsschlüssel. Der Programmierer muss nicht nur die Befehlsliste auswendig kennen, sondern er muss die geeignetsten Operationen in der günstigsten Reihenfolge zusammenzustellen wissen. Deswegen ist das Programmieren nicht leicht. Auf der andern Seite bietet es grosse Möglichkeiten für das Kombinationstalent des Programmierers. Das ist faszinierend.

**NOTIZEN**

→ Heft 3 Seiten 127 und 129
Heft 4 Seiten 187,191 und 214
Heft 5 Seiten 234 und 235

## ① AUFGABENSTELLUNG

Wir sollen den Inhalt des Speicherplatzes mit Adresse 1008 zum Inhalt des Speicherplatzes mit Adresse 1004 addieren. Das Resultat ist auf Adresse 1004 anstelle des alten Inhaltes zu speichern.

## ② INSTRUKTIONEN MIT EINER ADRESSE

Mit Hilfe der Befehlsschlüssel von Seite 234 können wir die Aufgabe folgendermassen programmieren:

78 2 1004
7A 2 1008
70 2 1004

## ③ INSTRUKTIONEN MIT ZWEI ADRESSEN

Die Maschinensprache ermöglicht uns mittels eines Zwei-Adressen-Formats die gleiche Aufgabe durch eine einzige Instruktion zu lösen:

FA 1004 1008

Der Befehlsschlüssel FA bedeutet: Das Resultat wird auf dem gleichen Speicherplatz abgelegt, wo ursprünglich der erste Operand stand.
Beachten Sie bitte: Für die Aufgabestellung von Seite 235 dürften wir also das Zwei-Adress-Format nicht benützen!

## ④ BEFEHLSFORMATE (BEISPIEL)

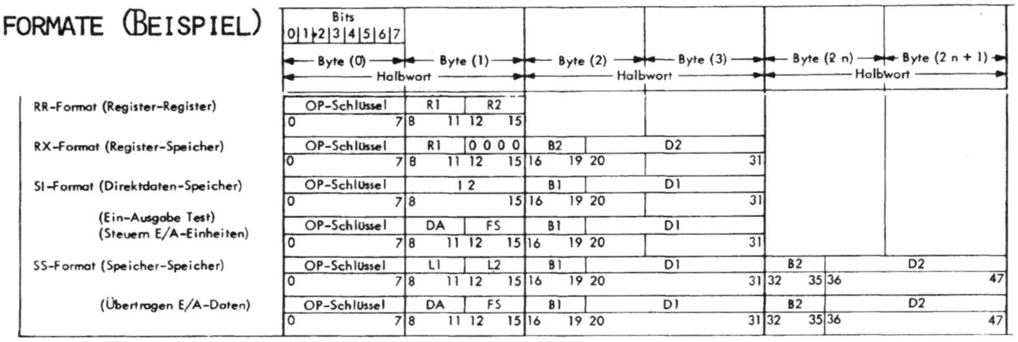


| FRAGE | ANTWORT | IHRE LOESUNG |
|---|---|---|
| 1. Welches Befehlsformat würden Sie für den Vergleich von zwei Zahlen benützen ? | A. Mit einer Adresse<br>B. Mit zwei Adressen<br>C. Ein anderes | ○ |
| 2. Die erste Instruktion von Seite 214 oben rechts im Heft 4 sieht im Arbeitsspeicher folgendermassen aus:<br>11110010-00100100-0011-000000010000-1010-000000011000<br>Welches Befehlsformat von ④ ist das ? | A. RR<br>B. RX<br>C. SI<br>D. SS | ○ |
| 3. Jetzt empfehle ich Ihnen eine gründliche Wiederholung ab Seite 225 | A. Ja (Aber bitte zuerst Punkt 2 der Zusatzinformation lesen!) | ○ |

## 2.3. BEFEHLSFORMAT

Wir haben bereits den Grund für mehrere Befehlsformate innerhalb derselben Maschinensprache in der Zusatzinformation auf Seite 235 kurz erwähnt. Sehen wir uns jetzt diese wichtige Eigenschaft der Maschinenbefehle ein wenig genauer an:

Beinahe jede Operation behandelt einen oder mehrere Operanden. Beim Addieren von zwei Zahlen werden zwei Operanden gebraucht. Das Resultat der Addition wird zum Operanden beim Uebertragen aus dem Register in den Arbeitsspeicher. ①

In den Instruktionen auf Seite 234 oben wurde zuerst die erste Zahl als Operand behandelt. In der zweiten Instruktion kommen zwei Operanden vor. Der eine stand im Register Nr. 2 und der andere auf dem Speicherplatz 1008. Die dritte Operation befasste sich wieder nur mit einem Operanden. Es war die Summe der beiden Zahlen. ②

In den erwähnten Instruktionen war ausser dem Befehlsschlüssel immer ein Register und eine Adresse aufgeführt. ②

Man kann aber auch ein Befehlsformat benützen, das zwar kein Register, hingegen zwei Adressen enthält. ③

Normalerweise verfügt ein Computer über 3 bis 4 verschiedene Befehlsformate. Sie können sich hier die Befehlsformate eines wirklichen Computers ansehen. Die Formate im Detail werden Sie noch nicht verstehen. Die Zeit dafür kommt erst in einem Programmierungskurs. ④

**ZUSATZINFORMATION**

1. Das Befehlsformat mit zwei Adressen ist auch für das Verzweigen günstig. Beispiel:

F9 0104 2216

Der Inhalt des Speicherplatzes mit Adresse 0104 wird mit dem Inhalt des Speicherplatzes mit Adresse 2216 verglichen. Genau gesagt wird der zweite Operand - mit Adresse 2216 - von dem ersten Operanden subtrahiert. Anhand des Resultates kann auf drei Arten verzweigt werden: Resultat positiv, Null oder negativ.

2. Bis jetzt haben wir in der Maschinensprache gearbeitet. Also wie der Computer. Im nächsten Abschnitt werden wir dem Programmierer bei der Arbeit zusehen. Aber die Kenntnisse der Maschinensprache werden sich lohnen, glauben Sie mir. Und jetzt zur Wiederholung ab Seite 225. Viel Spass dabei!

⟵ Heft 5 Seiten 234 und 236

# 3. Programmiersprachen

## ① MNEMONISCHE BEFEHLSSCHLUESSEL

| Symb. Schlüssel | Instruktionen |
|---|---|
| AH | Addieren Halbwort |
| AP | Addieren Dezimal |
| AR | Addieren Register |
| BAS | Verzweigen und Laden Folgeadresse |
| BASR | Verzweig. über Register und Laden Folgeadresse |
| BC | Bedingtes Verzweigen |
| BCR | Bedingtes Verzweigen über Register |
| CIO | Steuern Ein/Ausgabe |
| CH | Vergleichen Halbwort |
| MP | Multiplizieren dezimal |
| MVC | Übertragen Zeichen |
| MVI | Übertragen direkt |
| MVN | Übertragen Ziffern |
| MVO | Umpacken |
| MVZ | Übertragen Zone |
| NI | Direkt-Und |
| OI | Direkt-Oder |
| PACK | Packen |
| SH | Subtrahieren Halbwort |
| SP | Subtrahieren dezimal |
| SPSW | Setzen PSW |
| SR | Subtrahieren Register |
| STH | Speichern Halbwort |
| TIOB | E/A-Test mit Verzweigen |
| TM | Prüfen mit Maske |
| TR | Code-Umwandlung |
| UNPK | Entpacken |
| XIO | Übertragen E/A-Daten |
| ZAP | Löschen - Addieren |

## ② SYMBOLISCHE ADRESSEN

Wir schreiben jetzt die Instruktion FA 1004 1008 von Seite 205 in einer symbolischen Programmiersprache:

AP   SA, A

AP steht mnemonisch für Addieren Dezimal. Wie Sie sehen können, wurde hier das Prinzip der Abkürzungen nicht eingehalten. Das Symbol AD wurde nämlich schon fürs Addieren in einem anderen Format benützt.

Im allgemeinen kennen wir die konkreten Adressen der Operanden SA und A nicht. Man kann aber den Computer durch eine Steuerkarte zum Ausdrucken einer Tabelle zwingen, die uns die konkrete Lage der einzelnen symbolisch bezeichneten Daten zeigt:

DATA DIVISION MAP

| TYPE | LOCATION | DATA NAME |
|---|---|---|
| FILE | | SALARY-FILE |
| REC | 0000000 | SALARY-RECORD |
| | 0000000 | TOTAL-A |
| | 0000008 | TOTAL-B |
| | 0000010 | TOTAL-C |
| | 0000018 | WEEKLY-PAY |
| | 000001D | MONTHLY-PAY |
| | 0000023 | ANNUAL-PAY |
| | 000002A | CON-A |
| | 0000032 | CON-B |
| | 000003A | CON-C |
| REC | 0000048 | SALARIES |
| | 0000076 | WEEKLY |
| | 000007F | MONTHLY |
| | 0000089 | ANNUAL |
| REC | 00000B0 | MESG |
| | 00000D8 | SHOW |
| REC | 00000F8 | DSPY |
| | 0000120 | PRSNT |
| REC | 0000148 | HEADING |
| | 0000176 | WEEKLY |
| | 000017F | MONTHLY |
| | 0000189 | ANNUAL |

Bemerkung: Die Instruktion AP   SA,A entspricht dem Block H von Seite 405 des Heftes 3.

---

| FRAGE | ANTWORT | IHRE LOESUNG |
|---|---|---|
| 1. MVC DRU, AUF<br>Diese Instruktion ist geschrieben in | A. Maschinensprache<br>B. Symbolischer Sprache | ○ |
| 2. D2 OF 08F B 06C<br>Diese Instruktion ist geschrieben in | A. Maschinensprache<br>B. Symbolischer Sprache | ○ |
| 3. Vielleicht haben Sie schon selbst erkannt, dass einer Instruktion in der maschinenorientierten Sprache ...... in Maschinensprache entsprechen (entspricht). | A. Mehr als eine Instruktion<br>B. Im Durchschnitt drei Instruktionen<br>C. Höchstens zwei Instruktionen<br>D. Genau eine Instruktion | ○ |

## 3.1. MASCHINENORIENTIERTE PROGRAMMIERSPRACHEN

Der Maschinensprache liegen am nächsten die maschinenorientierten Programmiersprachen, auch Assemblersprachen genannt. Sie gehören den symbolischen Programmiersprachen an, weil sie an Stelle von konkreten Adressen und hexadezimalen Befehlsschlüssel Symbole verwenden.

Das wesentlichste Kennzeichen der Assemblersprachen ist, dass sie sich eng an die Struktur der Maschinensprache anlehnen. Deshalb auch der Name maschinenorientierte Sprachen.

Die in einer maschinenorientierten Sprache geschriebenen Programme können optimal gestaltet werden, sodass sie entweder ein Minimum an Platz im Arbeitsspeicher oder ein Minimum an Zeit für den Arbeitsablauf im Computer benötigen, oder beide diese Kriterien optimieren.

In den anderen Programmiersprachen ist dies nicht möglich. Die automatische Uebersetzung in die Maschinensprache hält sich an allgemeine Regeln. Der Programmierer hingegen kann sich der wirklichen Situation immer anpassen. Vorausgesetzt natürlich, dass er ein guter Programmierer ist.

Die symbolischen Programmiersprachen benützen einen mnemonischen Befehlsschlüssel. Solche Befehlsschlüssel lernt man leicht auswendig. Man kennt sich dann im geschriebenen Programm besser aus. Der Befehlsschlüssel ist ①
meistens eine Abkürzung der englischen Beschreibung der Operation. Wir haben einen solchen Befehlsschlüssel auf Seite 236 als symbolischen Schlüssel bezeichnet.

Viel wichtiger ist aber der folgende Vorteil, den symbolische Programmiersprachen bieten: Statt konkreten Adressen in den Instruktionen darf man nur Symbole angeben. Die Zuordnung der wirklichen Adressen besorgt das Betriebssystem. ②

**ZUSATZINFORMATION**

1. Die folgenden zwei Befehle MVC DRU, AUF und D2 OF B 08F B 062 bedeuten genau das gleiche: Uebertragen der numerischen Angaben vom Speicherplatz AUF (B062) auf Speicherplatz DRU (B 08F). Sie sehen den Vorteil der symbolischen Sprache wohl ganz deutlich.
2. Jeder Befehl in einer maschinenorientierten Sprache entspricht genau einem Befehl in der Maschinensprache.

**NOTIZEN**

Heft 3 Seite 164, Heft 4 Seiten 211 und 215
Heft 5 Seite 236

## UEBERSICHT DER PROGRAMMIERSPRACHEN

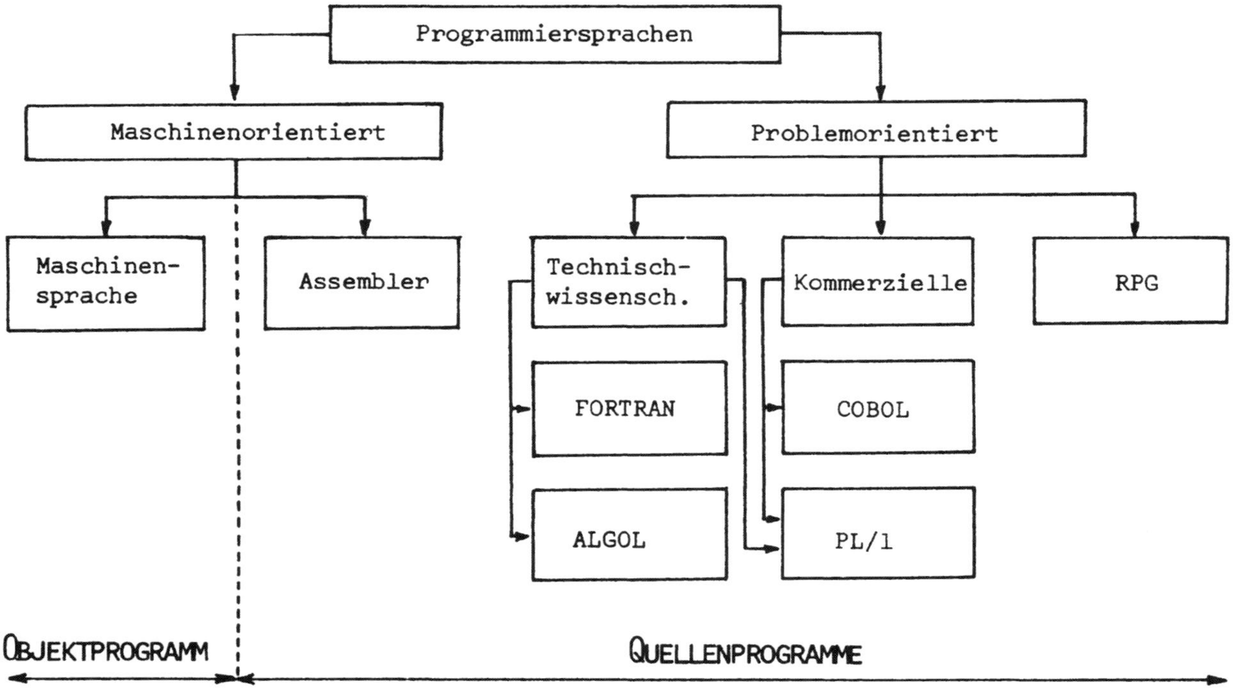


FORTRAN = Formula Translator
ALGOL = Algorithmic Language
COBOL = Common Business Oriented Language
PL/1 = Programming Language 1
RPG = Report Program Generator

Bemerkung: In dieser Uebersicht sind weit nicht alle problemorientierten Sprachen erwähnt. Wir haben uns nur auf die geläufigsten beschränkt.

---

| FRAGE | ANTWORT | IHRE LOESUNG |
|---|---|---|
| 1. Die problemorientierten Programmiersprachen sind beinahe maschninenunabhängig. Sind es auch ihre Compiler? | A. Ja<br>B. Nein<br>C. Ich weiss es nicht | ○ |
| 2. Für einen bestimmten Computer können Quellenprogramme in ......... Programmiersprache(n) geschrieben werden. | A. Einer<br>B. Mehreren | ○ |

## 3.2. PROBLEMORIENTIERTE PROGRAMMIERSPRACHEN

Die problemorientierten Programmiersprachen bedeuten eine weitere Vereinfachung der Programmierung. Sie sind nicht mehr eng an ein bestimmtes Computersystem gebunden. Die in problemorientierten Programmiersprachen geschriebenen Programme können oft nur mit geringen Abänderungen - meistens im Bereich der Ein- und Ausgabe - auf einem beliebigen Computer verarbeitet werden.

Auf der anderen Seite lassen sich nicht alle Probleme mit jeder problemorientierten Sprache gleich günstig programmieren. Diese Sprachen sind eben problemorientiert.

Zu den geläufigsten problemorientierten Programmiersprachen gehören:

a) FORTRAN (Formula Translator) für die Programmierung von technisch-wissenschaftlichen Problemen.
b) COBOL (Common Business Oriented Language) für die Programmierung kommerzieller Probleme.
c) RPG (Report Program Generator) für die Programmierung von einfacheren kommerziellen Problemen.

Das Uebersetzungsprogramm zum Erstellen der Objektprogramme aus Quellenprogrammen die in einer problemorientierten Programmiersprache geschrieben sind, nennen wir Compiler. Wir unterscheiden dann FORTRAN-Compiler, COBOL-Compiler usw.

Die Programmiersprache RPG verfügt über keinen Compiler. Seine Aufgabe übernimmt der Generator des Objektprogrammes. Der Generator ist natürlich auch ein Uebersetzungsprogramm. Auf Seite 253 dieses Heftes finden sie mehr darüber.

### ZUSATZINFORMATION

Der Compiler ist ein Uebersetzungsprogramm. Bei der Umwandlung eines Quellenprogramms in das Objektprogramm steht der Compiler im Arbeitsspeicher des Computers (siehe Heft 5 Seite 230). Deshalb muss er in der Maschinensprache abgefasst sein. Auch das mit Hilfe des Compilers erstellte Objektprogramm wird in Maschinensprache dargestellt. Daher müssen alle Eigenschaften der Hardware berücksichtigt werden. So ist der Compiler maschinenorientiert und von Maschinentyp zu Maschinentyp verschieden.

### NOTIZEN

→ Heft 4 Seite 195, Heft 5 Seiten 230 und 231

## ① Anweisung und Instruktionen

Aus der Anweisung C = A + B in einem FORTRAN-Programm erstellt der Compiler z.B. die folgenden drei Instruktionen in der Maschinensprache :

```
78  2  1004
7A  2  1008
70  2  1012
```

die wir schon von Seite 234 kennen.

## ② Vor- und Nachteile der problemorientierten Programmiersprachen

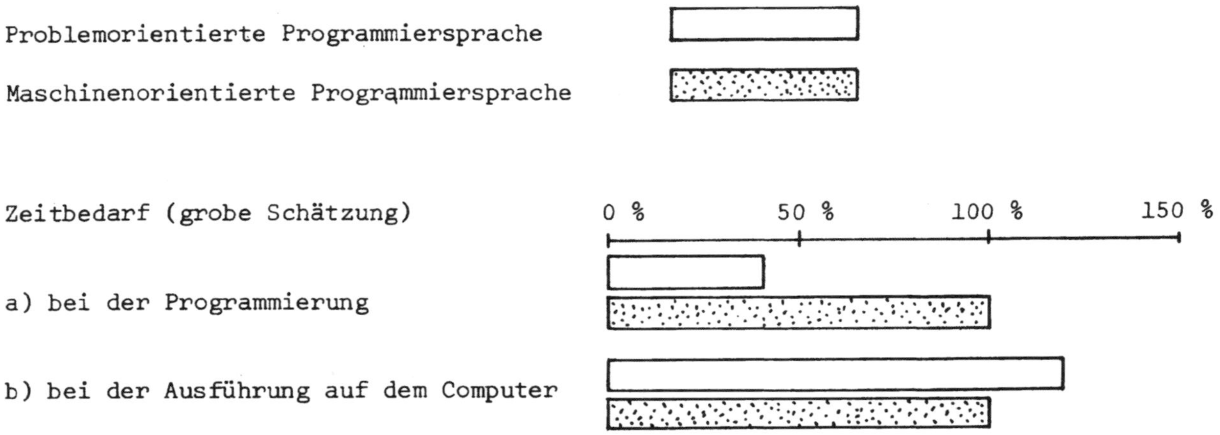


---

| FRAGE | ANTWORT | IHRE LOESUNG |
|---|---|---|
| 1. Ein optimales Programm im Hinblick auf Zeitbedarf und Speicherkapazität bei der Verarbeitung kann in einer ... Programmiersprache erzielt werden. | A. Maschinenorientierten<br>B. Problemorientierten<br>C. In beiden | ○ |
| 2. Ein nicht oft vorkommendes Programm ist vorteilhafter in einer ... Programmiersprache zu schreiben. | A. Maschinenorientierten<br>B. Problemorientierten | ○ |

Wir haben auf Seite 243 dieses Heftes gesehen, dass jeder Instruktion im Assemblerprogramm eine Instruktion im Objektprogramm entspricht. Ein Programmelement heisst in beiden Programmiersprachen Instruktion oder Befehl.

Ein Programmelement in einer problemorientierten Programmiersprache bezeichnen wir als Anweisung. Beim Compilieren - Uebersetzen - des Quellenprogramms entstehen aus jeder Anweisung in der Regel mehrere Instruktionen im Objektprogramm. ①

Vorteile der problemorientierten Programmiersprachen:

a) Bessere Uebersicht im Vergleich zu Programmen in maschinenorientierten Programmiersprachen. Die Anweisungen stehen einer Fachsprache oder sogar der Umgangssprache näher; erinnern Sie sich noch an das Beispiel auf Seite 214 oben im Heft 4?
b) Geringerer Zeitbedarf für die Programmierung.
c) In der Regel wesentlich geringerer Zeitbedarf für das Austesten des Programms.

Der Nachteil liegt im grösseren Zeit- und Speicherbedarf beim Ablauf des übersetzten Quellenprogrammes auf dem Computer. ②

**ZUSATZINFORMATION**

1. Es gibt folgende Faustregel:
   Oft vorkommende Programme oder Programmteile in der Assemblersprache schreiben. Alle anderen Programme in einer entsprechenden problemorientierten Programmiersprache schreiben.
   Bedenken Sie: Eine Stunde Programmiererarbeit kostet ungefähr ein Hundertstel der Computerstunde.
2. Ein ausgezeichneter Programmierer schreibt in einer problemorientierten Sprache ungefähr so gute Programme wie ein durchschnittlicher Programmierer in der Assemblersprache.

**NOTIZEN**

Heft 5 Seite 243

## ① Zeitliche Entwicklung der Programmiersprachen

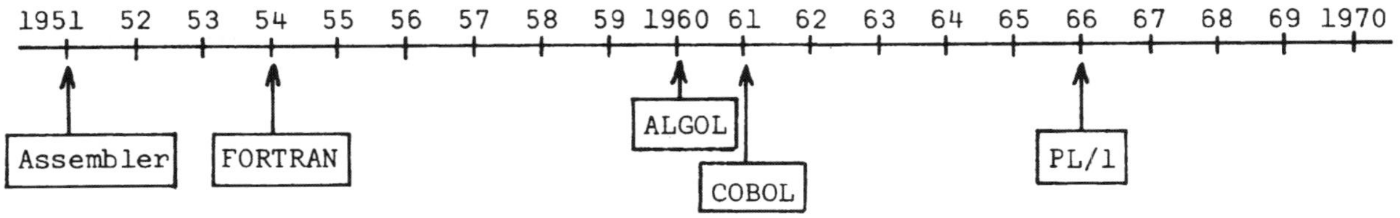


## ② Ausschnitt aus einem FORTRAN-Programm

```
00107      6 READ(5,1) NG, M
00113        IF(3 - NG) 2
00116        IF(M) 3,4,5
00121      3 NN = NN + 1
00122        SN = SN + M
00123        GO TO 6
00124      4 NO = NO + 1
00125        GO TO 6
00126      5 NP = NP + 1
00127        SK = SK + 1./M
00130        GO TO 6
00131      2 WRITE(6,7) NP, NO, NN, SK, SN
00140        STOP
00141      1 FORMAT(I7,I1)
00142      7 FORMAT(3(1XI4),F11.7,I12)
00143        END

      END OF LISTING.     0 *DIAGNOSTIC* MESSAGE(S).
```

---

| FRAGE | ANTWORT | IHRE LOESUNG |
|---|---|---|
| 1. Die FORTRAN-Sprache gehört zu welchen Programmiersprachen ? | A. Maschinenorientierten<br>B. Problemorientierten | ○ |
| 2. Sind alle FORTRAN-Compiler gleich ? | A. Ja<br>B. Nein | ○ |
| 3. Kann ein FORTRAN-Programm, das unter Ausnützung aller Hardware-Eigenschaften für einen bestimmten Computer geschrieben wurde, ohne jegliche Abänderungen auch auf einem anderen Computer verarbeitet werden ? | A. Ja<br>B. Nein | ○ |

## 3.3. FORTRAN

Die FORTRAN-Sprache ist die älteste problemorientierte Programmiersprache. Das ist begreiflich. Die technisch-wissenschaftlichen Probleme liegen ① oft in genauen mathematischen Formeln vor. Die Struktur dieser Probleme ist ähnlich. Das war der Anlass für die Entwicklung des ersten Compilers: FORmula TRANslator oder Formeln-Uebersetzer. ②

Die Fähigkeiten des Compilers sind bei allen problemorientierten Programmiersprachen von der Hardware, besonders aber von der Kapazität des Arbeitsspeichers, abhängig. Deshalb gibt es verschiedene Versionen von jeder Sprache. Die Grundstruktur, die meisten Anweisungen und die Schreibweise der Quellenprogramme sind jedoch bei allen Compilerversionen gleich.

Bei der FORTRAN-Sprache unterscheidet man grundsätzlich BASIC FORTRAN für die kleinsten Arbeitsspeicher und FORTRAN IV für die mittleren. Ausserdem gibt es bei einzelnen Computertypen zusätzliche Möglichkeiten, die nicht allgemein verbindlich sind. Man muss bei der Programmierung einer Aufgabe also immer in Betracht ziehen, ob das FORTRAN-Programm nur für einen bestimmten Computer oder für eine allgemeine Verbreitung geschrieben werden soll.

**ZUSATZINFORMATION**

ALGOL ist eine neuere problemorientierte Programmiersprache für technisch-wissenschaftliche Probleme. Im Gegensatz zum amerikanischen FORTRAN ist sie in Europa entwickelt worden. ALGOL ist eine kompliziertere, aber auch leistungsfähigere Programmiersprache als FORTRAN. Es ist jedoch gut möglich, die gleichen Probleme in beiden Programmiersprachen befriedigend zu lösen.

**NOTIZEN**

→ Heft 1 Seite 57 , Heft 5 Seite 245

## Ein kleines COBOL-Programm

```
①    001010 IDENTIFICATION DIVISION.
     001020 PROGRAM-ID. 'MUSTER'.
     001030 ENVIRONMENT DIVISION.
②    001040 INPUT-OUTPUT SECTION.
     001050 FILE-CONTROL.
     001060     SELECT KARTIN ASSIGN TO 'READER'.
     001070     SELECT LISTOUT ASSIGN TO 'PRINTER'.
     001080 DATA DIVISION.
     001090 FILE SECTION.
     001100 FD  KARTIN LABEL RECORD OMITTED
     001110            RECORDING F
     001120            DATA RECORD SATZ.
     001130 01  SATZ.
③    001140     03 ELEM-1 PICTURE X(10).
     001150     03 ELEM-2 PICTURE S9(3) COMP-3.
     001160     03 ELEM-3 PICTURE S9(5)V99 Comp-3.
     001170 FD  LISTOUT LABEL RECORD OMITTED
     001180             RECORDING F
     001190             DATA RECORD ZEILE.
     001200 01  ZEILE PICTURE X(20).
     002010 WORKING-STORAGE SECTION.
     002020 01  ZWSP.
     002030     03 EL-1 PICTURE X(10).
     002040     03 EL-4 PICTURE Z.ZZZ.ZZ9,99.
     002050 PROCEDURE DIVISION.
④    002060 P1. OPEN INPUT KARTIN OUTPUT LISTOUT.
     002070 P2. READ KARTIN, AT END GO TO PS.
     002080     MOVE ELEM-1 TO EL-1.
     002090     MULTIPLY ELEM-2 BY ELEM-3 GIVING EL-4.
     002100     WRITE ZEILE FROM ZWSP.
     002110     GO TO P2.
     002120 PS. CLOSE KARTIN LISTOUT STOP RUN.
```

---

| FRAGE | ANTWORT | IHRE LOESUNG |
|---|---|---|
| 1. Welcher der folgenden Teile eines COBOL-Programms ist maschinenorientiert ? | A. Erkennungsteil<br>B. Maschinenteil<br>C. Datenteil<br>D. Prozedurteil | ○ |
| 2. Muss immer das ganze Programm in der gleichen Programmiersprache geschrieben werden ? | A. Ja<br>B. Nein | ○ |
| 3. Gibt es ausser COBOL noch andere problemorientierte Programmiersprachen für kaufmännische Anwendungen ? | A. Ja<br>B. Nein<br>C. Ich weiss es nicht | ○ |

## 3.4. COBOL

Der Erfolg von FORTRAN in den späten fünfziger Jahren gab Anlass, nach ähnlichen Methoden für die Programmierung kaufmännischer Probleme zu suchen. So entstand unter Mitwirkung vieler Computerhersteller und Grossbenützer von Computern die COBOL-Sprache.

Im Vergleich zu FORTRAN haben COBOL-Programme eine genau festgelegte Struktur. Jedes COBOL-Programm besteht aus vier Teilen:

a) Erkennungsteil mit dem Namen und weiteren Identifikationen des Programms. ①
b) Maschinenteil mit Beschreibung des Computers, auf dem das Programm compiliert bzw. durchgeführt werden soll. ②
c) Datenteil mit allen notwendigen Angaben über die Ein- und Ausgabedateien sowie über die Speicheraufteilung. ③
d) Prozedurteil mit Anweisungen für die eigentliche Verarbeitung samt Ein- und Ausgabeoperationen. ④

Beim Wechsel von einem Computer zu einem andern, braucht im allgemeinen nur der Maschinenteil abgeändert zu werden.

In ein COBOL-Programm darf man auch Programmabschnitte eingliedern, die in einer andern Programmiersprache geschrieben wurden. So kann z.B. ein oft vorkommender Programmabschnitt in Assembler oder in FORTRAN für das COBOL-Programm geschrieben werden. Dies gilt übrigens für fast alle Programmiersprachen.

### ZUSATZINFORMATION

Die PL/1-Sprache versuchte die besten Eigenschaften der bisher bekannten problemorientierten Programmiersprachen auszunützen. Man kann in dieser Sprache sowohl die technischen, die wissenschaftlichen als auch die kommerziellen Aufgaben lösen. Das hat den Vorteil, dass der Programmierer ein komplexes vielseitiges Problem mit Hilfe einer einzigen Programmiersprache bewältigen kann.

### NOTIZEN

→ Heft 1 Seiten 59 bis 65
Heft 5 Seite 245

# DRUCKLISTE ①

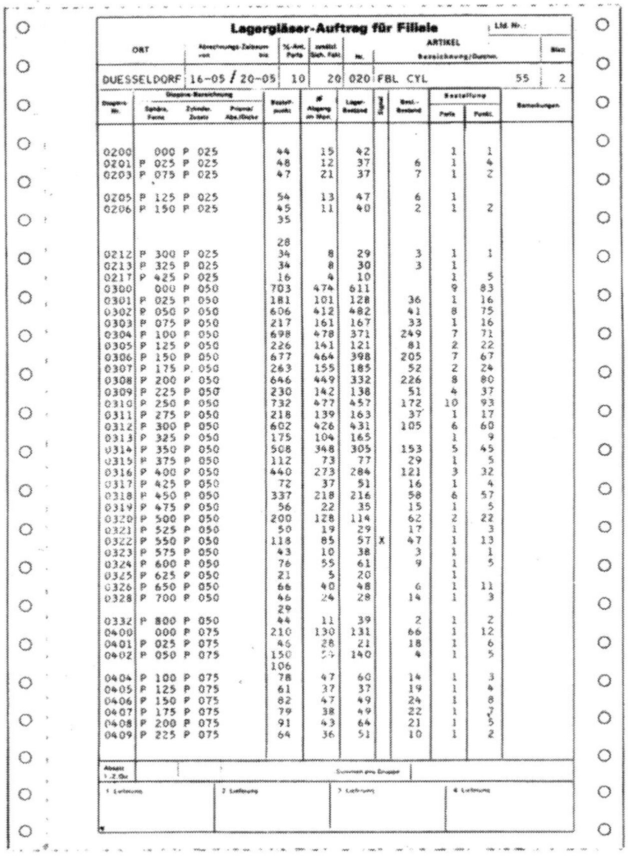

**Lagergläser-Auftrag für Filiale**

| ORT | Abrechnungs-Zeitraum von / bis | %-Ant. | | ARTIKEL Nr. | Bezeichnung | | Blatt |
|---|---|---|---|---|---|---|---|
| DUESSELDORF | 16-05 / 20-05 | 10 | 20 | 020 | FBL CYL | 55 | 2 |

| | | | | | | | | |
|---|---|---|---|---|---|---|---|---|
| 0200 | 000 P 025 | 44 | 15 | 42 | | | 1 | 1 |
| 0201 | P 025 P 025 | 48 | 12 | 37 | | 6 | 1 | 4 |
| 0203 | P 075 P 025 | 47 | 21 | 37 | | 7 | 1 | 2 |
| 0205 | P 125 P 025 | 54 | 13 | 47 | | 6 | 1 | |
| 0206 | P 150 P 025 | 45 | 11 | 40 | | 2 | 1 | 2 |
| | | 35 | | | | | | |
| | | 28 | | | | | | |
| 0212 | P 300 P 025 | 34 | 8 | 29 | | 3 | 1 | 1 |
| 0213 | P 325 P 025 | 34 | 8 | 30 | | 3 | 1 | |
| 0217 | P 425 P 025 | 16 | 4 | 10 | | | 1 | 5 |
| 0300 | 000 P 050 | 703 | 474 | 611 | | | 9 | 83 |
| 0301 | P 025 P 050 | 181 | 101 | 128 | | 36 | 1 | 16 |
| 0302 | P 050 P 050 | 606 | 412 | 482 | | 41 | 8 | 75 |
| 0303 | P 075 P 050 | 217 | 161 | 167 | | 33 | 1 | 16 |
| 0304 | P 100 P 050 | 698 | 478 | 371 | | 249 | 7 | 71 |
| 0305 | P 125 P 050 | 226 | 141 | 121 | | 81 | 2 | 22 |
| 0306 | P 150 P 050 | 677 | 464 | 398 | | 205 | 7 | 67 |
| 0307 | P 175 P 050 | 263 | 155 | 185 | | 52 | 2 | 24 |
| 0308 | P 200 P 050 | 646 | 449 | 332 | | 226 | 8 | 80 |
| 0309 | P 225 P 050 | 230 | 142 | 138 | | 51 | 4 | 37 |
| 0310 | P 250 P 050 | 732 | 477 | 457 | | 172 | 10 | 93 |
| 0311 | P 275 P 050 | 218 | 139 | 163 | | 37 | 1 | 17 |
| 0312 | P 300 P 050 | 602 | 426 | 431 | | 105 | 6 | 60 |
| 0313 | P 325 P 050 | 175 | 104 | 165 | | | 1 | 9 |
| 0314 | P 350 P 050 | 508 | 348 | 305 | | 153 | 5 | 45 |
| 0315 | P 375 P 050 | 112 | 73 | 77 | | 29 | 1 | 5 |
| 0316 | P 400 P 050 | 440 | 273 | 284 | | 121 | 3 | 32 |
| 0317 | P 425 P 050 | 72 | 37 | 51 | | 16 | 1 | 4 |
| 0318 | P 450 P 050 | 337 | 218 | 216 | | 58 | 6 | 57 |
| 0319 | P 475 P 050 | 56 | 22 | 35 | | 15 | 1 | 5 |
| 0320 | P 500 P 050 | 200 | 128 | 114 | | 62 | 2 | 22 |
| 0321 | P 525 P 050 | 50 | 19 | 29 | | 17 | 1 | 3 |
| 0322 | P 550 P 050 | 118 | 85 | 57 | X | 47 | 1 | 13 |
| 0323 | P 575 P 050 | 43 | 10 | 38 | | 3 | 1 | 1 |
| 0324 | P 600 P 050 | 76 | 55 | 61 | | 9 | 1 | 5 |
| 0325 | P 625 P 050 | 21 | 5 | 20 | | | 1 | |
| 0326 | P 650 P 050 | 66 | 40 | 48 | | 6 | 1 | 11 |
| 0328 | P 700 P 050 | 46 | 24 | 28 | | 14 | 1 | 3 |
| | | 29 | | | | | | |
| 0332 | P 800 P 050 | 44 | 11 | 39 | | 2 | 1 | 2 |
| 0400 | 000 P 075 | 210 | 130 | 131 | | 66 | 1 | 12 |
| 0401 | P 025 P 075 | 46 | 28 | 21 | | 18 | 1 | 6 |
| 0402 | P 050 P 075 | 150 | 54 | 140 | | 4 | 1 | 5 |
| | | 106 | | | | | | |
| 0404 | P 100 P 075 | 78 | 47 | 60 | | 14 | 1 | 3 |
| 0405 | P 125 P 075 | 61 | 37 | 37 | | 19 | 1 | 4 |
| 0406 | P 150 P 075 | 82 | 47 | 49 | | 24 | 1 | 8 |
| 0407 | P 175 P 075 | 79 | 38 | 49 | | 22 | 1 | 7 |
| 0408 | P 200 P 075 | 91 | 43 | 64 | | 21 | 1 | 5 |
| 0409 | P 225 P 075 | 64 | 36 | 51 | | 10 | 1 | 2 |

Summen pro Gruppe

1. Lieferung | 2. Lieferung | 3. Lieferung | 4. Lieferung

# RPG-PROGRAMMTEILE ②

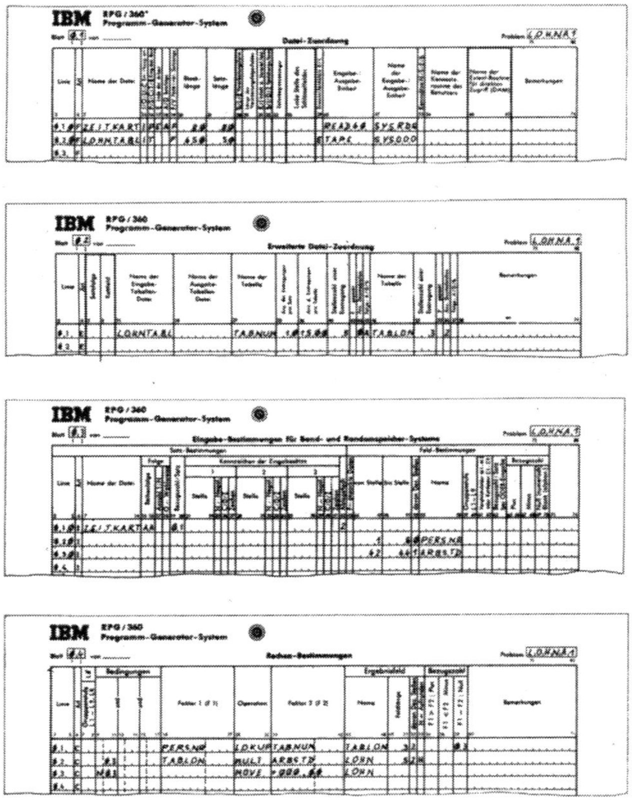

---

| FRAGE | ANTWORT | IHRE LOESUNG |
|---|---|---|
| 1. Ein Listenprogrammgenerator gehört zu den | A. Programmiersprachen<br>B. Uebersetzungsprogrammen | ○ |
| 2. Die RPG-Sprache gehört zu welchen Programmiersprachen ? | A. Problemorientierten<br>B. Maschinenorientierten | ○ |
| 3. Erlaubt der Listenprogrammgenerator auch arithmetische Operationen zu programmieren ? | A. Ja<br>B. Nein | ○ |

## 3.5. RPG (LISTENPROGRAMMGENERATOR)

Die meisten einer Datenverarbeitungsanlage übertragenen Aufgaben sind mit der Ausgabe von Listen, Ergebnissen, Zusammenstellungen usw. auf dem Drucker gekennzeichnet. Zum einfachen Erstellen individueller Druckprogramme, auch Listenprogramme genannt, stehen sogenannte Listenporgrammgeneratoren zur Verfügung. Diese Generatoren verwenden eine einfach zu erlernende Programmiersprache, das RPG. ①

In einem RPG-Programm wird dem Computer folgendes angegeben:

a) Art und Aufbau der in die Liste aufzunehmenden Daten. Diese sind oft auf einem externen Speicher und sollen ausgedruckt werden. ②

b) Die mit diesen Daten vorzunehmende Verarbeitung.

c) Der Aufbau der zu druckenden Liste.

Aus diesen Angaben erstellt der Listenprogrammgenerator je nach Computertyp entweder in einem eigenen Uebersetzungslauf oder jedesmal zu Beginn des Programmablaufes das individuelle Druckprogramm in der Maschinensprache.

Im Gegensatz zu anderen problemorientierten Programmiersprachen gibt es Programmgeneratoren für Listenprogramme meistens auch für die kleinsten Datenverarbeitungsanlagen.

**ZUSATZINFORMATION**

Die Beschreibung der Eingabedaten, der Verarbeitung und der Druckliste in einem RPG-Programm erfolgt stets programmbezogen. In der Regel werden keine anlagebezogenen Programmierkenntnisse erfordert. Deshalb zählt man die Sprache des Listenprogrammgenerators zu den problemorientierten Programmiersprachen.

**NOTIZEN**

Heft 5 Seite 245

# 4. PROGRAMMABLAUF

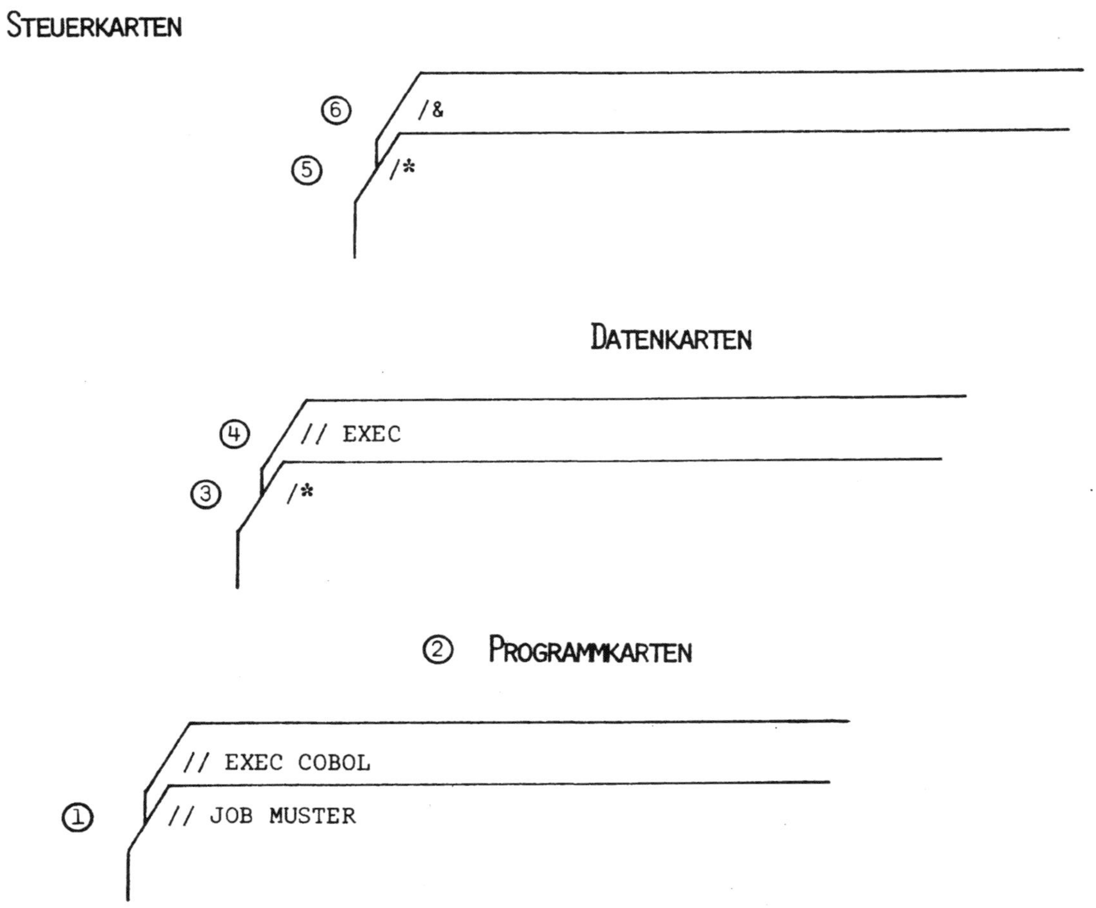


| FRAGE | ANTWORT | IHRE LOESUNG |
|---|---|---|
| 1. Ersetzen die Steuerkarten das manuelle Eingreifen des Operators in den Arbeitsablauf des Computers? | A. Ja<br>B. Nein | ◯ |
| 2. Die Steuerkarte ③ bedeutet: | A. Arbeit MUSTER abschliessen.<br>B. Compilieren beenden.<br>C. Alle Datenkarten wurden eingelesen. | ◯ |
| 3. Die Steuerkarte ⑤ bedeutet: | A. Arbeit MUSTER abschliessen.<br>B. Compilieren beenden.<br>C. Alle Datenkarten wurden eingelesen. | ◯ |
| 4. Die Steuerkarte ⑥ bedeutet: | A. Arbeit MUSTER abschliessen.<br>B. Compilieren beenden.<br>C. Alle Datenkarten wurden eingelesen. | ◯ |

## 4.1. STEUERANWEISUNGEN

Anweisungen des Programmierers oder Bedieners zum Steuern von Verarbeitungsabläufen auf einem Computer nennen wir Steueranweisungen. Diese Anweisungen können z.B. manuell vom Bedienungspult, siehe Heft 4 Seite 207, oder über Steuerkarten eingegeben werden.

Als Beispiel benützen wir das COBOL-Programm von Seite 250 dieses Heftes. ①
Am Anfang des Lochkartenstapels befindet sich die erste Steuerkarte. Sie eröffnet die Verarbeitung und informiert den Computer über den Namen der Arbeit, in unserem Beispiel MUSTER.

Jede Steuerkarte trägt ein bestimmtes Merkmal. In unserem Beispiel sind das Schrägstriche in den ersten zwei Kolonnen der Lochkarte oder Zeichenkombinationen /* und /&.

Die zweite Steuerkarte sagt dem Computer: Die nun folgenden Programmkarten
enthalten ein COBOL-Programm, dass in ein Objektprogramm übersetzt werden ②
muss.

Nach der zweiten Steuerkarte folgen nun alle Programmkarten. Dann folgt die Schlusskarte /*, welche dem Betriebssystem ansagt, dass schon alle Pro-
grammkarten eingelesen worden sind. Die Uebersetzung des COBOL-Programms in ③
das Objektprogramm kann abgeschlossen werden.

Die EXEC-Steuerkarte befiehlt dem Computer, das übersetzte Programm nun mit den daran folgenden Datenkarten durchzuführen. Das kann natürlich nur dann
vorgenommen werden, wenn keine groben Formfehler im Quellenprogramm während ④
seiner Umwendlung ins Objektprogramm gefunden wurden. Die Schlusskarte /*
bezieht sich auf die Programmanweisung ... AT END GO TO P3. Wie Sie sehen, ⑤
wird dadurch die Verarbeitung zu Ende gesteuert. Die letzte Steuerkarte /& gibt dem Computer das Beenden der Arbeit an. In unserem Beispiel ist es
die Arbeit MUSTER. ⑥

### ZUSATZINFORMATION

Die Steuerkarten ersetzen das manuelle Eingreifen des Operators in den Arbeitsablauf des Computers. Dadurch wird teure Maschinenzeit gespart. Es gibt natürlich Ausnahmefälle, wo manuelle Manipulationen unerlässlich sind. In der Regel ist jedoch die automatische Steuerung durch Steuerkarten möglich.

### NOTIZEN

Heft 2 Seiten 96 und 97
Heft 3 Seiten 128 und 129
Heft 4 Seiten 183 und 207
Heft 5 Seite 250

## ① Logische Fehler im Programm

Folgendes scheinbar richtiges Programm

```
   N = 20
11 NQ = N * N
   WRITE N, NQ
   IF (N - 100) 12
   N = N + 1
   GO TO 11
12 STOP
   END
```

hat nur eine einzige Ausgabezeile geliefert:

(N → ) 20 400 (← NQ)

obwohl das Uebersetzungsprogramm beim Uebersetzen dieses Quellenprogramms keinen Fehler gefunden hat.

Es sollte eine Tabelle der Werte N und N hoch 2 für N = 20, 21, ..., 99, 100 ausgedruckt werden:

| | |
|---|---|
| 20 | 400 |
| 21 | 441 |
| 22 | 484 |
| . | . |
| . | . |
| 99 | 9801 |
| 100 | 10000 |

Beachten Sie bitte die Anweisung IF (N - 100) 12. Diese Anweisung bewirkt bei einem negativen Inhalt der Klammern eine Verzweigung zu der aufgeführten Marke. In unserem Beispiel also zu der Anweisung mit Marke 12 : STOP.

Beim ersten Durchlauf ist aber N = 20 und deshalb IF (-80) 12. Das Programm springt also unmittelbar nach dem Ausdrucken der ersten Ausgabezeile zum STOP.

Richtig wäre IF (100 - N) 12. Kontrollieren Sie es bitte. Sie sehen, dass erst bei N = 101 der Inhalt der Klammern zum ersten Mal negativ wird. Das Programm würde in diesem Fall alle gewünschten 81 Ausgabezeilen drucken.

---

| FRAGE | ANTWORT | IHRE LOESUNG |
|---|---|---|
| 1. Was meinen Sie, muss man durch das Programm die menschlichen oder die maschinellen Fehler abfangen ? | A. Menschlichen<br>B. Maschinellen | ○ |
| 2. Ueberall, wo der Mensch irgendwie eingreifen kann, entstehen Fehler. Der schnelle und zuverlässige Computer kann so programmiert werden, dass er fast alle Fehler abfängt oder beseitigt. Ist das wahr ? | A. Ja<br>B. Nein | ○ |

## 4.2. BESEITIGUNG DER FEHLER

Bei der elektronischen Datenverarbeitung unterscheiden wir verschiedene Fehlerquellen:

a) Verstösse gegen die Regeln der benützten Programmiersprache. Diese Fehler sind leicht zu entdecken. Beim Uebersetzen des Quellenprogramms in die Maschinensprache untersucht das Uebersetzungsprogramm die Instruktionen oder Anweisungen des Quellenprogramms und druckt alle gefundenen Fehler aus. Siehe Seite 230 dieses Heftes.

b) Verstösse gegen die Logik der Aufgabe. Das sind heimtückische Fehler. Das Quellenprogramm wird trotz diesen Fehlern übersetzt und die Aufgabe verarbeitet. Die Resultate sehen vielfach korrekt aus. Deshalb sollten spezielle Testeingabedaten vorbereitet und die entsprechenden Testresultate berechnet werden. Liefert das Programm die gleichen Resultate, sind wahrscheinlich keine logischen Fehler vorhanden. Siehe dazu auch Seite 228 dieses Heftes. ①

c) Fehlerhafte Eingabedaten erweisen sich als ergiebige Fehlerquelle. Eine Kontrollmethode haben wir im Heft 2 Seite 117 kennengelernt. Es gibt noch andere Kontrollen, die der Programmierer sicherheitshalber ins Programm einbauen sollte. Ein Beispiel liegt auf Seite 260 vor.

d) Fehler beim Bedienen des Computers. Der Operator hängt z.B. ein falsches Magnetband in die Magnetbandeinheit. Deshalb sind wir gewöhnt, jedes Band mit einem Erkennungsmerkmal zu versehen. Durch das Programm kontrollieren wir dann die Arbeit des Operators.

e) Hardwaremässige Fehler treten fast nie auf. Der Computer rechnet so zuverlässig, dass man kaum Rechenkontrollen programmieren muss.

Bei vielen Fehlern stoppt der Computer und gibt dem Operator durch die Lichtanzeigen oder mittels der elektrischen Schreibmaschine an, um welchen Fehler es sich handelt. Die Liste der Fehlerbezeichnungen und Fehlerbeschreibungen sollte bei jedem Computer aufliegen.

**ZUSATZINFORMATION**

Am Magnetbandanfang wird der Name der Datei und andere Identifikationsmerkmale genauso aufgezeichnet wie alle anderen Daten. Im Programm wird dann der gewünschte Name, bzw. andere Identifikationen mit dem vom Band abgelesenen verglichen. Bei Nichtübereinstimmung wird die Verarbeitung gestoppt und der Operator durch ein Ton- oder Lichtsignal herbeigerufen.

**NOTIZEN**

Heft 2 Seite 117
Heft 5 Seiten 228 und 230

## ① LOESUNG OHNE KONTROLLMASSNAHMEN

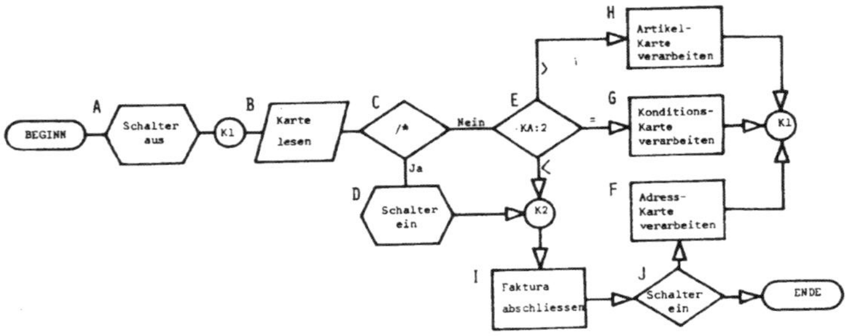


Bemerkung: Durch Pfeile soll die Lesbarkeit des komplizierten Teils des Blockdiagramms erhöht werden.

## ② LOESUNG MIT KONTROLLMASSNAHMEN

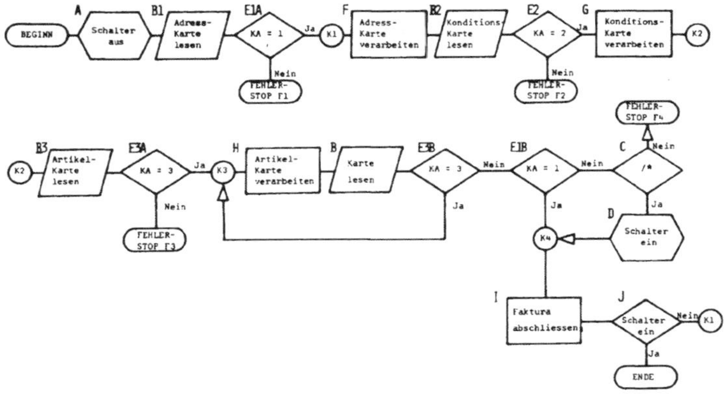


STOP-LISTE: F1....Erste Datenkarte im Stapel ist nicht KA1.
F2....Nach Adresskarte ist KA2 nicht gekommen.
F3....Nach Konditionskarte ist KA3 nicht gekommen.
F4....Letzte Datenkarte im Stapel ist nicht KA3.

---

| FRAGE | ANTWORT | IHRE LOESUNG |
|---|---|---|
| 1. Die Reihenfolge der Blöcke E3B, E1B, C in ② wurde aus folgendem Grund gewählt | A. Die 3 Blöcke bilden eine Programmschleife<br>B. Die Reihenfolge der 3 Blöcke ist beliebig<br>C. Die Lochkarten KA3 sind die häufigsten, die KA1 kommt nur einmal pro Faktura vor, die /* Karte ist nur einmal im Stapel vorhanden. Man erspart also Maschinenzeit. | ○ |
| 2. Wie oft wird der Zweig Nein vom Block E3B benützt ? | A. Bei jeder Karte<br>B. Einmal in der ganzen Verarbeitung<br>C. Einmal pro Faktura und ev. einmal, wenn ein Fehler vorkommt | ○ |

Bei den kaufmännischen Aufgaben ist oft die richtige Reihenfolge der Eingabekarten wichtig. Rufen Sie sich bitte die Kartenarten (Heft 2 Seite 97 ) und die Blockdiagramme (Heft 3) in Erinnerung. - Wieder frisch in Ihrem Arbeitsspeicher? Prima!

Und jetzt wollen wir ein Programmablaufdiagramm für folgende Aufgabestellung zusammenstellen:

Rechnungsschreibung

Für jede Faktura muss nacheinander genau eine Adresskarte (Kartenart KA = 1), genau eine Konditionskarte (Kartenart KA = 2) und mindestens eine Artikelkarte (Kartenart KA = 3) im Eingabelochkartenstapel vorhanden sein. Am Ende des Stapels befindet sich eine Schlusskarte.

Lösung ohne Kontrollmassnahmen ①:

Die eigentliche Verarbeitung besteht aus vier Operationsgruppen:
- Adresskarte verarbeiten = neue Fakturanummer berechnen, Kopfzeilen mit Datum, Fakturanummer, Namen des Kunden und seiner Adresse drucken.
- Konditionskarte verarbeiten = Rabattsatz usw. abspeichern.
- Artikelkarte verarbeiten = Preis berechnen, Zeile drucken, Betrag aufsummieren usw.
- Faktura abschliessen = Totale berechnen und Fakturabetrag, Rabatt, WUST und Skonto drucken.

Für jede dieser Operationsgruppen haben wir nur je einen Verarbeitungsblock eingeplant. Es sind die Blöcke F, G, H und I. Beachten Sie bitte den Sinn des Schalters: Nach dem Abschluss der letzten Faktura soll die Verarbeitung beendet werden, sonst wird die schon eingelesene Adresskarte nochmals verarbeitet und der Arbeitsablauf geht weiter.

Bei dieser Lösung haben wir vorausgesetzt, dass die erforderliche Reihenfolge der Lochkarten eingehalten wurde. Sind aber die Operatoren unfehlbar? Sie sind doch auch nur Menschen. Was würde geschehen, wenn z.B. in einer Faktura die Konditionskarte fehlte? Unser Programm entdeckt diesen Fehler nicht. Im Arbeitsspeicher sind also die Angaben aus der Konditionskarte der vorhergehenden Faktura gespeichert und die werden jetzt zur Berechnung der neuen Faktura benützt. Der Kunde bekommt also andere Konditionen, als mit ihm vereinbart wurden. Das trägt bestimmt nicht zu seiner Zufriedenheit bei!

Lösung mit Kontrollmassnahmen ②:

Wir haben die entsprechenden Blöcke mit denselben Buchstaben bezeichnet, wie in der Lösung ohne Kontrollmassnahmen ①. Wenn einem Block in ① mehrere Blöcke in ② entsprechen, stimmt der erste Buchstabe überein.
Diese Lösung kostet mehr Programmiereraufwand und auch mehr Maschinenzeit bei der Durchführung auf dem Computer. Es lohnt sich jedoch! Versuchen Sie, mit verschiedenen falschen Reihenfolgen der Karten durch das Blockdiagramm durchzulaufen. Sie können sich eine beliebige Reihenfolge einfallen lassen, nur mit der richtigen kommen Sie durch.
Bemerkung: Wegen der Uebersichtlichkeit wurden nicht weitere notwendige Kontrollen eingeplant. In der scheinbar richtigen Reihenfolge KA1, KA2, KA3, kann z.B. die Lochkarte KA2 einem anderen Kunden gehören. Dies müsste man durch ständige Kontrolle der Kundennummer innerhalb einer Faktura kontrollieren. Wissen Sie, wie man dies veranlassen könnte? Erinnern Sie sich an Heft 3 Seite 151?

⟵ Heft 2 Seite 97 , Heft 3 Seite 151
Heft 5 Seite 260 ②

## AUSNUETZEN DER BIBLIOTHEKSUNTERPROGRAMME

Sie haben noch von Ihrer Schulzeit die unangenehmen Probleme bei der Lösung der Systeme linearer Gleichungen im Gedächtnis. Die Programmierung dieser Aufgabe ist auch ziemlich umständlich. Aber mit Hilfe eines vom Hersteller gelieferten Bibliotheksunterprogramm ist die Aufgabe spielend zu bewältigen. Es genügen einige Vorbereitungsanweisungen und ein Aufruf des betreffenden Unterprogramms. Und natürlich einige zusätzliche Steuerkarten. Sie geben an, wo sich das Unterprogramm in der Bibliothek befindet und übertragen es in den Arbeitsspeicher.

Nehmen wir an, wir müssten die folgenden zwei Systeme lösen:

①

$$\begin{aligned} x_1 + 2x_2 + 3x_3 - 4x_4 &= -12.8 \\ x_1 - 2x_2 - 4x_3 + x_4 &= 8.8 \\ 25x_1 + 50x_2 - x_3 + 10x_4 &= 86.0 \\ -4x_1 - 6x_2 + 10x_3 - 3x_4 &= -27.6 \end{aligned} \qquad \begin{aligned} y_1 + 2y_2 + 3y_3 - 4y_4 &= 12.6 \\ y_1 - 2y_2 - 4y_3 + y_4 &= -5.6 \\ 25y_1 + 50y_2 - y_3 + 10y_4 &= 53.0 \\ -4y_1 - 6y_2 + 10y_3 - 3y_4 &= 12.2 \end{aligned}$$

Ausser der Eingabe, um die gegebenen Zahlen, wie z.B. 1, 2, 3, -4, -12.8 von der ersten Gleichung, in den Computer einzulesen und der Ausgabe ② müssen wir nur den Aufruf des Unterprogramms ③ ins Programm einbauen. In unserem Beispiel heisst das Bibliotheksunterprogramm GJR. Die Berechnungsmethode stützt sich nämlich auf das Gauss-Jordan Verfahren.

**PROGRAMM**

**AUFRUF DES UNTERPROGRAMMS** ③

```
      .
      .
      .
CALL GJR
      .
      .
      .
```

**② RESULTATE**

| | | | |
|---|---|---|---|
| $(x_1=)$ | 2.0 | 3.0 | $(=y_1)$ |
| $(x_2=)$ | .1 | -.2 | $(=y_2)$ |
| $(x_3=)$ | -1.0 | 2.0 | $(=y_3)$ |
| $(x_4=)$ | 3.0 | -1.0 | $(=y_4)$ |

Die ganze Verarbeitung dauert auf dem Computer einen winzigen Bruchteil einer Sekunde.

---

| FRAGE | ANTWORT | IHRE LOESUNG |
|---|---|---|
| 1. Die Unterprogramme sind in der Programmbibliothek in welcher Sprache abgelegt ? | A. Der Maschinensprache<br>B. Einer passenden Programmiersprache<br>C. Beides ist möglich | ○ |
| 2. Kann man in einem Programm mehrere Unterprogramme aufrufen ? | A. Ja<br>B. Nein | ○ |
| 3. Kann man in einem Unterprogramm ein anderes Unterprogramm aufrufen ? | A. Ja<br>B. Nein | ○ |

## 4.3. UNTERPROGRAMME

Eines der wichtigsten Hilfsmittel zur Rationalisierung der Programmierung ist das Unterprogramm. Das Unterprogramm ist eine Befehlsfolge, die zwar an verschiedenen Stellen des Programms benötigt wird, aber nur einmal programmiert und gespeichert wird. Diese Befehlsfolge wird im Verlaufe eines Programms immer dann aufgerufen, wenn sie eingesetzt werden soll.

Eine Befehlsfolge kann aber auch in mehreren verschiedenen Programmen benötigt werden. In diesem Fall wird sie einmal optimal programmiert und in die Programmbibliothek mit Hilfe der Bibliotheksverwaltungsprogramme (Heft 4 Seite 217) eingereiht. Wenn benötigt, kann sie aus der Programmbibliothek herausgeholt und in das betreffende Programm eingeschlossen werden.

Unterprogramme für allgemeine Probleme werden von den Herstellern zur Verfügung gestellt. Vielfach sind es oft benützte mathematische und statistische Aufgaben.

Ich bin mit Ihnen einverstanden. Dieses Heft war wirklich schwierig. Aber der Mensch der Zukunft muss einfach mehr wissen, um Herr der Maschine zu bleiben.

ZUSATZINFORMATION

1. Die Unterprogramme stehen in der Programmbibliothek meistens schon in der Maschinensprache. Sollten jedoch die gleichen Unterprogramme für verschiedene Computertypen benützt werden, müssen sie in einer problemorientierten Sprache geschrieben werden und bei jedem Benützen immer von neuem übersetzt werden.
2. Die Unterprogramme erlauben uns, eine Art von Zusammensetzspiel beim Programmieren anzuwenden. Wir sind dabei sehr flexibel, weil auch Unterprogramme andere Unterprogramme aufrufen können.

Heft 5 Seite 224. Aber nur dann, wenn Sie es für notwendig halten.

NOTIZEN

## SCHLUESSELVERZEICHNIS ZU HEFT 5

AUSFUEHRLICHE ANTWORTEN AB SEITE 287

| SEITE | SCHLUESSEL |
|---|---|
| 224 | BA |
| 226 | BBC (Zur Frage 2: Die erste Uhr zeigt nie die richtige Zeit, die andere Uhr hingegen zweimal pro 24 Stunden) |
| 228 | CD |
| 230 | BBA |
| 234 | BAC |
| 236 | DBB |
| 238 | BDA |
| 242 | BAD |
| 244 | BB |
| 246 | AB |
| 248 | BBB |
| 250 | BBA |
| 252 | BAA |
| 256 | ABCA |
| 258 | AA |
| 260 | CC |
| 262 | CAA |

## AUSFUEHRLICHE ANTWORTEN ZU FRAGEN VOM VORHEFT

| SEITE | FRAGE | ANTWORT |
|---|---|---|
| 14 | 1. | Ⓐ Zu dieser Zeit wurden schon die Computer für kommerzielle Aufgaben eingesetzt.<br>Ⓑ Das ist richtig. Die ersten programmgesteuerten Computer mit Relais und Elektronenröhren wurden gebaut - und sie funktionierten. Die theoretischen Bemühungen, einen automatischen Rechner zu bauen, gehen weit in das 19. Jahrhundert zurück.<br>Ⓒ Charles Babbage (1792-1871) hat die Programmsteuerung in eine Rechenmaschine eingebaut. Ohne genügend präzise Herstellungsmöglichkeiten blieb leider seine "Analytische Maschine" ein Prototyp. |
| | 2. | Ⓐ ist richtig. Die restliche Zeit wird durch Datenein/-ausgabe und Datenübertragung (also durch Datenumorganisation) verschluckt. |
| 16 | 1. | Ⓐ oder Ⓑ sind wahrscheinlich richtig. Ⓒ kann man mit Sicherheit ausschliessen, wenn wir bei Produktionsplanung die Optimierungsmethoden benützen.<br>Ⓓ ist aufrichtig - und richtig. Mein Kompliment! Bei der elektronischen Datenverarbeitung kann man auf die Formulierung der Aufgabenstellung nie scharf genug sein. |
| | 2. | Ⓓ ist richtig. Wenn wir die Differenz 2000 - 1990 = 10 mit J bezeichnen, das heutige Alter des Vaters mit V und das des Sohnes mit S, bekommen wir die Gleichung:<br>$V + J = 2(S + J)$,<br>welche folgendes mathematisch ausdruckt:<br>Nach J Jahren wird das Alter des Vaters (Also V + J) das zweifache des Sohnes (also 2 mal (S + J)) ausmachen.<br>Aus der obigen Formel ergibt sich:<br>$S = \frac{1}{2}(V - J) \qquad S = \frac{1}{2}(40 - 10) = 15.$<br>Wir alle hoffen, dass im Jahre 1990 Aufgaben solcher Art nicht mehr vorkommen. |
| 18 | 1. | Ⓓ wäre für mich allzu einfach. Ich habe die Berechnung der folgenden Formel programmiert (A = Alter):<br>$(A - 5)x2 + 10 - 2 \times A = 2 \times A - 10 + 10 - 2 \times A = \emptyset.$<br>Also Ⓑ ist für jedes Alter richtig. |
| 20 | 1. | Die richtige Antwort ist Ⓑ und Ⓒ. Die beiden restlichen Einrichtungen zählt man zu der Zentraleinheit. |
| | 2. | Sie können von Ihrem Tonband für Ihren Freund eine Kopie erstellen, nicht wahr? Das gleiche gilt auch für den Computer. Deshalb ist Ⓐ richtig. |

| SEITE | FRAGE | ANTWORT |
|---|---|---|
| 24 | 1. | Es ist gar nicht üblich, dem Anlaufstadium der EDV-Vorbereitungen eine vernünftige Zeitspanne einzuräumen. Die Antworten Ⓐ und Ⓑ sind beide richtig. |
| | 2. | Ⓐ stimmt (20'000 gelten natürlich nur als Beispiel), sofern es sich um die Lohnkosten der auf diese Weise geplanten Analyse handelt.<br>Ⓑ stimmt sehr oft, was die zusätzlichen Kosten der Ausbesserung des unvollständig durchdachten Lösungskonzepts betrifft.<br>Ⓒ stimmt oft - und sollte trotzdem nie vorkommen. Wir müssen Vertrauen zu unserem EDV-Personal haben - oder ein anderes Team suchen. |

## AUSFUEHRLICHE ANTWORTEN ZU FRAGEN VON HEFT 1

| SEITE | FRAGE | ANTWORT |
|---|---|---|
| 28 | 1. | Daten sind Informationselemente, aus denen eine Informationseinheit aufgebaut ist. |
| | 2. | '26. Juli' ist ein alphanumerisches Datum, da in diesem Informationselement sowohl Ziffern, wie auch Buchstaben und ein Sonderzeichen (Punkt) vorkommen. |
| | 3. | Interpunktionen (z.B. Punkt, Komma, Strichpunkt) gehören der Gruppe der Spezialzeichen (Sonderzeichen) an. |
| 30 | 1. | Die Artikelnummer auf einer Lagerkarte ist ein Ordnungsmerkmal. Die Artikelbezeichnung ist hingegen eine Erläuterung und der Bestand eines solchen Artikels ist eine Rechengrösse. |
| | 2. | Rechengrössen sind messbare Informationselemente (Daten). So z.B. ein Artikelbestand. |
| | 3. | Aehnlich der Artikelbezeichnung ist auch der Kundenname eine Erläuterung. Die Kundennummer selbst ist ein Ordnungsmerkmal. |
| 32 | 1. | Ein Datensatz besteht aus mehreren Daten. Anders ausgedrückt: Eine Informationseinheit besteht aus mehreren Informationselementen. So besteht z.B. der Datensatz WOHNSITZ aus den folgenden Daten: Name, Vorname, Strasse, Hausnummer, Postleitzahl, Ortschaft und evtl. Telefonnummer. |
| | 2. | Die zusammengehörenden Datensätze bilden einen Datenbestand (auch Datei genannt). Alle Datensätze WOHNSITZ bilden z.B. den Datenbestand ADRESSKARTEI. |
| | 3. | Ein Datensatz in der Artikelkartei gibt Auskunft über den diesbezüglichen Artikel. |
| 36 | 1. | Die Datenverarbeitung ist so alt, wie die Menschheit selbst. Ihre Leistungsfähigkeit nimmt jedoch mit der Entwicklung der Technik ständig und immer steiler zu. |
| | 2. | Die Datenverarbeitung arbeitet nach dem Prinzip: "Eingabe-Verarbeitung-Ausgabe". Wie Sie bald erfahren werden, spielt innerhalb der Verarbeitung die Speicherung der Daten eine grosse Rolle. |

| SEITE | FRAGE | ANTWORT |
|---|---|---|
| 38 | 1. | Die Datenverarbeitung schafft neue Daten (Ausgabedaten), indem sie die Eingabedaten neu organisiert (z.B. sortiert, aussondert oder mit anderen Daten mischt), oder in Berechnungen zusammenknüpft (z.B. Beträge aus Einzelpreisen und Mengen berechnet). |
| | 2. | Siehe Antwort 36 /2. |
| | 3. | Die Datenverarbeitungsmaschinen sind entweder mechanisch oder elektronisch. Meistens eine Kombination von beiden. Ohne Maschinen die Daten zu verarbeiten, heisst manuell die Ausgabe zu ermitteln (denken Sie an den Gründer der modernen Buchhaltung Lucca Pacciolli). |
| 40 | 1. | Siehe Antwort 38/3. |
| | 2. | Siehe Antwort 36/1. |
| | 3. | Jede Datenverarbeitungsaufgabe ist nur zu einem gewissen Grad rein manuell zu bewältigen. Der Einsatz der menschlichen Arbeitskraft kann nicht unbegrenzt gesteigert werden. Denken wir dabei an die Platzreservationen im Flugverkehr, wo die fortschrittliche Automation der Datenverarbeitung bald Fuss gefasst hatte. |
| 42 | 1. | Bei der mechanischen Datenverarbeitung dienen die Maschinen als Hilfsmittel für einzelne, voneinander getrennte Arbeitsgänge. So hilft z.B. die Fakturiermaschine die Fakturierung schneller und zuverlässiger zu erledigen. Ein Computer kann parallel zur Fakturierung auch die Lagerüberwachung, Kontokorrent, Verkaufsstatistik und viele andere Vorgänge ausführen. |
| | 2. | Bei der mechanischen Datenverarbeitung sind sowohl der Mensch durch seine manuelle Tätigkeit, wie auch die Maschine, durch ihre mechanische Ausführung der einzelnen Operationen, engagiert. Der Computer wird vom Menschen auch bedient. Diese Bedienung hat jedoch überwiegend den Charakter der Steuerung. |
| 44 | 1. | Natürlich mit elektrischem Strom. |
| | 2. | Die Lochkartenmaschinen (eine Tabelliermaschine haben Sie unter ② gesehen) sind nur für die Lochkarteneingabe eingerichtet. Die Eingabedaten kann man nicht auf eine andere Weise in diese Maschinen eingeben. Die Varianten B. und C. sind jedoch bei der automatischen Datenverarbeitung möglich. |

| SEITE | FRAGE | ANTWORT |
|---|---|---|
| 44 | 3. | Das Lochkartenverfahren erledigt die Arbeitsgänge teilweise automatisch. Die Tabelliermaschine liest die Eingabedaten von Lochkarten, addiert oder subtrahiert die Werte, druckt Gruppensummen usw. Das entsprechende Programm wird in der Stecktafel der Tabelliermaschine festgelegt. Sie kann jedoch nicht zu mehreren Datenbeständen zugreifen, das Sortieren muss im separaten Vorgang auf der Sortiermaschine erfolgen. Das Lochkartenverfahren ist also noch ziemlich stark auf den Menschen angewiesen. |
| 46 | 1. | Die Elektronik ist das Zauberwort der modernen Datenverarbeitung. |
| | 2. | Die Elektronik ermöglicht auch die Miniaturisierung der Bauelemente der modernen Datenverarbeitungsanlage (DVA). |
| | 3. | Die Eingriffe des Menschen sind bei der Automation sehr beschränkt. |
| 48 | 1. | Die Lochkarten werden vom Operator in den Kartenleser eingegeben, dort gelesen und die Eingabedaten(werden)in Form von elektrischen Impulsen der Zentraleinheit zur Verarbeitung zugeführt. |
| | 2. | Die Zentraleinheit basiert im Aufbau auf der Elektronik. Die Ein-/Ausgabegeräte sind hingegen zum guten Teil mechanisch. So z.B. der Kartentransport im Kartenleser oder der Papiervorschub im Drucker. |
| 50 | 1. | Der Arbeitsspeicher ist einer der wichtigsten und meistbeschäftigsten Teile des Computers. Das Programm (eine genau und eindeutig festgelegte Folge von Instruktionen) wird in den Arbeitsspeicher geladen und die Instruktionen für die Ausführung der Arbeit werden von dort mit elektronischer Geschwindigkeit der Steuereinheit zur Verfügung gestellt; ausserdem werden im Arbeitsspeicher die Ein- und Ausgabedaten zwischengespeichert und die Zwischenresultate während den Berechnungen aufbewahrt. |
| | 2. | Die Rechenoperationen werden in der Verarbeitungseinheit (Recheneinheit) durchgeführt. Die Daten dafür werden aus dem Arbeitsspeicher zur Verfügung gestellt und die Resultate und Zwischenresultate in den Arbeitsspeicher aufgenommen. |
| | 3. | Die Steuereinheit lenkt den Arbeitsablauf in der Anlage. |

| SEITE | FRAGE | ANTWORT |
|---|---|---|
| 52 | 1. | Natürlich müssen Eingabedaten hier in Lochkarten gestanzt sein. Unsere kleine elektronische DVA (Seite 48) hat nur ein einziges Eingabegerät - den Kartenleser (siehe dazu Antwort 48/1.). |
| | 2. | Der Drucker druckt die Ausgabedaten entweder auf ein leeres endloses Papierband oder auf Formulare (die meistens auch als endloses Papierband angeordnet sind). |
| 56 | 1. | Bei den technisch-wissenschaftlichen Aufgaben ist meistens die Menge der Ein-/Ausgabedaten bescheiden, die Rechenvorgänge sind hingegen oft sehr umfangreich. |
| | 2. | Antwort 56/1. trifft auch für die Unternehmungsforschung zu. Denken wir nur an die Verarbeitung von umfangreichen Matrizen bei den Optimierungsberechnungen. |
| 58 | 1. | Die kommerziellen Aufgaben weisen meistens eine sehr umfangreiche Ein- und Ausgabe im Vergleich zu der Verarbeitung auf. Bei der Verarbeitung selbst kommen viel mehr logische Entscheide vor, als arithmetische Operationen wie etwa Addition, Multiplikation usw. |
| | 2. | Siehe Abschnitte 3.1. und 3.2. auf Seiten 57 und 59. |
| 60 | 1. | Die Abrechnungsvorgänge sind vergangenheitsorientiert, die Steuerungsvorgänge sind gegenwartsorientiert und die Dispositionen, Prognosen und Pläne befassen sich mit der Zukunft. Aber auch die zuletzt genannten Vorgänge basieren oft auf Vergangenheitsdaten, so z.B. auf Zeitreihen der Umsatzentwicklung. |
| | 2. | Die Antwort: "Schneller, sicher und wirtschaftlich" dürfte klar sein. |
| | 3. | "Man isst, um zu leben". Zum Essen braucht man Geld und das Geld muss abgerechnet werden. |
| 62 | 1. | Die Vollautomation bei der Steuerung der materiellen Prozesse ist eine aufwendige, aber lohnenswerte Aufgabe für die EDV. |
| | 2. | Die Dispositionen und die vollautomatische Steuerung beruhen auf allen Arten der Informationen: die aktuellen geben den Ausgangspunkt an, die zukunftsorientierten (in denen auch die Vergangenheitsdaten komprimiert sind - siehe Antwort 60/1.) geben die gewünschten Werte an. |

## AUSFUEHRLICHE ANTWORTEN ZU FRAGEN VON HEFT 2

| SEITE | FRAGE | ANTWORT |
|---|---|---|
| 80 | 1. | Die maschinell lesbare Schrift ist oft ganz anders als die unsere - "menschliche". Die Lochungen in einer Lochkarte sind nur ein Beispiel dafür. |
| | 2. | Mit lateinischem Alphabet geschrieben oder in Lochkarten gelocht - die festgehaltene Information bleibt erhalten. |
| | 3. | Es gibt auch Lochkarten aus Kunststoff. Der Karton ist also nicht der Grund für die Eignung der Lochkarten als Eingabemedium. Das einfach durchführbare Sortieren der Lochkarten ist zwar angenehm, hängt jedoch mit der Eingabe nicht besonders zusammen. Es bleibt also nur die Art des Eintragens der Daten in die Lochkarte (Lochungen) als Grund für ihre gute Eignung als Eingabemittel übrig. |
| 82 | 1. | Das Beschädigen der Lochkarten ist für die Richtigkeit der Ausgabeinformationen sehr gefährlich. Nachlässig durchgeführte Korrekturen, welche nur durch Ablochen einer neuen Lochkarte möglich sind, bergen eine ausgiebige Fehlerquelle in sich. |
| | 2. | Alle Buchstaben und die meisten Sonderzeichen (Seite 84) werden durch zwei oder drei Lochungen in einer Kolonne dargestellt. |
| | 3. | Das war leicht: Die Lochkombination 12-3 in Kolonne 17 wird vom Computer als ein'C'verstanden. |
| 84 | 1. | Auf Seite 82 sehen wir in Kolonnen 1 bis 9 und 12 alle zehn Ziffern. In jeder dieser zehn Kolonnen ist immer nur eine einzige Lochung. (Uebrigens: Sehen Sie den Unterschied zwischen 0 (Null) und O (Buchstabe)? |
| | 2. | Am oberen Rand ist es die uns gut bekannte Formschrift. Die Lochungen stellen die Lageschrift dar. |
| | 3. | Die optisch (mit Hilfe von Photozellen) lesbare Schrift wird vom Menschen als Formschrift und von der Maschine als Lageschrift verstanden. |

| SEITE | FRAGE | ANTWORT |
|---|---|---|
| 88 | 1. | Die Antwort sehen Sie am besten in den Lochkarten (4) auf Seite 88 . Der Datensatz nimmt 27 Kolonnen in Anspruch, weil<br>- die Artikelnummer 5-stellig<br>- die Artikelbezeichnung bis 10-stellig<br>- der Einzelpreis bis 6-stellig (siehe Antwort 88/2.)<br>- die Menge bis 6-stellig<br>sein darf. Deswegen müssen wir die entsprechende Anzahl Lochfelder auf der Karte reservieren. Es wäre also falsch, nach dem Beleg (1) auf die richtige Antwort zu schliessen. Wichtig ist die Karteneinteilung (5) bzw. (4). |
| | 2. | Das Lochfeld "Einzelpreis" belegt Kolonnen 16 bis 21, also sechs Kolonnen. Der Dezimalpunkt muss nicht gelocht werden. Sie werden später die Art und Weise kennenlernen (Heft 6), wie dies der Programmierer regeln kann. Das gleiche betrifft die Trennungen zwischen der Tausender- und Hunderter-Stelle usw. Das evtl. Minuszeichen wird als eine 11-Lochung in der letzten Kolonne des betreffenden Lochfeldes gelocht, in unserem Fall also in Kolonne 21. |
| | 3. | Natürlich nicht. Das Lochfeld muss jedoch breit genug sein, um auch die grösste, noch in Frage kommende Bestellmenge zu fassen. |
| | 4. | Als Schlussfolgerung der Antwort 88/3. ergibt sich hier eindeutig das JA. |
| 90 | 1. | Natürlich. Der Computer erkennt die Kartenart (in (1) Kolonnen 1 bis 2, KA benannt) und wählt danach die entsprechende Instruktionsfolge im Programm. |
| | 2. | Warum nicht? Dem Kartenleser ist es doch vollkommen gleichgültig, wie der Karton der Lochkarte bedruckt ist. Ihn interessieren nur die Lochungen in den vorgesehenen Lochfeldern. |
| 92 | 1. | Eine fehlerhafte Hauptkarte verursacht genau so viele fehlerhafte Lochkarten, wie Kopien von der Hauptkarte erstellt (gestanzt) wurden. |
| | 2. | Fünftausend gezogene Karten pro Tag stellen eine sehr gute Leistung dar, jedoch kein Wunder. |

| SEITE | FRAGE | ANTWORT |
|---|---|---|
| 94 | 1. | Das Bild (3) zeigt Ihnen die richtige Antwort. |
| | 2. | Von oben gerechnte: 1. Position: "12-Lochung"<br>2. Position: "11-Lochung"<br>3. Position: " 0-Lochung"<br>4. Position: " 1-Lochung"<br>5. Position: " 2-Lochung" |

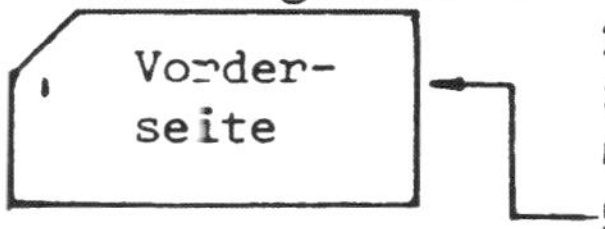


Und von unten: 1. Position: " 9-Lochung"
2. Position: " 8-Lochung"
3. Position: " 7-Lochung"
4. Position: " 6-Lochung"
5. Position: " 5-Lochung"

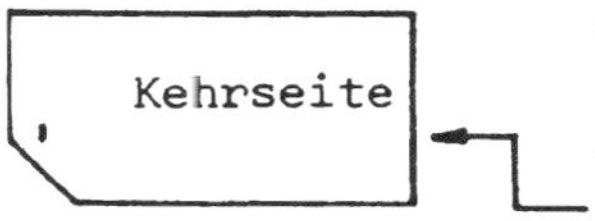


96 1. Sie finden die Lösung auf Seite 84 oben in Kolonnen 63 und 59:/*.

2.

| | |
|---|---|
| 10 Fakturen | 10 Adresskarten |
| 5 Artikel pro Faktura | 50 Artikelkarten (5x10) |
| 1 Schlusskarte | 1 Schlusskarte |
| | 61 Lochkarten im Stapel |

3. Die Artikelnummer kommt nur in der Artikelkarte vor!

100 1. Für die richtige Antwort müssen wir wieder auf Seite 84 oben gehen:
Ausrufszeichen wird durch die Lochkombination 11-2-8 dargestellt (Kolonne 57).

K entspricht 11-2 (Kolonne 25 auf Seite 82)
8 entspricht 8
Zusammen 11-2-8 in einer Kolonne = !

: entspricht 2-8 (Kolonne 70 auf Seite 84)
- entspricht 11 (Kolonne 56 auf Seite 84)
Zusammen 11-2-8 in einer Kolonne = !

2. Die Rechengrössen werden immer rechtsbündig, alle andern linksbündig gelocht.

3. Siehe Antwort 100/2. Bei nichtnumerischen Daten sind jedoch Ausnahmen der "linksbündig"-Regel möglich.

102 1. Siehe Zusatzinformation auf Seite 103.

2. Die als fehlerfrei gefundenen Lochkarten werden beim Prüfen nicht gefärbt, sondern durch Kerben gekennzeichnet.

| SEITE | FRAGE | ANTWORT |
|---|---|---|
| 104 | 1. | Ohne Kommentar. |
| | 2. | Wenn das Lochen in mehreren Kolonnen gleichzeitig erfolgt, nennt man es "Stanzen". |
| | 3. | Die meisten Typen von Locher sind mit automatischem Doppler ausgerüstet. |
| 106 | 1. | Die automatische Einstellung wäre zwar technisch gesehen denkbar, aber sie wäre zu teuer. |
| | 2. | Natürlich drei. Man kann immer nur <u>eine</u> Kolonne als Sortierkriterium benützen. Vergleichen Sie die Anzahl der Lochpositionen (Zeilen auf der Lochkarte) mit der Anzahl der Ablagefächer auf der Sortiermaschine. |
| | 3. | Kolonne 9 kommt zuerst, dann 8 und dann 7. Versuchen Sie den Sortiergang von Seite 108 umgekehrt zu sortieren. Sie bekommen die Reihenfolge: 376, 536, 574, 374, 334. |
| 108 | 1. | Die Berechnung kann z.B. in dieser Reihenfolge durchgeführt werden: 5000 Karten mal 6 Kolonnen x 1,2 für Manipulation, das Ganze dividiert durch 60'000 Karten/Stunde ergibt: $\frac{5000 \times 6 \times 1{,}2}{60'000} = 0{,}6$ Stunden = 60x0,6 = 36 Minuten. |
| | 2. | Man kann die Buchstaben sortieren. Es werden z.B. im ersten Durchgang die Buchstaben A bis M den Ablagefächern 1 bis 13 zugeordnet und der Rest (Buchstaben N bis Z) in Ablagefach 14 abgelegt. Im zweiten Durchgang mit derselben Kolonne wird nun der Rest in Ablagefächer 1 (Buchstabe N) bis 13 (Buchstabe Z) sortiert. Ablagefach 14 bleibt diesmal für ungültige Lochkombinationen reserviert. Vom Standpunkt des Alphabets aus ist z.B. die Lochung 8 ungültig. |
| 110 | 1. | Siehe Zusatzinformation - Punkt 1. S. 111. |
| | 2. | Siehe Zusatzinformation - Punkt 2. S. 111. |

SEITE FRAGE ANTWORT

114 1. Die Verbundlochkarte ist ein Beispiel für einen maschinell lesbaren Urbeleg. Auf Seite 84 unter ⑤ finden Sie eine der Schriften, mit denen man Urbelege beschriften kann; solche Belege sind dann maschinell lesbar.

2. Die elektrische Schreibmaschine, Fakturiermaschine oder Buchungsmaschine werden oft mit Lochstreifen- oder Lochkartenstanzer gekoppelt.

3. Siehe Zusatzinformation - Punkt 2. S. 115.

116 1.

```
        2 7 8 8
        x x x x
        5 4 3 2
        -------
             16
           24
         28
       10
       --
  80 - 78 = 2
```

2.

```
        2 2 0 1 3 7
        x x x x x
        6 5 4 3 2
        ---------
                6
              3
            4
         10
       12
       --
  40 - 35 = 5   nicht
                gleich
```

118 1. Sie sehen es oben auf Seite 118 unter ①.

2. Wenn es beim Fernschreiber möglich ist, warum nicht auch bei der elektrischen Schreibmaschine?

## AUSFUEHRLICHE ANTWORTEN ZU FRAGEN VON HEFT 3

| SEITE | FRAGE | ANTWORT |
|---|---|---|
| 124 | 1. | 1. BEGINN-"Ueberlege mal..." - "TL > ST" - "Bezahle..." - ENDE.<br>2. BEGINN-"Ueberlege mal..." - "TL > ST" - "E > ST" - "Bezahle... - ENDE.<br>3. BEGINN-"Ueberlege mal..." - "TL > ST" - "E > ST" - "NV > ST" - "Bezahle..." - ENDE.<br>4. BEGINN-"Ueberlege mal..." - "TL > ST" - "E > ST" - "NV > ST" - "Weine!" - ENDE.<br>Nicht weinen bitte! Es sind 4 Wege durch das Blockdiagramm, je nach dem ob die Fragen "TL > ST", "E > ST", "NV > ST" bejaht oder verneint werden müssen. |
| | 2. | Siehe die Zusatzinformation. |
| | 3. | Wenn Sie ausser den vier Wegen von Antwort 124/1. noch einen anderen Weg durch das Blockdiagramm finden, schreiben Sie mir bitte an die Adresse:<br>Institut für elektronische Datenverarbeitung, Ottikerstr. 22, Ch-8006 Zürich. Mein Name ist Kryka.<br>(Uebrigens: Für alle Hinweise zur Verbesserung dieses Lehrganges sowie für allfällige Bewertungen bin ich Ihnen sehr dankbar!) |
| 126 | | Ohne Kommentar. |
| 128 | 1. | Ohne Kommentar. Den Zyklus kann man gut erkennen ⑤ . |
| | 2a. | Für eine Eingabekarte: 3 Blöcke.<br>Für zehn Eingabekarten: 3 x 10 = 30 Blöcke. |
| | 2b. | Für eine Eingabekarte: 4 Blöcke.<br>Für zehn Eingabekarten: 4 Blöcke.<br>Für 10'000'000 Eingabekarten: 4 Blöcke. |
| 130 | 1. | Entweder ist B grösser als A (Zweig Nein) oder es ist nicht (Zweig Ja). Ergo sinnvoll. |
| | 2. | Hören Sie sich das an: "In welchem Verhältnis steht der Wert von A zum Wert von B?" "Ja". Oder: "Nein". Blödsinn, nicht wahr? |
| | 3. | Was passiert, wenn A = B ist? |
| | 4. | In Ordnung. Entweder ist A gleich B oder ist es nicht. |

| SEITE | FRAGE | ANTWORT |
|---|---|---|
| 132 | 1. | Ohne Kommentar. |
| | 2. | 1'000 Eingabedaten<br>1 Schlusskarte (Muss auch eingegeben werden.)<br>100 Ausgabeoperationen (10 % von 1'000 Eingabedaten.)<br>1'101 gesamt. |
| | 3. | 1'001 Entscheide, um die Schlusskarte festzustellen.<br>1'000 Entscheide, um das Verhältnis B:MIN zu bewerten.<br>2'001 Entscheide gesamt. |
| | 4. | Auf dem "Ja"-Weg vom Block "B≤MIN" gelangen nur 100 Daten (10 % von 1'000 Eingabedaten) zur Ausführung von "MAX-B⇒BST". |
| 134, 135 | | Ausführliche Antworten finden Sie auf den Seiten 174 und 175. |
| 136 | 1. | Ohne Kommentar. |
| | 2. | Erst im 9. Schritt wird der Inhalt des Speicherplatzes N von 2 auf 3 erhöht. |
| | 3. | Die Werte 3, 110, 120, 160 bleiben auf diesen Speicherplätzen unverändert bis zum Abschluss der Ausführung von diesem Programm. |
| 140 | 1. | Warum "rasch"? Und dann:<br>Das Blockdiagramm stellt die Logik der Aufgabe graphisch dar. Also: Die Logik der Aufgabe muss vor dem Zeichnen des Blockdiagramms untersucht und grob festgelegt werden. |
| | 2. | Nur der Programmierer ist klug, der nicht allzuklug erscheinen will. Anders gesagt: Klug ist, wer einfache, gut überblickbare Blockdiagramme entwirft. Es ist auch für umfangreiche Aufgaben möglich! |
| 142 | 1. | Entschuldigung! Die Frage ist so eifach, dass Sie an Ihre Lösung vielleicht nicht glauben wollen. Auf Seite 142 oben rechts ablesen bitte: 190, 60, 70, 600, 20. |
| | 2. | Siehe die letzten zwei Zeilen des Abschnitts 2.3. auf Seite 143. |

| SEITE | FRAGE | ANTWORT |
|---|---|---|
| 142 | 3. | In unserer Aufgabe darf in der Bewegungsdatei höchstens ein Datensatz pro Schlüssel vorkommen. Also entweder ein oder kein Datensatz. In der Stammdatei hingegen existiert zu jedem Schlüssel genau ein Datensatz. Schlussfolgerung: Die Anzahl der Datensätze in der Bewegungsdatei ist kleiner oder höchstens gleich der Anzahl der Datensätze in der Bewegungsdatei. Beachten Sie bitte auch das Beispiel auf Seite 142 oben links. |
| 144 | 1. | Es muss zuerst der nächste Schlüssel in der Bewegungsdatei bekannt sein, in unserem Beispiel unter (1) z.B. der Schlüssel 4. Dann wird die Stammdatei so lange gelesen, bis Schlüssel 4 gefunden wird. |
| | 2. | Als Folge der Ausführungen bei Antwort 144/1. müssen wir in diesem Fall die Stammdatei weiter lesen (durchsuchen). |
| | 3. | Siehe Seite 173 unter 144. |
| 146 | 1. | Beim Konnektor K1 verbinden sich die Linien "BEGINN" - "Block A" und "Block G" - "Block A". |
| | 2. | Nein, er deutet nur die Fortsetzung vom "Block B" zum "Block G" an. Seine Begründung, Platzmangel. |
| | 3. | a) Rechenoperationen finden nur bei Gleichheit der Schlüssel aus Stamm- und Bewegungsdatei statt. Es sind zwei solche Fälle in den Eingabedaten von Seite 142 oben links: 1 und 4.<br>b) Eingabeoperationen: Es wird 6mal aus der Stammdatei (inkl. Schlusskarte) und 3mal aus der Bewegungsdatei gelesen. Es gibt also 9 Eingabeoperationen.<br>c) Es wird 3mal bei der Stammdatei (bei Schlüssel "1", "2", "3" und "4") und 3mal bei der Bewegungsdatei (bei Schlüssel "1" und "4" und bei der /*-Karte) über das Ende der Datei entschieden (Blöcke I und H). Es werden 4mal die Schlüssel aus beiden Dateien verglichen (Block C). Es wird 2mal (bei Schlüssel "2" und "3") die Relation "STS > BS" (Block D) untersucht. Zusammen also 4+3+4+2 = 13 Entscheide. |
| 152 | 1. | Ein Verzweigungsblock muss mindestens zwei Ausgänge haben. Drei sind also erlaubt. |
| | 2. | Natürlich Block F . Der Weg bei Gleichheit von STS und BSN ist der folgende: "Block D" - "Konnektor K3" - "Konnektor K3" - "Block F". Die Verbindungslinie zwischen Block M und Konnektor K3 geht eindeutig in der Hauptrichtung von oben nach unten, also einzig in der Richtung "Block M" - "Konnektor K3" und nicht umgekehrt. |

| SEITE | FRAGE | ANTWORT |
|---|---|---|
| 152 | 3. | Der Grund für Fehlerstop 1 liegt in der falschen Reihenfolge innerhalb einer der beiden Eingabedateien. Der Grund für Fehlerstop 2 liegt darin, dass die Stammdatei vor der Bewegungsdatei zu Ende eingelesen wurde. Dies steht jedoch bei unseren Aufgabenbedingungen (siehe Antwort 142/3.). |
| | 4. | Vorläufig ohne Kommentar. Wenn Sie mit dieser Frage Schwierigkeiten haben, warten Sie geduldig auf die Erklärung unter dem Punkt 10 auf Seite 157. Jetzt wäre es verfrüht, sich damit zu beschäftigen. |

## AUSFUEHRLICHE ANTWORTEN ZU FRAGEN VON HEFT 4

| SEITE | FRAGE | ANTWORT |
|---|---|---|
| 178 | 1. | Klar! Zur Hardware! |
| | 2. | Eine Sortiermaschine gehört zu den Lochkartenmaschinen und als solche ist es ein Zusatzgerät zum Computer. |
| | 3. | Siehe Zusatzinformation S. 179. |
| 180 | 1. | Eine Instruktion ist ein Element des Programms und somit ein Element der Software. |
| | 2. | In der Recheneinheit, die ein Teil der Zentraleinheit ist. |
| | 3. | Die Lohnabrechnung ist von Betrieb zu Betrieb so verschieden, dass es für den Computerhersteller kaum möglich ist, ein allgemein gültiges Programm zu schreiben. Deswegen ist es ein Anwendungsprogramm. |
| 182 | 1. | Die Ausführung eines Anwendungsprogramms wird vom Betriebssystem unterstützt (gesteuert). Deswegen muss zuerst das Betriebssystem (oder seine jeweils benötigten Teile) in den Arbeitsspeicher geladen werden und erst dann folgt das Anwendungsprogramm. |
| | 2. | Schlussfolgerung der Antwort 182/1.: Am Anfang wird die Verarbeitung durch das Betriebssystem gesteuert. |
| | 3. | Schlussfolgerung der Antwort 180/1.: Die Instruktionen sind in den Programmkarten enthalten. |
| 186 | 1. | Für das Dualsystem sind zwei mögliche Zustände typisch: Wie wir diese zwei Zustände bezeichnen, spielt grundsätzlich keine Rolle. |
| | 2. | Die Antwort "Ja" ist natürlich richtig. Man kann doch mehrere lineare Elemente <u>jeder Art</u> auf einmal ein- oder ausschalten. |
| 188 | 1. | Die letzte Zeile des Abschnitts 2.1. auf Seite 187 gibt die Antwort samt Erklärung. |
| | 2. | Laut Tabelle auf Seite 187 ist die richtige Antwort: 1000 0011 0100. |
| | 3. | <u>Alle</u> Ziffern in der EBCDIC-Darstellung haben wirklich in den vier linken Bits eine binäre 1. Siehe 4 Beispiele unter (5). |
| | 4. | Schlussfolgerung der Antwort 188/3.: Ja. |

| SEITE | FRAGE | ANTWORT |
|---|---|---|
| 190 | 1. | Acht Datenbits und evtl. ein Prüfbit dazu. |
| | 2. | Die Ziffern können gepackt gespeichert werden, siehe ②. |
| | 3. | Möglich ist jede Bitfolge. Diese Bitfolge ist - ungerade Parität (Anzahl aller Bits samt Prüfbit) angenommen - unrichtig. Mit anderen Worten heisst es, dass der Computer beim Feststellen dieser Bitkombination anhält und einen Fehler anzeigt. |
| 192 | 1. | Siehe Antwort 180/2. |
| | 2. | Die Recheneinheit führt arithmetische Operationen durch, ob diese bei Kostenabrechnung oder beim Lösen von Differenzialgleichungen auftreten. |
| | 3. | Die Steuereinheit ist ein Teil der Hardware. Die Hardware ohne Software ist bloss eine tote Materie. Das Betriebssystem ist ein Teil der Software. Folglich kann die Steuereinheit ohne Betriebssystem keine Aktion unternehmen. |
| 194 | 1. | Der Arbeitsspeicher verfügt über eine Kapazität von 8 bis einige Hundert Kilobytes. Seine Zugriffszeit beläuft sich auf Bruchteile oder höchstens einige Mikrosekunden.<br>Die Kapazität der externen Speicher ② bis ④ von Seite 195 wird oft in Megabytes (Mio. von Bytes) gemessen und ihre Zugriffszeiten liegen in der Grössenordnung von Millisekunden. |
| | 2. | Siehe ③ auf Seite 195. "Extern" bedeutet bei einem Speicher "ausserhalb der Zentraleinheit". |
| | 3. | Grundsätzlich kann - wie ein Tonbandgerät - auch die Magnetbandeinheit nur ein Band enthalten. Zwei (oder mehrere) Magnetbandeinheiten können jedoch hardwaremässig zu einem Aggregat verbunden werden, in das dann zwei (oder mehrere) Magnetbänder eingespannt werden können. |
| 196 | 1. | Ohne Kommentar. |
| | 2. | Siehe Antwort 194/1. |
| | 3. | Platte und Trommel sind Speicher mit direkter Zugriffsmöglichkeit. Das Magnetband jedoch nicht! Siehe auch die Zusatzinformation auf S. 197. |

| SEITE | FRAGE | ANTWORT |
|---|---|---|
| 198 | 1. | Genau 1024x8 = 8192 Bytes. Ungefähr 8 Kilobytes oder 8000 Bytes. |
| | 2. | In jedem Byte kann man gepackt zwei Ziffern im BCD-Code unterbringen (siehe dazu die Darstellung ① auf Seite 188). |
| | 3. | Die Speicherplätze auf dem Magnetband sind nicht hardwaremässig adressiert. Deswegen verfügt das Magnetband nicht über die direkte Zugriffsmöglichkeit (siehe Antwort 196/3.). |
| 200 | 1. | Siehe dazu Seite 192! |
| | 2. | Siehe die Zusatzinformation auf S. 201. |
| 202 | 1. | Siehe den letzten Absatz auf Seite 203. |
| | 2. | Siehe ③ auf Seite 202. Links ist der Drucker, rechts der Steuerpult und unter dem Telefon befindet sich der Kartenleser. |
| 204 | 1. | Den Arbeitsspeicher kann man meistens in Blöcken zu je 4 oder 8 Kilobytes weiter ausbauen. Oft erfolgt der Ausbau auch in grösseren Einheiten, z.B. in 16 K-Bytes. |
| | 2. | Die Anzahl der anschliessbaren Ein-/Ausgabegeräte ist immer begrenzt. Bei mittleren Anlagen sind 16 bis 64 Anschlussmöglichkeiten üblich. |
| | 3. | Siehe den ersten Abschnitt in Antwort 194/1. |
| 206 | 1. | Entschuldigung bitte, die Frage war zu einfach. |
| | 2. | Die Antwort ist für Sie leicht, wenn Sie die Zusatzinformation zu Hilfe nehmen. In der Praxis findet man jedoch die verschiedensten "Computer-Mensch"-Kombinationen. "Grau ist jede Theorie, grün ist nur der (EDV)-Lebensbaum". |
| | 3. | Ich würde auf Antwort A tippen. Ich bin übrigens auch schon müde. Wie wäre es mit einer Tasse Kaffee? |

| SEITE | FRAGE | ANTWORT |
|---|---|---|
| 210 | 1. | Das Betriebssystem ist modular aufgebaut und residiert auf einem externen Speicher. Bei Bedarf werden die benötigten Moduls durch Steuerbefehle und mit Hilfe des ständig im Arbeitsspeicher residierten Teil des Betriebssystems in den Arbeitsspeicher geladen. (Mehr darüber lesen Sie später im Heft 8.) |
| | 2. | Das Arbeitsprogramm muss während der Verarbeitung grundsätzlich im Arbeitsspeicher liegen.<br>Sehr umfangreiche Programme kann man jedoch segmentieren und auf einem externen Speicher ablegen. Die einzelnen jeweils benötigen Programmsegmente werden dann - ähnlich wie die Teile des Betriebssystems (siehe Antwort 210/1.) - in den Arbeitsspeicher geladen. |
| | 3. | Im Arbeitsspeicher. Sehr umfangreiche Zwischenresultate, z.B. grosse Tabellen, können jedoch temporär auf einen externen Speicher abgelegt werden und von dort bei Bedarf wieder im Arbeitsspeicher, wo sie entstanden sind, aufgerufen werden. |
| 212 | 1. | Siehe Zusatzinformation auf S. 213. |
| | 2. | Eine zu durchsichtige Falle mit den Extra-Anweisungen, nicht wahr? E/A-System = Ein-/Ausgabesystem. |
| | 3. | Siehe 3.6. auf Seite 213. |
| 214 | 1. | Immer ein Hauptprogramm und zwei Nebenprogramme (auch Hilfsprogramme genannt). |
| | 2. | Siehe ② auf Seite 214 und die Zusatzinformation auf Seite 215. |
| 216 | 1. | Siehe Antworten 210/1. bis 210/3. |
| | 2. | Ohne Kommentar, obwohl das Testen lebenswichtig ist. |
| | 3. | Genügend im Abschnitt 3.11 auf S. 217 erklärt. |
| 218 | 1. | Natürlich C! |
| | 2. | Systemanalyse-Organisation-Programmieren. Siehe dazu die Zusatzinformation auf S. 219. |

## AUSFUEHRLICHE ANTWORTEN ZU FRAGEN VON HEFT 5

| SEITE | FRAGE | ANTWORT |
|---|---|---|
| 224 | 1. | Siehe dazu Antworten 180/3. und 182/1. von Heft 4. |
| | 2. | Sie sind bestimmt einverstanden. Die Frage ist nur, was vernünftig ist. Das Computerwesen verdankt viel dem zweiten Weltkrieg. |
| 226 | 1. | Siehe letzter Absatz in 1.2. S. 227. |
| | 2. | Wieder ein gefährliches Wort: besser. Was bedeutet es eigentlich? Sie müssen auf die Eindeutigkeit der Aufgabenstellung immer strengstens achten. |
| | 3. | Siehe 1.2. in Heft 3. S. 127. |
| 228 | 1. | Denken Sie bitte immer daran, dass jede, bei der Analyse mit Unrecht ersparte Stunde einen vielfachen Zeit- und Geldaufwand bei der Programmierung und beim Austesten des sachlichen Inhalts des Programms verursacht! Lesen Sie bitte den vorhergehenden Satz nochmals! Denken Sie darüber nach! Er ist unheimlich wichtig für alle an der EDV Beteiligten! |
| | 2. | Unterschätzen Sie keine der drei aufgezählten Massnahmen. |
| 230 | 1. | Der Programmierer schreibt das Quellenprogramm, welches vom Computer automatisch in das Objektprogramm übersetzt wird. |
| | 2. | Das Uebersetzen des Quellenprogramms in das Objektprogramm besorgt ein Teil der Software - ein Uebersetzungsprogramm. Für jede Programmiersprache muss natürlich ein spezielles Uebersetzungsprogramm vorhanden sein. Die mittleren EDV-Anlagen verfügen über mehrere Uebersetzungsprogramme. |
| | 3. | Das Quellenprogramm wird vom Programmierer in einer Programmiersprache geschrieben. |

SEITE FRAGE ANTWORT

234 1. Vergleichen Sie dazu die zwei Programmausschnitte in Heft 4 auf Seite 214 unter (1). Die Maschinensprachen sind für einzelne Computerfamilien verschieden, deswegen stimmen die zwei Muster der Maschinensprache nicht ganz überein. Man kann trotzdem die Aehnlichkeit gut erkennen.

2. Die richtige Antwort (Objektprogramm) ergibt sich fast automatisch aus der richtigen Antwort auf Frage 234/1.

3. In der ersten Instruktion bedeutet:

78 ... den Befehlsschlüssel (Lade ...)
2 ... die Registernummer
1004 ... die Adresse des Operanden (des Speicherplatzes, auf welchem der Operand abgelegt ist).

236 1. Ohne Kommentar.

2. Eine Verzweigung hat immer einen Sprung zur Folge:

ANORDNUNG DER OPERATIONEN

IM BLOCKDIAGRAMM

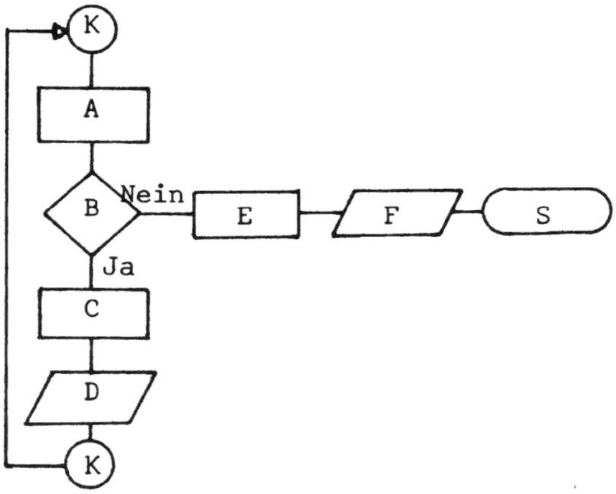


IM PROGRAMM

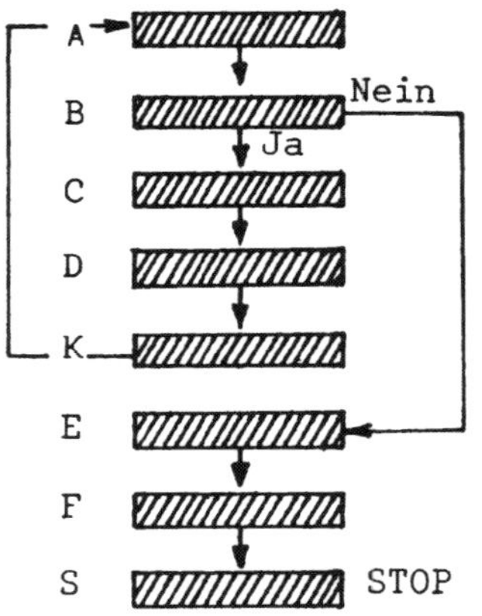


3. Schauen Sie sich das genau an (Tabelle unter (3) kann Ihnen dabei behilflich sein):

1 1 1 1 0 0 1 0

F 2

| SEITE | FRAGE | ANTWORT |
|---|---|---|
| 238 | 1. | Die Antwort "Befehlsformat mit zwei Adressen" drängt sich auf. Falls Sie aber ein anderes Format gewählt haben, bin ich auch einverstanden. Die Lösung ist nämlich stark von der jeweiligen Situation im Programm abhängig. Im Beispiel unter ① auf Seite 236 oben können Sie in der sechsten Zeile das Befehlsformat RX und in der siebenten Zeile sogar das Befehlsformat RR für Verzweigung sehen. Die beiden zu vergleichenden Zahlen befinden sich im letzteren Fall in den Registern, deren Nummer im Befehlsformat RR vorkommen. |
| | 2. | 11110010 = F2 ... OP-Schlüssel<br>00100100 = 24 ... Der erste Operand ist 2+1=3 Bytes lang (L1), der zweite Operand ist 4+1=5 Bytes lang (L2).<br>0011 = 2 ... Die relative Adresse des ersten Operanden muss um den Inhalt des Registers 3 erhöht werden, um die wirkliche (absolute) Adresse dieses Operanden zu ermitteln (B1).<br>000000010000 = 010 ... Die relative Adresse des ersten Operanden (D1).<br>1010 = A ... Wie bei 0011=3 (B2).<br>000000011000 = 018 ... Die relative Adresse des zweiten Operanden (D2).<br><br>Haben Sie das "Speicher-Speicher"-Befehlsformat in ④ erkannt? |
| 242 | 1. | Die richtige Antwort - "in einer symbolischen Sprache" - ergibt sich aus ① und ②. |
| | 2. | "In Maschinensprache" ist richtig. Im Computer wird die Instruktion durch eine Bitfolge dargestellt, ähnlich der Antwort 238/2. |
| | 3. | Die Antwort ergibt sich aus Vergleich ④ und ① auf Seite 236 oben, wenn Sie dem Punkt 2. in der Zusatzinformation (S.243)nicht glauben. Bei einer problemorientierten Sprache ist es anders, nicht wahr (Heft 4 Seite 214 ①)? |
| 244 | 1. | Der Compiler (das Uebersetzungsprogramm) muss die Hardware und Software "seines" Computers berücksichtigen, um alle Eigenschaften der Hardware und des Betriebssystems optimal auszunützen. Deswegen kann er nicht maschinenunabhängig sein. |
| | 2. | Siehe Antwort 230/2. |

| SEITE | FRAGE | ANTWORT |
|---|---|---|
| 246 | 1. | Ein optimales Programm muss alle Eigenschaften der Hardware und Software des Computers vollkommen ausnützen (vgl. Antwort 244/1.). Deswegen muss es in einer maschinenorientierten Sprache (in der Assemblersprache) geschrieben werden. Siehe dazu die Faustregel in der Zusatzinformation. |
| | 2. | Ohne Kommentar. |
| 248 | 1. | Siehe den ersten Absatz in 3.3. S. 249. |
| | 2. | Siehe Antwort 244/1. Ausserdem gilt auch, dass die Leistungsfähigkeit eines Compilers mit der steigenden Kapazität des Arbeitsspeichers stark zunimmt. Das Uebersetzungsprogramm darf umfangreicher sein (vgl. Seite 230 oben) und folglich auch mehr Arbeit vom Programmierer übernehmen und ihm beim Austesten bessere Dienste leisten. |
| | 3. | Man muss zwar nicht viel ändern, aber gewisse Eingriffe sind meistens nötig. Denken Sie an Antwort 248/2. |
| 250 | 1. | In einem COBOL-Programm ist der Maschinenteil ausgesprochen maschinenorientiert ( ② auf Seiten 250 und 251). Ueber die anderen Teile eines COBOL-Programms gilt alles, was in Zusammenhang mit den Fragen und Antworten 248/3. erwähnt ist. |
| | 2. | Siehe den letzten Absatz im Abschnitt 3.4. auf S. 251. |
| | 3. | Siehe die Zusatzinformation auf S. 251. |
| 252 | 1. | RPG ist eine problemorientierte Programmiersprache für kaufmännische Anwendungen. In diesem Sinne erweitern wir jetzt die Antwort 250/3. |
| | 2. | Siehe Antwort 252/1. |
| | 3. | Eine zu eifache Frage, nicht wahr? Ein Kaufmann muss doch immer rechnen - oder er lässt seine Berechnungen in RPG programmieren. |
| 256 | 1. | Siehe die Zusatzinformation. Ausserdem gilt grundsätzlich, dass der Operator alle Steueranweisungen von Hand mittels des Bedienungspultes (siehe dazu Heft 4 Seite 207 ⑤ ) dem Computer erteilen kann, welche durch Steuerkarten eingegeben werden können. Umgekehrt gilt jedoch dieser Satz nicht! |
| | 2. 3. 4. | Die graphische Darstellung auf Seite 256 oben deutet die Antworten klar an. |

| SEITE | FRAGE | ANTWORT |
|---|---|---|
| 258 | 1. 2. | Das Fehlervorbeugen durch geschickt programmierte Massnahmen ist für den Erfolg der EDV sehr wichtig. Denken Sie bitte daran! |
| 260 | 1. | Analysen dieser Art (Antwort C) tragen fast immer zur Verkürzung der Ausführungszeiten auf dem Computer bei. Sie wissen wohl, wie teuer die Computerzeit ist? Ueber eintausend Franken pro Stunde ist keine Ausnahme. |
| | 2. | Nach KA3 darf nur entweder KA1 (Adresskarte der nächsten Faktura) oder /* (Schlusskarte) kommen. Sonst liegt ein Fehler vor (F4). |
| 262 | 1. | Siehe Punkt 1. der Zusatzinformation auf S. 263. |
| | 2. | Natürlich. |
| | 3. | Siehe Punkt 2. der Zusatzinformation auf S. 263. |

FSC
www.fsc.org
MIX
Papier | Fördert gute Waldnutzung
FSC® C083411

Kolibri 360 GmbH
Ferdinand-Jühlke-Straße 7
99095 Erfurt, Deutschland
produktsicherheit@kolibri360.de